蒙古颠覆世界史

モンゴルが世界史を覆す

[日] 杉山正明 著

周俊宇 译

图书在版编目 (CIP) 数据

蒙古颠覆世界史 / (日) 杉山正明著；周俊宇译. — 北
京：生活·读书·新知三联书店，2016.9 （2019.1 重印）
ISBN 978-7-108-05591-0

Ⅰ．①蒙… Ⅱ．①杉… ②周… Ⅲ．①蒙古族 – 民族历史 –
研究 – 中国 – 元代 Ⅳ．① K281.2

中国版本图书馆 CIP 数据核字 (2015) 第 284886 号

责任编辑　叶　彤
装帧设计　张　红　朱丽娜
责任校对　常高峰
责任印制　徐　方
出版发行　生活·讀書·新知 三联书店
　　　　　（北京市东城区美术馆东街22号）
邮　　编　100010
网　　址　www.sdxjpc.com
图　　字　01-2016-8473
经　　销　新华书店
排版制作　北京红方众文科技咨询有限责任公司
印　　刷　河北鹏润印刷有限公司
版　　次　2016年 9 月北京第 1 版
　　　　　2019年1月北京第 2 次印刷
开　　本　880毫米×1230毫米　1/32　印张 11.25
字　　数　212千字
印　　数　08,001—11,000 册
定　　价　48.00 元

（印装查询：010-64002715；邮购查询：010-84010542）

目 录 ···

...

文库版前言

时光飞逝，岁月如梭。本书的原版《异论欧亚史——来自蒙古的视线》（逆説のユーラシア史——モンゴルからのまなざし）在2002 年 9 月由日本经济新闻社出版。"九一一"事件就是在前一年发生的。

那股巨大的冲击，和堪为当时"金融景气"高腾之象征的纽约世界贸易中心双子大厦，遭恐怖袭击的客机撞击，由上而下依次崩塌、惨不忍睹的画面，转瞬间传送到世界各地。不同人种、国别、空间等界线而生活在陆地上的许多人们，为这个没有现实感的"现实"感到惊讶，同时也不得不实际体认到世界和时代已经发展到了一个和过去完全不同的境地。姑且不论世间出现了一种反省直击美国核心之恐怖组织这个"现象"的意义与是非，并进而预想、预测接下来即将发生之事件的倾向，作为人类社会的"共通体验"，我们能够说是以极具视觉效果的形式，无从选择地被迫体验到现实时间中世界彼此联系的全球化时代已经来临。

翌年，即 2002 年，美国通过阿富汗战争，终于正式介入中亚地带。于是在全球化的同时，又有一场全新的权力游戏在"古老大陆"欧亚展开。并且，对于扮演主角的美国，世界上当然也出现了对"世界帝国"的忧虑。这些皆属前所未有的事态。

回顾往昔，若以人类史的角度来追溯过去、环视历史，是否有类似的事例呢？在此，我的脑海里浮现出欧亚帝国蒙古和全球帝国美国这两个相隔七百年时光、与其他历史现象差异极大的国家的立国理念和形象。一边是以陆海连接了欧亚非的蒙古，一边则是可以看到在陆海空各方面支配着地表的美国。在前著《异论欧亚史——来自蒙古的视线》里，我在意识到美国主导着现代的同时，也尝试大略地描绘了给人类史的步伐带来划时代转变、推开了通往遥远现代之全球化时代门扉的蒙古帝国及其时代的轮廓。书中的关键词是"巨大帝国""统合化的世界"以及"历史与现在"。

如今，距前著已历时三年半有余。这期间，美国自阿富汗进一步向位于中东中央地带的伊拉克展开作战。不过，萨达姆政权本身虽然轻易便被击垮，但美国仍为频频爆发的恐怖事件所苦，在国内外遭受责难。事态仍然持续发展中。也就是说，现在只不过是在一个过程中而已。不过，坦白地说，整体局面已经开始回归平稳，中东和欧亚的情势看似正要告一段落。

这次趁着拙著推出文库版的机会，我又加入了尝试通盘论述人类史中之"帝国"政体的第四章，以及处理与成吉思汗作为一个屹立于欧亚史上的王权形象典型相关的问题的第三章。此外，针对单行本出版后发生的伊拉克战争和阿富汗战争，也在第一章第三节中增加了一些内容。这都是为了更多角度地探讨"历史与现在"这个问题。

话说回来，今年即2006年是蒙古帝国出现后的800周年。就在1206年，一位名唤铁木真的领袖，整合了割据于现在蒙古高原的突厥蒙古系游牧民，将"国家"以蒙古语命名为"大蒙古国"（Yeqe Mongɣul Ulus），同时又自称成吉思汗。空前的"世界帝国"和欧亚的新时代，由此开始。

自2005年起，在德国举办了与成吉思汗和蒙古帝国有关的各种活动和展览会，我多少尽了绵薄之力。今年，以当事国蒙古国为主，包括中华人民共和国的内蒙古自治区及世界各地在内，也有各种纪念活动展开。以直接或间接的形式与成吉思汗或蒙古国具有关联的区域，占了欧亚近大半，日本亦不例外。近年来，一种将日本方面的研究视作有价值的成果，对蒙古帝国及其时代从头重新检视的动向，正在世界各地扩散。

毋庸赘言，"历史"和"现在"是密不可分的。借着蒙古时代的真实状态较往昔更加翔实，而且其真实轮廓也能够正确且确实地被描绘出来，今后观照欧亚以及现在世界的眼光想必将更加深入。若能如此，对于身为历史工作者的我而言实属万幸。

2006年2月

著者

序 章

吾人身在何处？关注历史之眼

一、全球化时代与"九一一"

人类史上的首发事态

公元二十一世纪的今日，我们似乎正迈向一个前所未有、规模遍及全球的人类文明新时代。特别值得一提的是，过去将人与人隔开的空间、政治、意识藩篱，借着网络或电子邮件的普及，或是以美国为中心的电视、媒体等庞大力量，几已清除殆尽。

由于信息在转瞬之间便能传播、共享，从某一方面来看，规模遍及全球的共通"世界知识"及共时认知，或是堪称"地球公民化"的新现象，的确正在跨越国家或地域的界线而形成。这显然是人类史上从未发生过的。

此外，不限国界或地域之别，中央与地方的差距与层级等各种空间上的隔阂也正急速模糊，就某部分而言更可说是正在明显消失。自人类的脚步开始以来，经过所谓的古代、中世、近世、近代，甚至是现代及当代，在悠长的历史时间中，长久以来定义着我们及我们所创造之社会的形成原理，正不发声响，而且极为迅速地，从根本之处开始变化。这也是过去未曾有过的。

人类总是动辄认定"自己现在所生存的时代非常特殊，这个时代是往昔未有的新时代开端"。无论是在世界各地还是日本，过去我们可以看到几种主张，主张其所处时代为转型期，或是时代及历史的转折点，等等。然而，与上述这样一个常有的癖性或执念不同的是，在我们所处的这个全球化时代的开端与过去的时代之间，似乎还是能够看到一些明确而无法否定的差异。

整合与多元的同步进展

这种样貌，终究无法以"高度信息社会"一语涵盖。掌握信息进而发声者，身怀巨大力量，以新的权力者姿态出现。信息的支配、独占与控制，使得令人惊异的新形态的雄心或权力浮上台面。由于这些雄心或权力是以地球为规模轻而易举地展开的，因此难以扼止。

例如，前些日子美国在全球化经济、金融大改革等呼声中公然布下的经济攻势，有一半以上堪称金融恐怖袭击、金融虚无主义。很明显，这是支配世界的权力游戏。并且，在计算机商务领域获得成功的人士成为世界巨人，掌握了人类历史上从未有过的巨富和权力，隐然成为世界的支配者之一。这样的个人，企图收购全世界美术品的图像版权，再大赚一笔，成为文化、美术的帝王，最后虽然失败了，却并不是纯然的闹剧或玩笑。

理所当然地，全世界一举迈向全球化时代，不能只以单纯的功罪、损益来论定。就结果而言，与是不是有所意图无关，我们已一脚跨入了此一时代。

在全球化的另一面，国家化、区域化、在地化等动向反而也更加鲜明且有形化，这毋庸赘述。以汉语或日语来说为民族、部族、族群、文化共同体等等，以及姑且不论以英语来说是否适当的 Nation、Tribe、Ethnic Group 等，这些在大大小小各种规模、层次及结构中的人群，作为具有前所未有之意义的群体而复苏、活化。我们可以见到各种自我主张、我群确认、新的整合工程在所有地方展开尝试。轮廓、内容皆暧昧，极具机会主义色彩有如"鵺"（译注：日本传说的怪兽，猴头、狸身、蛇尾、虎足，鸣声有如虎斑地鸫）一般的用语——"族群"，作为一个重要的关键词，其意义重新受到检视。此外，文化多元主义的动向，当然也开始出现踪迹。

在所谓"国族国家是近代想象"这个想法扎根的过程中，逐渐销声匿迹的国族主义，在全球化时代开始的同时，岂止未遭否定，反而挟着新的生命力再度浮现。如中华人民共和国等亚洲各国中存在的"后进型国族主义"固不待言，整体说来更令人注目的是，在已成既定事实的国族国家框架之下，不属于国家或无国家的人群，反而加强了他们建立国家的志向。这是因为，全球化时代虽然看似超越了国家的边界、削弱了国家的存在，但在另一方面，成为全球化前提的国际秩序体系，终究是以国家为单位来构成的。

要言之，全球化时代中整合和多元是同时进行的。两者不见得时常对立或相克。整合时而促进多元，多元也会支持整合，这样的情况并不算少。而我们正处于其夹缝间。两种要素在同一个人身上同时体现，或许并不罕见。不过，那仅限于能够被归类为"地球公民"这个新"阶层"的人们。

蒙古"帝国"和美国"帝国"

全球化时代具有一个面向，就是无论世界、国家、地域、社会、集团、个人的任一层次，富者与贫者、强者与弱者之间的差距都更加鲜明。过去怀抱"文明化使命"分割、支配世界的欧美，再加上日本等，如今可说是以全新的强大电子机器之力为后盾，改变形式却又昭然若揭地，企图以另一形态再度支配世界。

当然，美国处于全球化的中心。第二次世界大战后手握世界霸权的美国，借着苏联的解体，彻底成为国际秩序体系的唯一领导者、支配者。今日表面上以民族国家为基本单位的世界秩序，若是观察其实际样貌，便能发现那是几近于帝国的秩序。

姑且不论"帝国"的语源、语义及作为词汇的自我矛盾（有关源自拉丁语 Imperium 的 Empire，若从文字组合的角度来看其原为日本和制汉语的译语"帝国"，确实予人奇妙之感。意指地面上唯一支配者的"帝",与意味着古代中华春秋时代之都市国家的"国",本来是不相关的。张冠李戴的这个奇怪用语,是在江户时代后期作为德语中的"Kaiserreich"的译语而创造出来的。因为"Kaiser"为"皇帝"之意,"Reich"则是"国家"。这样的转译便是在一个说是有些草率,或是一种引人会心一笑的单纯构想下诞生的。不得不说,同样通晓汉字文化的日、中、韩文化人士们皆加以援用而没有提出异议,的确令人不解。毕竟这其实是一个充满"日本味"的用语。)等讨论,若是着眼于现实层面,在过去的人类史上确也曾经存在着几个适合以"帝国"之名概括称呼的政治体。

若要一一列举便会没完没了,而且什么是帝国,什么又不算是帝国,相关的讨论在各种观点、角度下皆有其理。虽说如此,在过去为数不多的帝国之中,比较显眼的两个,应该就是所谓罗马帝国和蒙古帝国了。这两者皆是以大大小小的各国家、区域权力为基本单位而构成的"世界秩序"。两者不同之处在于罗马帝国是地中海规模,而蒙古帝国则是欧亚规模。

笔者在此想略过两者的比较和"帝国论",大胆地做出断言,罗马帝国和蒙古帝国都是陆与海的帝国。不用说,罗马帝国具有立基于地中海这个世界罕见的大型内海的优势(顺带说一点题外话,我们所生活的这个日本列岛,时常将濑户内海比拟为地中海,从文明史角度的类似性来进行讨论,其心情虽可理解,然而还是有些怪异。地中海是最大深度达4000米的大海,浪高风强，与深度仅 200 米，几可说是平底，如大河一般的濑户内海完全不同）；蒙古帝国则先是成为史上最大的陆地帝国，然后再向海上发展，缓缓地汇拢欧亚的陆与海。

以类似的粗略说法来讲，美国是一个陆海空的帝国。特别是它以庞大的海上展开能力为基础的航空战力为主，支配大气圈内和圈外的宇宙空间、信息通讯，在大众文化和青少年文化方面也以全球化规模来传播电影、音乐等，因而或许可以称之为"天空帝国"。在整个人类历史中形成国家支配、帝国秩序的样貌上，美国堪称是相当程度地综合了过往的历史经验，创造了新的形态。

"九一一"的意义

然后，"九一一"事件发生了。有关这一天的意义，已经有无数的意见和讨论，今后也将继续如此。不过，在此笔者只想讨论有关"2001 年 9 月 11 日这一天将美国的帝国性往上提高了一个层次"的变化。

造成变化的一个原因是，美国这个内在巨大的民族国家，非常单纯地凝聚且沸腾了起来。回顾过去，以南北战争为名的 Civil War（又称"公民战争"或"内战"），作为美国为了成为"美国"而发生的"内部战争"，在流了 63 万余人的鲜血后，美利坚合众国正式地跨出大西洋及太平洋这两座海洋，展开了外向性战略的时代。美国自第二次世界大战时启动的突然显著的世界战略，基本上是在这样的走向中形成的。在此过程中，战争时常是"外向"的。

其间，美国在欧洲或亚洲，特别是在越南伤得颇重，但所流的鲜血皆无南北战争的多，更重要的是，美国本土皆未受到攻击。他们名副其实地遵奉了"攻击便是最好的防卫"这个法则。我们可以说，自十九世纪初可称作事实上的独立战争的英美战争以来，美国在本质上便未曾经历过"国土防卫战"。

这项记录由于中心中的中心遭到攻击，使得世界经济支配的象征、据点完全崩塌瓦解而被打破。就算不是奥萨玛·本·拉登（Osama bin Laden），对于前述强调以美国为中心的所谓"金融恐怖主义"人士来说，世界贸易中心的双子星大楼，说不定也称得上是"邪恶巢窟"了。实际上，无论是好是坏，布下了金融控制的人们，也属于这场事件的牺牲者。当然，对于来自世界各国、不幸遭遇劫难而亡的牺牲者们，我们应该献上无尽的哀悼。

然而，这回美国许多民众首次惊觉何为"防卫"。他们被迫一下子尝到了危及生命、丧失国土及国民安宁的恐惧。美国这个人种、文化、语言多元的熔炉国家，是通过"用对外作战把人心维系在中央政权上"这个人类史上常见之手法，来消解国内矛盾或缺乏整合等问题而维系起来的。他们以将关心挪向外部的做法，回避了内部问题。外部经常为了内部而遭利用。而这回则是突然出现了一个内部因外来力量而团结一致的态势。

"巨大且不易整合的国族国家，也同时是世界帝国"的这个双重性，其弱点就在于国内的不安定，而现在则通过9月11日，获得了一个国内团结凝聚的无比象征。原本，所谓的"帝国"几乎皆从内部开始瓦解，历史上的事例，不是只有不久前瓦解的苏联帝国而已。

复苏的欧亚地缘政治学

说"美国的帝国性向上升高了"的另一个原因是，作为紧接而来的阿富汗战争的结果，美国终于在包括阿富汗和塔吉克斯坦、乌兹别克斯坦、土库曼斯坦等原苏联加盟共和国在内的欧亚中央地带上，明确地建立了军事、政治、经济方面的陆上据点。

方才已经谈到美国是一个陆海空帝国，其实，长期以来，在"陆"这个方面，美国在欧亚的据点除包含日本在内的岛屿部分以外，仅限于朝鲜半岛与沙特阿拉伯、德国以西的欧洲等地，事实上还未跨进欧亚的内侧。

现在，美国则是一举深入到欧亚的正中央，也就是中华人民共和国的里侧、印度的上方、俄罗斯的怀里、伊朗的背面。也就是说，美国这个空中帝国，由此取得了欧亚陆上帝国的可能性。

过去曾经担任卡特政府的国家安全事务助理的布热津斯

基（Zbigniew Kazimierz Brzezinski），在 5 年前，部分由于自己出身于波兰，开始提倡"欧亚地缘政治学"的观点与战略。（*The Grand Chessboard: American Primacy and its Geostrategic Imperatives,* 1997.）但是，美国这个国家总是给人一种欠缺关照欧亚大陆整体的眼光的印象。布热津斯基的主张，在当时或许是提出得过早了，其主张就算有成为美国不久将来之战略的可能性，但在主事者眼中也未必具备现实感。

然而，2002 年，令人略感意想不到的是，美国获得了一个通往人类史上尚未成就过的、完全具备了陆海空三项要素之世界帝国的发展契机。即便是照应到过去所有的历史，在政治、军事体系，或是划时代的转折方面，其间都存在着显明的差异。无论是喜欢或不喜欢，美国恐怕已经无法后退了。从今以后，欧亚情势若撇开在大陆中央地带上握有地面据点的美国不谈，将愈来愈难成论。美国已经身在其中。笔者不得不再次强调，"九一一"所具有的意义是非常重大的。

二、历史研究的大改革开始了

关注事实

现在，我们恐怕正站在人类历史大转折的入口。在这当口，我们为了要以更宏大的眼光揣度面向未来的道路，而不仅是不久的将来，仍须向历史借镜，深入思索。彻底地把握人类过去的种种作为，适当且正确地评价，同时搜罗历史经验之整体的工作，是至为紧要的。

这是一件知易行难的工作。不过，以"人类为何"为出发点及归结点，同时以大视野来重新观照历史发展的道路，是无可替代的程序。着眼于各个文明、地域、国家、社会等固有脉络，以及其中所发现的人类文明共通性、普遍性，而非只以一个文明观或价值观来形塑历史，是不可或缺的。因而，笔者想站在多元历史学的基础上，建构以全球规模来展望整体的历史学，也就是可为人类所共享的二十一世纪世界史图像。

个别的历史研究之能够成形，本来就具有超越其所存在之政治环境或时代的价值，若逐一且细致地探索我们先人所走过的路，纵使那一个个的事实再渺小，这项工作亦必定具有其意义。

若是有人认为这有如西西弗斯永远推着自山顶滚落而下之岩石的行为而加以揶揄并断言那近于徒劳，那么我们可以说这是不了解"将事实作为事实来了解"之意义的妄言。我们对于过去的事实几乎全然无知。原本，对于历史所抱持的"为何能断言过去种种为事实"的怀疑主义、虚无主义，在相当程度上是很可以让人理解的，而且也确有其相应的理由。然而，即便不是上述高层次的讨论，而只是极为理所当然的基础性事实，纵然这些事实以许多人无法否定之形式来呈现，恐怕仍会在深信、成见或怠慢的情况下长期不被厘清与认知。我们所处的世界的确存在此一现象。其实，笔者平日对于过去或现在的某些论者不了解历史上的某些事实就高谈阔论深奥的思想、哲学、历史论、文明论、政治论的情况，在诧异的同时也不得不感到佩服。这样一种"怠学"，虽是当事者本身的责任，但超越那个层次，我们仍不得不说直到现在，为了要大略追溯人类脚步而应该要有最小限度地存在的大历史框架，终究还尚未确立。希望各位读者能有所警觉，后现代的主张是依时间与环境而定的。

关注事实仍然是无比重要的。自然科学里的事实主义，与人文学特别是历史学里的事实主义并无任何不同。自然科学中的事实主义与理论化，是某种想象反复不断的建构与再建构，事到如今已自不待言。历史学也是相同的道理。

本来，包括自然科学在内的几乎所有学术研究，就鉴往知来这层意义来看，其实皆是广义的历史研究：追寻史料、数据及过去的痕迹，寻求一路走来的路程和变迁，然后探索未来；而所谓狭义的历史学，偏重文献学或遗物、遗迹学，或许本来就是奇怪的。历史学照理来说与文科或理科的框架无关，而应该是运用所有数据及思考方法来进行的一门综合学术。

特殊时代"二十世纪"

回头来看，时当基督教历千年纪元更新的 2000 年到 2001

年间，有许多回首二十世纪、展望二十一世纪的主张，被策划以出版或大众媒体等多种形式反复出现。虽说如此，这样一个动向，到了"九一一"以后的今天，却好似被忘却了一般。

以下是一段个人经验。在我所任职大学的学系及研究所里，自数年前开始设置"二十世纪学"讲座作为现代文化学系列之一，2000 年 12 月还创办了一份学术刊物，名为《二十世纪研究》。这份刊物应该是以确立"将二十世纪作为研究对象"的学问领域为目标，赶在二十世纪最后一年的最后一个月，在创办者灌注了强而有力的信息下发刊的。

接下来又是一段切身的事例。在我直属的东洋史研究室度过了 12 年留学生活，于前年 9 月返回中国的天津南开大学副教授胡实华先生，于世纪更替的 2000 年 2 月 28 日出版了一本引人注目的日文书籍《百年の面影——中国知識人の生きた二十世紀》（角川选书）。那是一本以种种事件或逸闻为横轴描写近代中国一百年充满苦涩之足迹的著作。当然，若是放在中国知识分子为之激动的二十世纪动荡的脉络里来看，还是以陆键东在二十世纪最后一个月附带着《译者后记》出版了日文版、由荒井健等翻译的《中国知識人の運命——陳寅恪最後の二十年》（平凡社，2001 年 3 月）更带给吾人强烈的冲击。该书主角陈寅恪，是二十世纪中国一位具有代表性的学者、历史学家及文学者。

不只是在中国，二十世纪在人类史上确实是特别的一百年。这个世纪以欧美的世纪为开端，进而成为美国的世纪。并且，这既是社会主义的世纪，也是充满杀戮与破坏的战争世纪。接着，这个世纪后半期，亚洲改头换面开始重生，甚至环境问题所引发的对全球社会、人类社会的思考也带着现实感，作为迎向新世纪的课题摆在我们眼前。在思考人类整体的来路与去向之际，二十世纪所具有的意义极大。

欧美型世界史图像的瓦解

当我们面对如何思考、理解人类脚步这个问题时，二十世纪的意义同样重要。所谓世界史的这个思考方式，并非始于欧美。然而，在二十世纪前，欧洲于十九世纪后半期压制了世界。结果，欧洲文明成为一切的价值基准，人类的历史便以欧洲为主角来编写情节。

二十世纪是一个欧洲中心的世界史图像不证自明地被谈论、教育，然后普及的时代。但是，事实上在二十世纪后半期的五十年间，欧洲就只是欧洲，这也成为一项自明的事实（更严密地说，应该是所谓古代、中世以来，长期只是一个概念、虚构、幻想中的欧洲，大约从十年前开始成为现实，甚至以EU及共同货币欧元为基础，逐渐走上了实体化的道路）。

既是欧洲的扩大版，又为其后继者的美国，为了使二十世纪成为美国的世纪，怀抱着强烈的自负心，推动了军事、政治、经济浑然一体的世界战略。可是，自苏联解体和东欧民主化以后，其霸权反而失去了大半的正当性。在全球化现象展开的同时，在欧美或日本以外的区域，以中国为首，往强国发展的意向或各国独自行动、建立相互关系的态势变得更加显著。美国的"力量"仍然突出，只是不再绝对。

回顾过去，二十世纪九十年代中"美国时代"的世界史图像，是将旧有的欧洲中心世界史图像依样继承下来或者是将之稍稍变形的世界体系图像。结果，以欧洲为中心，甚至是以美国为中心来谈论世界一体化的这个想法，有一段时期在部分单纯的政治学者、经济学者间喧腾，但他们对于事实的认识却是程度过低，且偏离历史，不得不称之是一种为求省事的、自我中心的廉价假象。

一切从现在开始

从二十世纪后半期到现在的发展过程中，追求重新检视欧美中心世界史图像的动向，理所当然地和现实的世界情势纠结在一起，浮现于我们眼前。此外，我们也可以看到历史研究本身的展开呈现出了多样性。有关各地域、时代的历史研究广泛进行的一个原因是，随着全球化的展开，过去史料和政治环境上的障碍较大程度地被排除。特别是亚洲各地区和原苏联圈史料的发掘速度极快，也时常可以见到不少历史研究从根底被改变的事例。

只是，这里又浮现了一个课题。那就是应该取代欧洲中心史观成为新标准的世界史图像，究竟是什么呢？

其实，那便是今后的课题。我们应该在全面考察地域、时代后，建构一个没有偏颇的历史事实，并以此为基础重新形成反映事实的人类历史。这是一件知易行难的事。可是，不论是谁都能接受的世界史图像，无疑是存在的。那将是人类共有的财产。世界史或世界史研究，皆从现在开始。

此际，掌握关键者便是欧亚。之所以这么说，是因为长期以来的世界史之所以简略单纯，或者说其较大的弱点，便是由于明显缺乏对欧亚的整体眼光所致，尤其对于欧亚规模的历史变动实在是太不关心了。

欧洲虽然在有关自身成为主角的海洋时代及近代以降部分，能够高声强调自我本位的历史图像即为世界史，却未认真思考在那之前，自身祖先其实长时期不过是偏处欧亚一隅时的世界史是怎样的？

在探索人类历史的洪流之际，关于欧亚的视线是不可或缺的。如果，作为阿富汗战争的结果，前述的布热津斯基式的"欧亚地缘政治学"得以复苏，甚至成为一个着力点，使得欧亚史观点在世界史研究中也拥有了浮出水面之能力的话，坦白说来，让身为历史研究者的我们情何以堪？

不过，笔者倒不反对那将是一个契机。因为关于欧亚的视线本来就很重要，而今后那将更清楚地在现实中被日本、欧美的人们所看到。

这本小书，是贯注了这些信息的粗略尝试之一。即便乍见之下或许被认为是有些奇怪，但在本书中，为了考虑人类史中欧亚的意义，并重新思索近代的意义，甚至再加上关注全球化时代下的"帝国"即美国的观点，笔者打算以近代之前人类史上最大的欧亚帝国蒙古及其时代为主题。

涵盖陆海、跨越地域的超大帝国"蒙古"的时代，是公元的十三、十四世纪，乃西洋人所说的"地理大发现"或"大发现时代"（近年日本出现了一个新造词汇"大航海时代"，但那只在日本通行）开始前一百年左右。不过，依我所见，西欧是以这个"蒙古时代"中的欧亚松散"秩序"以及通向印度洋、包括非洲在内的整体，作为前提及诱因，而出发前往外洋去的，其最终结果便是美利坚合众国的成立，以及现今这个陆海空全球化帝国"美国"的出现。

欧亚时代的顶点之一就是蒙古。然后，以此为起点发展过来的全球化时代下的当前的主轴便是美国。但愿本书作为论定世界史上的大潮流、大转折，同时检证近代文明和知识架构，并思索人类文明普遍性问题的一个线索，能够发挥作用。

第一章

欧亚史的再思考

...

一、"世界史"科目是十九世纪的负面遗产

在本书开头，我们讨论了长久以来在世界史认识方面的问题所在。在此，笔者希望能连同"蒙古时代"这个概念，再稍做一些深入讨论。

蒙古时代的想法，在"世界史"这个整体史中，具有独特的意涵及定位。其要点可归为以下三项。

首先，蒙古时代可以作为对现有世界史图像最易理解而且难以否定的一个批判。这与世界史认识里一直存在的结构性缺陷密切相关。其次，蒙古时代位于一个堪称"世界史分水岭"的位置，这是就它松散地统合了先前时代的诸多要素，开启了通往近代之门扉的这层意义而立论的。并且，蒙古时代同时也是世界史上另一大潮流"游牧文明"的顶点。它可说是我们探索人类史上游牧生活体系，游牧民社会、文化，以及游牧国家的角色，甚至是"国家"在近代以前的本质为何，而那和近现代国家或政治权力又有多大程度相通等课题之意义时的绝佳线索。

有鉴于此，本章接下来将做一些概略性的讨论。虽然这些与蒙古时代的意涵与定位相关的讨论，以及与之相涉的错综复杂的状况背景，说穿了尽是一些想当然的内容，但也仍有一些

再确认的作用。

创造"历史反派"的西欧史观

近年来，欧洲中心主义（Eurocentrism）的思想、价值观、历史图像突然开始屡受质疑，这可以视为对于源自近代西欧的文明与知识框架的再思考。这个反省虽见于二十世纪七十年代左右，然其全面展开，仍要等到1991年苏联的瓦解与东欧民主化发生以后。许多民族骚动、区域纷争几乎在同一时间于包括原苏联圈在内的世界各地一齐爆发。与此同时，民族、国界、民族国家等想法，也被认为必须自根底上重新思考。如今，已历经十年岁月。

比方说，在狭义历史学的"再思考"论中时常被提及，而且几乎是以固定形式来反复述说的几种说法如下：重新探讨以民族国家为单位的历史叙述，重新界定历史区域单位，以及对于近代历史学的怀疑与审视等。

坦白来讲，这些说法都是理所当然的，是一直以来的思维太过奇怪了。

回顾历史，我们在第二次世界大战后长期被灌输的世界史图像，带有一种浓浓的色彩，这种色彩大多肇因于十九世纪中叶开始到二十世纪初期以西欧为中心的欧美列强割据支配世界的国际情势和历史变迁。西欧列强对于本身的军事和工业能力充满自信，从以近代西欧文明为至高价值的立场出发，擅自对当时世界各地区及住民作"善""恶"，或是"发展尚可的文明地区""落后严重的地区""无计可施的未开化、野蛮边远地区"等判断。

中华地区或中东伊斯兰地区，被判定为"发展尚可"。若与近代西欧相较，它们虽然"非常恶劣"，但姑且还算与自身属同样类型，是具备了农耕、畜牧、城市等多层社会的文明地区，更重要的是"拥有发达的文字、文化"。

另一方面，从西欧来看，对于过着他们难以理解之生活的社会或地区的人们，则断定为不文明，抹上不当的负面色彩。特别是生活在广布于欧亚辽阔内陆地带或中东、北非等欧亚非大陆干燥世界的游牧民，更动辄被视为与文明相去甚远的边缘群体，是一群不仅不顺服于近代国家，甚至是有所妨害的、没有价值的人。游牧民们的行动和生活受到压抑，过去可以自由往来、通行之处，也遭栅栏或防御线等边界的隔离，若是跨越，便被认定是犯罪、叛乱。以此为口实进行镇压、讨伐者也不在少数。

甚至，更重要的是，这样一种十九世纪型的妄断，竟然还进一步被回溯到往昔的历史时代而印象化，不仅未予游牧及游牧民在人类史上所扮演的角色以正当评价，反而还使得将他们视作"历史反派""文明破坏者"的态度更加普遍。游牧民可以说被当成了历史上的"负面象征"。虽然我们常说"思想的十九世纪"，但"无意识的十九世纪"才真正可怕。

速成的教学科目"世界史"

就在世界与历史被以西欧本位价值观为基础进行排序评价的时候，历史学也作为一项近代学术而诞生了。学术研究开始普遍被视为在大学（特别是 1810 年柏林大学以后的所谓近代大学）这个特殊环境中的特别活动，学者、研究者实际上则是以学问谋生的职业人士，历史研究在大致上也成为专家及其预备军的工作。

十九世纪西欧的学问领域框架或价值基准，带有极为浓厚的传统色彩。文明主义、古典主义、教养主义，几乎是各大学共通的基本精神。另一方面，十九世纪当时的大学或学问，就算是在西欧，仍然具有一种不过是限定在特定阶层中的"少数者知识"，甚至是"贵族知识"的特质，这就某种程度而言也是事实。

明治日本将上述特质依样引进国内。明治时期日本的学问和大学（虽说如此，明治时期日本的大学，仅有作为官立大学于 1877 年设立的东京大学，接着是于二十年后即 1897 年成立的京都大学，再后来是 1907 年的东北大学、1910 年的九州大学。顺带一提，私立、公立大学的成立要等到大正七年，也就是 1918 年"大学令"公布以后）皆属西欧型，日后它们也是日本学术研究或组织的基本骨架。

于是，十九世纪的西欧型思考便不由分说、自然而然地充斥世间。在历史学方面，十九世纪型的世界史图像也成为所有历史研究、印象的基础或前提，这里面也有许多无可奈何之处。加以，日本还有下面将提到的一个独特情况。

第二次世界大战后，"世界史"在日本突然作为新制高中的一项教学科目而出现了。说实在的，当时日本几乎未（或应说是无法）从根本上探讨或讨论过世界史究竟为何，或是世界史何以成为"世界史"，甚至是日本史应该如何与世界史做连结，又该如何叙述等问题，便在一种相关讨论遭到搁置、无论如何一定要制定世界史这个新科目不可的"现实主义"先行的情况下，诞生了世界史科目。

在战前相当于战后新制高中的旧制中学历史教学里，原是以国史、东洋史、西洋史三门为主，大学里头的历史研究和教育也属同样形式。也就是说，战后新制高中里头以日本史、世界史两门为主的情况，乃是将国史改称了日本史，至于新设的世界史，实际上是将战前的东洋史和西洋史并在一起而已。然而，在战后大学、学术层次的历史研究领域，战前型的日本史、东洋史、西洋史三门仍继续存在，这使情况变得复杂。

或许有许多人觉得意外，但名为世界史的学问领域，实际来讲不只是在日本，甚至在世界任一角落都说得上是不存在的。不只如此，举目世界各国，所谓世界史的这个构想，一直到最近为止，其实都可以说是罕见的。作为近代学术研究"嫡系"的欧洲大学里虽有历史学系，然而讲授的内容却是欧洲史。

当我们想学习亚洲历史时，只能去求教于东洋各语言或东方学系，于是那里便能同时看到专攻哲学、思想、文学、语言、美术等各色学问的学生。

当然，思索人类普遍历史的学者自古便有，例如德国称为"一般史"、"整体史"（Allgemeine Geschichte），英美称作"普遍史"（Universal History），战前日本称为"万国史"的等，用的都是类似的概念。不过，那完全只是少数派，在欧洲内部只有欧洲史才是历史，其余皆属"附加"的状态，实际上一直持续到最近。

日本的西洋史与东洋史

日本历史学的情况又如何呢？我们可以说，日本的历史学是在明治时期作为引进、吸收先进西欧文明的一环，在招聘外籍教师的形式下起步的。德国的利斯（Ludwig Riess）受聘至东京大学，因而建立起了德国流派的"实证主义"历史研究方法。虽然名为历史学，但由于依样引进了欧洲"嫡系"的学风，可想而知其内容实际上是欧洲史。

上述学问成为"西洋史"，而有关日本本身的历史研究则成为"国史"，这两道主轴并立的状态持续一段时日后，在甲午战争到日俄战争期间，日本国民对亚洲的关心程度普遍提升，因此便新设了"东洋史"。也就是说，战前的东洋史和战后的世界史，皆可说是为因应现实政治、社会情势的需要而出现的。两者皆属一种教育较研究先行的框架设定，即便就学问和研究是后来才赶上的这点而言，两者也是共通的。

日本的西洋史，依样画葫芦地承袭了欧洲人，尤其是西欧人的看法，这或许是莫可奈何的。西欧的历史研究，尤其是西欧历史本身的研究积累，分量与近代西欧历史本身相同，的确令人吃惊，对此我们不得不坦然地表示佩服。虽说日本学者也陆续提出了独特的观点、看法、诠释和新的见解，创造出了与西欧研究不同的意义和历史图像，然而，迄今为止，日本的西洋史绝大多数（甚至可以说日本西洋学的大多数）不得不将咀嚼、吸收、引介视为基础的现象，很大程度也可归咎于这个不得已的时代背景。日本在西洋史、西洋学上所尝的"苦楚"，在根本上与亚洲学和日本学是不同的。有关于此，包括笔者在内，当然是专攻亚洲学和日本学的人们应该多体谅西洋学学者们的。相反，若是日本的西洋学完成了西洋人不得不肯定的基础性研究，那真该称得上是无上的赞美了，不是吗？

另一方面，可想而知，东洋史这个日本独有的学问领域，发挥了江户时期以幕府、诸藩为中心，长达二百年以上的儒学教育、汉学研究的传统和积累，而以汉文史料为基础的中国史研究最属擅长（附带一提，包括中国文学、哲学在内的所谓"中国学"之所以会在日本的文科学术体系中较显突出，多半是可想而知的）。不过，这里要特别强调的是，这样一个西洋史的西洋中心史观或东洋史的中华主义史观，到了第二次世界大战后竟在未善加检讨的情况下，便悄悄地被继承到了新科目"世界史"里头。

再者，战后不久，历史学者们便持续且频繁地讨论"何为世界史""思索世界史""重读世界史"等相关课题，如今也有类似的策划、出版、研讨会不厌其烦地推展。这说起来也是可以理解的。因为，日本的世界史学原先只有名称，内容则是被"搁置"的。总而言之，责任并不只在战后的世界史教科书上。

当然，在战后超过半世纪的进程下，日本也针对伊斯兰中东地区史、亚洲史、南亚史，甚至是近年的非洲史或中南美洲史等领域，展开了自己的研究，相关成果陆续反映在历史教科书上，对旧说进行了某种程度的修正。不过，莫可奈何的是，由于那是在不对以西欧中心主义的西洋史为主，再加上从中国史出发的东洋史的这个基本结构做太大更动的前提下而做的调整，因此缺陷和问题很难说得上已经彻底除去。

比方说，我们只要考虑到这二百多年来美国在世界史上的意义，便不得不说现在的世界史将美利坚合众国史的分量看得太轻了。虽然明白其重要性，实质上却未做相应处理。这是因为，日本的历史研究、教育，完完全全是一个西欧中心而非欧美中心的史观（有关东欧或俄罗斯方面的历史研究，尽管专工者与过去相较有所增加，但其不足状态仍难以弥补）。并且，相反地，呼应到近年日本的研究状况，伊斯兰中东史的比重也有大幅增加。这个增加本身当然是值得欢迎的，但也无法以此推论世界史的整体图像能立刻明朗，我们的理解能取得平衡。我们该如何思考人类史中伊斯兰与中东的定位？这在整个现代世界里都是首屈一指的大问题，而不仅限于历史学。

探索全球化时代真实的世界史图像

在以大学为主的学术研究圈里，无论战前战后，始终持续着将涉及世界史的诸多领域以日本独特的"西洋史"和"东洋史"结构二分的并立状态，然而一旦要讨论世界史的整体图像时，研究层次中的"国际发言权"则会发生逆转。以东洋史为名的亚洲史研究者对世界史的发声总是罕见，相反地，对于欧美思潮和动态较为敏感的西洋史家则大致握有领导权。不可否认西欧中心型的世界史图像确实有受到"捍卫"的一面。

总而言之，"世界史的基本图像"固然已有些许调整，但以十九世纪型印象为底蕴的基本图像，至今仍然稳居主流位置，这堪称是"诸多弊端"的核心。我们的确必须展开一个从根底重新建构的工作。

不过，值得讨论的是，在日本接受战后教育者占国民大多数的现在，远远偏离史实的世界史图像早已成为共通的"常识"，深深烙印在我们脑里。这的确叫人害怕。有时，那甚至似乎已经化为一种"思考定式"。

并且，把这套用在被称作历史学家、历史研究者的人身上，也大致是吻合的。一旦跨出自身专工的地域、文明、时代、领域，一位历史研究者对于其他知识的涉猎，也不会超出世界史教科书的范围太多。

例如，一直到 1991 年苏联解体为止，位于原苏联圈内的哈萨克斯坦、乌兹别克斯坦、塔吉克斯坦、吉尔吉斯斯坦、土库曼斯坦，以及格鲁吉亚、阿塞拜疆等国的情况是如何的呢？上述各国的状况在其独立以后与里海周边地区的石油利权问题和国际政治、区域纷争、经济开发、文化协力等情势连动，急遽地映入世人眼帘。"九一一"以后的阿富汗战争，更间接地促使了这些国家的现状为世界所知。

不过，一直到十二三年前为止，除了部分专精的学者或消息人士外，这些情势极难进入"西方"视野，也鲜能在一般民众意识中占多大比重。若要问这些地区在历史上是否全无意义？答案当然是否定的，它们可是在欧亚世界史的展开中占有联系东西两方的枢纽位置的。遗憾的是，对此有充分认识的历史研究者到今天恐怕也不算多。时至今日，我们还必须说"中亚再发现"这个现象本身，无非就是过往世界或世界史图像被扭曲的一项证明。而这只是其中一个例子。

然而，跨过二十世纪来到二十一世纪的我们，还要为过去那些不幸时代的遗物、残渣或是由于种种原委而累积下来的偏颇、偏见所围，真是不可思议。我们必须跳脱十九世纪型价值观、世界观的束缚。若是可行，将现有的世界史叙事，悉数作一次拆解，然后再加以重新组合，也是一种解决办法。这在日本若能实现，说不定反倒会出现一个更好的世界史图像，一个由日本发声的世界史。

总而言之，一个以特定的国家、地域、文化圈为中心，以自我本位的观点从过去人类史中撷取下来的世界史图像，没有道理会是一个好的图像。以本真轮廓、比重来注视各个时代、地域之"真正史实"，才是置身于全球化时代的我们所必须追求的一个适切的世界史图像。如果我们对于现在世界的关注受到过去的遗物或废物蒙蔽，不得不说这就是历史的"负面遗产"。

问题的核心应该在于，是什么链接了区域与区域、文明圈与文明圈，使得世界史成为世界史？这同时也是在问，在世界史的整体图像中推动人及"时代"的动力究竟是什么？这是本书盼能专注考察、思索的重点。

如此一来，从正面来重新审视在长期以来的世界史认识里总被赋予最负面形象的游牧及游牧民，以及其在世界史上扮演的角色与意义，将是一个重点。在人类跨越海洋，真正迎向全球化的"地球世界史"时代以前，长期作为人类史主要舞台的，是欧亚和北非。在这个"欧亚世界史"或"欧亚非世界史"的漫长时代里，串联了相互孤立的各个区域，创造出某些"人类文明""人类文化"等共通事物的原动力，不正是游牧民及其国家吗？

若要重新思考长期偏颇的世界史，创造出全新且真实的世界史图像，那么彻底地重新掌握、理解游牧民及其历史，乃一不可或缺的工作。这与彻底重新思考形成近现代世界的既有框架的作业，也是相通的。

改变中的误解与偏见

总而言之，一直以来附加在游牧及游牧民身上的误解与偏见，确实很大。不过，近年来这种状况正在一点一点地改变。

不只是日本的学者，世界各国的人类学者、民族学者们亲自进入现存的游牧民社会，重复着生活体验和观察的研究途径，使得游牧的形态和体系、相关知识与认识基础已经隐隐约约地开始浮现。另一方面，针对过去记载的、盲从于蔑视或非难的历史文献，也在意识到其中存在着误解、偏见的前提下，进行了应有的重读与再探讨。应该说，了解文献的症结所在，详细地析出事实，这种态度本来就是理所当然的，只是过去的论调的确是太过情绪性又不容争论了。

尤其是，有关游牧民这个主题，通过较多地记载其原本姿态的波斯文、阿拉伯文、突厥文的伊斯兰历史文献来切入的研究途径，与这三十年来日本伊斯兰史研究的进展相互联动，而不再如过去一般只凭借传统的主要史料即汉文文献或欧洲史料，使得研究变得较为容易了，这一点也不容忽视。

如后所述，欧亚的中央地带不消说，所谓的中东地区原来也是游牧民与农耕民、城市民混居的社会。再加上，古代诞生出阿赫门尼德王朝（一般以缘自希腊语的阿契美尼德王朝称之）或萨珊王朝等"古代伊朗帝国"核心的政治、军事集团，其游牧民色彩亦浓。不止如此，作为诞生出伊斯兰文化之母体，阿拉伯族也原是游牧民，甚至突厥族也作为游牧民的军事力量从中亚向伊朗、安纳托利亚、埃及等地发展。因此，伊斯兰文献中对于游牧民的描绘，其偏颇程度较汉文文献来得低；其中同时也大量留存了对游牧民的生活或社会体系、游牧国家的结构等方面更富于具体性的叙述。这对有关游牧民历史的再建构工程，是不可或缺的。

总的来说，通过立足于田野调查所得来的欧亚与北非游牧民社会的基本图像，以及遍览东西各语种文献的历史图像所做的摸索，虽然仍在彼此刺激、缓缓进行的阶段，但其水平和以前相比确实可说是高出了许多。

二、游牧文明　另一个世界史

陆上最后的游牧国家——阿富汗

游牧民及其国家所创造出来的历史，堪称"另一个世界史"。不过，其中既有早已为人所知的史实，也有尚不为世人普遍所知者。

例如，阿富汗尼斯坦（通称阿富汗）曾是"陆地上最后一个游牧国家"的事实，恐怕几乎就无人知晓。2001 年 10 月阿富汗战争在美国主导下展开后，世间有一段时期充斥着关于阿富汗的报道，这些报道以一种短视的眼光，追踪着时时刻刻出现变化的新进展。可想而知，有关变化的起源与由来，充其量仅仅是从 1979 年 12 月末苏联军事侵略的脉络来谈而已。

阿富汗其实算不上一个古老的国家。我们或许该说它与一般人所认知的不同，其成立年代距今之近，出人意料。当然，现在阿富汗立国的这个区域，以"文明的十字路口"而著称于世，拥有可以回溯至纪元前的古老、多样的历史，只是那些政权所采取的都不是阿富汗这一国家形式。

一直到十八世纪中叶为止，以阿富汗为名的国家都不存在。1747 年，在日本相当于江户时代德川吉宗的晚年，出身自杜兰尼系普什图游牧民的艾哈迈德·沙在诞生地坎大哈整合了普什图游牧民各部族势力而立国。这是阿富汗这个国家的起点。

附带一提，"阿富汗尼斯坦"这个波斯文，意指"阿富汗之地"。"阿富汗"在狭义上指的是普什图族。这支民族在历史文献中的出现，最早始自十世纪，特别是十三、十四世纪蒙古时代的波斯文文献（附带一提，有关伊斯兰中东地区一带的情况，在客观的史实和据此编撰的文献资料两方面，在蒙古时代前后有决定性的极大落差。平心而论，中东是自蒙古时代开始进入正式的"文献世界"时代的）。所谓的阿富汗，指的是横跨现在阿富汗及巴基斯坦国界的山岳地区的居民。

总而言之，阿富汗的主要民族普什图族有一千万人左右居住于巴基斯坦，其原因并不难理解。近代国界线不过是以切割原有居住地的形式而被画下的产物罢了。这样的案例，在山岳居民身上，例如跨越现在土耳其、伊朗、伊拉克三国而居的库尔德等族身上，更是屡屡可见。近代的国家和国界线，可以说是硬凑合出来的，极不自然。在现今阿富汗及巴基斯坦独特关系的根源里头，这点最是重要。

阿富汗国家出现于1747年，其实体为普什图游牧民的部族联盟。这个国家在历史上又称杜兰尼王朝，简言之是陆地上最后的游牧国家。世人常说与清朝处于竞争关系，位于蒙古西部、天山一带的准噶尔是"最后的游牧王国"，其实并不正确。

十八世纪后半期的阿富汗游牧王国，不只是发动了东至印度、西抵伊朗的征服、扩张战争，并吞了现今巴基斯坦全境，更形成了一个领有伊朗东部要冲马什哈德的巨大版图，有历史学家称其为"杜兰尼帝国"。姑且不论其真确与否，自彼时起印度的莫卧儿王朝便彻底弱化了，伊朗也因阿富汗游牧民而衰落，所以这个游牧王国在从中东到印度次大陆的这块区域，确实是仅次于奥斯曼帝国的"伊斯兰帝国"。

阿富汗游牧国家的不幸，来自于取代过去统合了印度次大陆的中央权力即莫卧儿王朝的英国。到了十九世纪，完全掌握

阿富汗的民族分布

由本图可以了解在阿富汗的各主要民族中，普什图、塔吉克、乌兹别克等民族的分布跨越国界，与巴基斯坦、塔吉克斯坦、乌兹别克斯坦等周边各国密不可分的关系。此外普什图人又分为许多部族各自割据，因此阿富汗这个国家，实际上不只是民族的马赛克，更近似于部族单位的复合体。

了印度次大陆的英国，以之作为亚洲经略核心区域的同时，也榨取了"印度财富"，迈向被世人称作大英帝国的世界支配者地位。而且，在阿富汗以北隔着阿姆河，现在是哈萨克斯坦、吉尔吉斯斯坦、乌兹别克斯坦、土库曼斯坦等共和国所辖之地，当时有布哈拉、希瓦、浩罕等伊斯兰王国存在，十九世纪后半叶它们逐渐落入俄罗斯手中。

阿富汗王国南为英国、北为俄罗斯，这个被两大强权国家所包夹的国家，从此步入了苦难年代。面对企图南下的俄罗斯，想要守护印度次大陆这个"大金库"的英国，于是介入阿富汗，三度引发阿富汗战争。虽然在第一次，阿富汗歼灭了超过一万人的英国军队而取胜，但最后阿富汗仍沦为英国的保护国，并作为英俄间的缓冲国，定下了目前的国界。

总而言之，综观历史，这个北有俄罗斯（苏联），南有英国、美国的国际权力游戏舞台的定位，便形塑了近现代阿富汗历史宿命的格局。这个国际政治格局，如今在本质上仍未改变。

组成阿富汗国民近半比例的虽是普什图族，但其居住地区几乎偏处国土的南半边。北半边主要以塔吉克族或乌兹别克族为主，还有土库曼族或被称作蒙古帝国派遣军子孙的哈扎拉族等族群。此外还有努里斯坦族或印度教徒、锡克教徒等，简直就是一个多民族国家。

单就普什图族来看，在巴基斯坦境内的人口数量与在阿富汗境内者相近，这两支"普什图族"不过就是由于"杜兰尼帝国"时代的东部领土遭英国夺去，成为其后的巴基斯坦，才造成了看似分属两国的结果。也就是说，在普什图族的立场来讲，现在的国界并不理想。如果由另一角度来看，巴基斯坦和阿富汗两国堪称是爱憎与共的对手和兄弟之邦。苏联撤军后，巴基斯坦由于企图取得对印度的战略优势，强力支持阿富汗的塔利班，被外界认为扮演了"保护国"的角色，但其实其中早就存在着近年来国际政治领域所无法解释的"潜流"。

反过来说，虽然只是梦想，但如果阿富汗也像沙特阿拉伯、伊拉克、伊朗、科威特等国家一样有石油产出的话，结果又会如何呢？十九世纪中期以后阿富汗的苦难历史，是不是会全然改观？它岂会是"欧亚权力政治"下被玩弄于大国意图间的弱小国家，说不定还能在欧亚中央成为自如操控国际政局的要角，至少不会有现在的悲惨命运，不是吗？

支尔格源自蒙古时代

普什图族现在仍有游牧民后裔豪迈尚武的风范：男性至上的社会，同族间强烈的凝聚力及复仇的习惯，款待客人的盛情，以及被称为"支尔格"（Jirga）的长老间圆桌会议。这样一个特征，在思考今后的阿富汗时，绝对是不容忽视的。

令人最能强烈感受到中央欧亚一脉相承的游牧民组织传统者，是"支尔格"。共商复兴阿富汗未来走向的国民大会议"支尔格大会"（Loya Jirga），经电视媒体的报道而广为世人所知，但那其实是"'支尔格'中的'支尔格'"。游牧民们围成圆形来召开讨论集会的"支尔格"，正是在古今历史中皆可看见的本真面貌。

其实，"支尔格"一语的语源，毫无疑问地是来自蒙古语的"捷儿给"。回溯到十三、十四世纪蒙古时代的"捷儿给"，除了团团围坐以外，据说还有圆形阵势、围猎队形等，总之是意指圆形乃至于近似圆形的配置，而不问规模大小。最后，这样一种围坐式会议，若加上酒菜则又有宴会之意。"捷儿给"一词若以蒙古时代的国际语即波斯语来转写，便成为"支尔格"。这个名词在蒙古时代的波斯文史书里是清楚可辨的词汇。

另一方面，同样源自蒙古时代的单词且广为人知的，还有意指"会议"的"库力台"。只是，严格说来"库力台"意指蒙古帝国中的大会议、国会。并且，实际上是帝室会议和国际会议的"库力台"，时常附带着会议后的宴会"托仪"（toi）。在就真实意义而言可说是人类最早的世界史叙述的《史集》以及蒙古时代和其后的波斯文史书中，"库力台"和"托仪"几乎必定是成套出现的。在蒙古世界帝国里，会议和宴会是分不开的。

"捷儿给"或"支尔格"，指的是层级不及"库力台"那般大会议的、属于游牧民们的一般会议，也就是部族会议。之所以采取团团而坐的形式，原因之一是为了不给参加者排定位阶高低。在此，族长和长老们议论、讨论种种事务，简而言之就是合议制。这一点和镰仓武士团等组织的形态在基本上没有差异。该会议所讨论的事项，既有部族内部事务，也有部族间的。讨论若达成共识，就接着举办宴会，大概是没有以别的单词来作区别的必要。在起源于普什图族游牧民部族联盟的阿富汗国家里，"支尔格"才是一切的关键所在。这个词汇和习惯，在直接印象上可上溯到成吉思汗时代，而其习惯本身恐怕从更早就有了。综观历史，我们能够看到许多体系、制度堪称属于游牧国家、欧亚国家的，而"支尔格"则是其中一直存于今日、不可忽视的一个。

游牧国家乃多民族国家

游牧国家在阿富汗游牧王国之后消失了踪迹，在近现代几乎不存在。换句话说，对近现代人来说，游牧国家纯粹已成历史，只能通过文献、遗物、遗迹等进行再建构。而且，游牧民的特征之一，就是不易留下固定居所和建造物。因此，我们很难从"物质"的层面加以掌握，其历史实在不易复原。此外，定居民所书写的文献总有极大偏颇，又带有近代文明眼光所导致的负面印象。

尽管如此，游牧国家历史的长流在某种程度上还是清楚的。借此，我们看到了人类史中堪称"游牧文明"的形态。由于这个形态和近现代文明完全相异，反而能够引发我们对自我形态的省察。

十三、十四世纪的蒙古世界帝国及其时代，便处于这"另一个世界史"的顶点上。有关其发展历程，我们已数度言及，在此谨再整理其要点简述如下。

毋庸赘言，连贯欧亚东西的草原，这条"带状陆地"自古以来便是游牧民的天地。只不过，有关游牧与游牧民的起源、诞生时期、地点等，各种见解间仍存在歧异。总而言之，游牧民们平日便发挥大规模行动力，联结容易陷入孤立的中小型区域与社会，同时也以骑马及弓射的军事力量为基础，创造了强而有力的政权与国家。

就文献上确认的最古老史例而言，是希罗多德《历史》里提到的斯基泰。斯基泰这一游牧民集团，最迟在公元前八世纪就以黑海北岸的南俄罗斯草原为中心，收拢其他游牧集团或城市、农业地区及希腊系居民的港湾、商业聚落，形成了一个多元种族和文化复合的军事强国，成为以游牧民联合体为核心之"多种族复合国家"模式的起点（此外，依希罗多德之见，与斯基泰呈南北对峙的古代伊朗阿契美尼德王朝或先行存在的米底亚王国，也是以游牧民及其军事力量为核心的）。现在，我们一般称作"游牧国家"甚至"游牧帝国"者，其实就是这样的形态。必须注意的是，它们是并不只有游牧民的"民族国家"。

此外，斯基泰的遗迹中出土了各式各样装饰了独特动物意象的生活用具或黄金制品。器物的表面，是有关生活、畜牧、战斗等景象的精巧浮雕，通过与众多出土遗物的对照，可以了解到他们形成了与其后游牧民共通的生活文化。而且，这种类型的出土器物，遍及西自东欧至德国间，东则从西伯利亚到蒙古高原、华北，甚至云南的广大区域，令人想象斯基泰型的游牧文化覆罩在中央欧亚这个巨大空间的东西两侧，形成了一个以游牧民为联结而串起的跨域、超大的"历史世界"。今后，不只是南俄罗斯草原或哈萨克草原等斯基泰的"中心地区",对西伯利亚、蒙古等地之坟墓或遗迹的调查、发掘也应该在国际合作的力量下加速步伐(苏联解体后,过去以俄罗斯为主、盛极一时的原苏联圈考古学调查、发掘一度陷入严重停顿,最近则显有变化之兆。今后,无论好坏,考古学应该会往不同于苏联时代那般为国家或政权服务的方向发展)。如此一来,对斯基泰游牧文化圈的实际状态,或许也能有更进一步的了解。

斯基泰国家确立的"游牧国家""游牧文明"形态,传到欧亚东方,到了前三世纪末,以日后被称作蒙古高原的最大最好的草原地区为中心,出现了名为匈奴的"游牧国家"。所谓匈奴,本来是以其为核心的部族集团之名,在整合了东胡、丁零、坚昆(或鬲昆,被认为是后来的吉尔吉斯)等几支游牧集团,甚至将吐鲁番盆地和塔里木盆地的绿洲城市群也纳入势力圈后,它成为国家的名称。

有关匈奴,在司马迁和希罗多德的《历史》并称于世的著作《史记》中叙述甚详。根据该书,匈奴这个游牧国家的力量,最盛期东及朝鲜半岛,西达西藏高原以至天山、帕米尔;而且,它还完全令几乎在同一时期成立于华北的汉王朝(前汉或西汉)屈服,将之作为事实上的"属国",此一状况持续了将近七十年。史上有名的汉武帝所完成的北征匈奴、经略中亚和进军朝鲜半岛的功绩,其实都是为了翻转对于匈奴国家的"臣属"状态而进行的"匈汉战争"的一环。

附带一提，这场持续了半个世纪以上的长期战争，始终是出于汉武帝的个人意志，而且大致上是由汉王朝发动的，结果匈奴和汉皆极疲惫。双方在武帝殁后虽然达成和平，但和平请求也是由汉这一方提出来的。长期以来我们在常识上都依汉王朝和中国本位的观点将汉视为良善的被害者，而匈奴则是邪恶的加害者，这种解释、叙述真令人觉得不可思议。所谓的汉文史料，完全是为了奉承当时的政权而记载的，理所当然会出现上述诠释。包括中国史和中国文学的研究者在内，我们应该要稍稍冷静、客观地关注史料和事实才对。

回到正题，若将目光转向司马迁所说的匈奴国家体系（司马迁本身与近现代人不同，十分客观与冷静）上，则可以看到以十、百、千、万等十进制体系为基础的军事社会组织，或是国家整体面向南方，以单于为中央向左、中、右作大规模展开的三极结构等日后游牧国家几乎也存在的共通点。正如我们在斯基泰强压阿契美尼德王朝时的伊朗帝国、匈奴令汉王朝臣服过程中所见的，游牧国家军事力撼动欧亚世界史的时代由此开始。就此意义来说，斯基泰和匈奴或称得上是游牧国家的源头。

游牧民推动的世界史

在斯基泰与匈奴以后，许多"游牧国家""游牧帝国"在欧亚东西方出现。西方有萨尔马提亚、匈人、可萨、阿瓦尔，东方则有鲜卑、柔然、高车，从中亚到印度西北，贵霜王朝、嚈哒等则为"第二波"。

以"匈人"为例，无论他们是不是过去匈奴国家中西遁的那一支的直接后裔，匈人对日耳曼各族的压迫的反击成为西进的导火线，他们进而于现在的匈牙利（即"匈人之地"）确保了根据地，将罗马这个地中海帝国逼上了崩解的过程，则是众所周知的史实。此外，贵霜王朝或嚈哒，扮演了联结中亚及印度次大陆的角色，在佛像的诞生和佛法的北传、东渐中具有关键性地位（佛像的出现是"希腊化"的结果，或说犍陀罗佛教的衰微是嚈哒"毁佛"的结果等等，这些一直以来的"常识"，其实皆是西欧人所创造的说法，我们没有必要全盘相信）。

接着，六世纪中叶突厥在蒙古高原上现踪，并以天山地区为根据地。他们所建立的帝国国祚虽短，却形成了史上首度将中央欧亚草原地带合而为一的"大帝国"。所谓的突厥，应该是"Türk"或其复数形式"Türküt"的汉字音译，其名称和斯基泰、匈奴等"游牧国家"相同，在作为游牧联合体核心集团名称的同时，也是多重、复合的整体国家的称呼。突厥帝国在东方威胁到了后面将会谈到的北齐、北周、隋、唐等"拓跋国家"（其实这也是权力核心出自游牧民的军事联合体），在西方则与拜占庭和萨珊王朝合作。

此外，若是将现有的欧亚国界线暂时消除，将能了解到东方从现在的中华人民共和国的新疆到乌兹别克斯坦、哈萨克斯坦、土库曼斯坦、鞑靼斯坦、巴什科尔托斯坦，还有阿富汗、巴基斯坦、印度、伊朗内部，以及阿塞拜疆、土耳其、克里米亚等地，都有突厥系人群广泛分布。这样一个"突厥族世界"的直接起源，可以回溯到突厥帝国。

突厥以后，游牧国家的存在以更鲜明的轮廓在史料中出现：突骑施、吉尔吉斯、畏兀儿、契丹（中华式国号为辽）、造成中亚"突厥伊斯兰化"的可汗王朝，接着是大举席卷中东的一系列塞尔柱国家，甚至是将一切吞噬殆尽的正牌世界帝国蒙古，等等。若将突厥看作"第三波"，那么蒙古帝国和其成为帝国的历程，是否能够看作"第四波"呢？

至于蒙古以后（最近，有一种说法承认蒙古世界帝国在世界史中的划时代性地位，而将其后的时代称作"后蒙古时代"）的世界，除了继承蒙古帝国某些构成要素的帖木儿帝国、明代蒙古、乌兹别克斯坦、哈萨克斯坦外，喀山、阿斯特拉罕、克里米亚等一连串蒙古系的王权，和清朝展开炽烈死斗的准噶尔王国，以及前述的"陆地上最后的游牧王国"阿富汗杜兰尼王朝，等等，也名列"游牧国家系谱"中。到了这个阶段，包含下面将叙述的清朝、莫卧儿王朝、奥斯曼王朝等王朝在内，或许该总称为"第五波"比较适当。

游牧民的历史不只存在于游牧地区

放眼他处，我们可以发现游牧国家不只在游牧地区生成、消长。这一点不仅和游牧民的历史有关，在观照世界史整体时也非常重要。

一般被归类为中华王朝典型的隋或唐，无论是王室还是国家，其实都和先前存在的北魏、东魏、西魏、北齐、北周等以鲜卑拓跋部为核心的游牧民联合体的血脉和体质紧密相系。有关这点，在最近的考古发掘、调查中，已经陆续出现了可资证明的雕刻和复制品（其中，山西省、陕西省中粟特系贵族、领袖们的坟墓及其陪葬品或墓志，以及西土耳其斯坦有名的片治肯特遗迹的出土物品和显有关系的复制品、壁画等，很清楚地显示出了这一系列唐以前的政权，是极具多元种族及文化复合特质而且国际化色彩极浓的混血型权力体）。坦白说来，与其将这些王朝依照中华传统的王朝史观，用中国风格的王朝名称细分为不同国家，不如以"拓跋国家"之名从北魏到唐作涵盖性的掌握，后者可能更符合历史现实。尤其是王朝和政权的核心部分，游牧民的风貌可说是相当浓厚。

再者，有关与唐朝在同一时期出现于中东的伊斯兰，我们也常只从宗教的角度来讨论。然而，史实是过去不曾以统合形态运作的各阿拉伯系游牧民集团以伊斯兰共同体为名而一体化，凭借军事力量于642年在纳哈万德战役中击败中东最强的萨珊王朝，其后又击退拜占庭帝国，一举完成了扩张与发展。距离622年穆罕默德自麦加迁徙至麦地那［这个迁徙在阿拉伯语中称希吉拉（Hijrah）。由于这次迁徙成为伊斯兰教的发端，所以也译作圣迁，伊斯兰世界以这一年作为历制的纪元］只有二十年。如果从穆罕默德逝世后进入哈里发 [神的使徒（也就是 Rasūl Allāh）穆罕默德的代理人之意] 时代来算，那么不过是十年后的事。这样一种夺目的急遽扩张，一般称作"伊斯兰征服"，但我们不能忘记它是作为游牧民军事集团的征服权力而出现的。若不考虑到这点，便会有所误解。

事实上，在后来伊斯兰历史的发展中，游牧民扮演了关键性的角色。特别是在十世纪以后，突厥蒙古系游牧民的浪潮从中亚方面到伊朗、中东，然后接连向印度北部逼进，至少其政治、军事上的主角都是游牧民，或是出身自游牧民者。例如，征服阿富汗伊朗东方的伽色尼王朝，或是出自同一地带、势力遍及印度北部的古尔王朝，以及自十三世纪初开始成为印度北部支配者的一系列德里苏丹政权，另外还有从伊朗制伏叙利亚、安纳托利亚的塞尔柱国家群，或是在蒙古来临前称霸东方伊斯兰圈的花剌子模王国沙王朝。此外，当然也包括蒙古帝国和在其派遣下控制了伊朗一带的旭烈兀汗国（伊儿汗国为其俗称）。并且，阻挡了蒙古大西进、与旭烈兀抗衡的埃及马穆鲁克王朝，也是由出身突厥的游牧民所建立的军事政权。

接着，成为印度北部突厥系游牧民政权"最后一波"的，是所谓的莫卧儿王朝（莫卧儿指的就是蒙古。莫卧儿王朝实际上可以看作由中亚南下的第二帖木儿王朝），另一方面在中东成为"最后巨浪"的，是维持了横跨三大陆疆域的奥斯曼王朝。顺带一提，蒙古帝国衰落以后伊朗一带的札剌亦儿王朝、黑羊王朝（Karakoyunlu）、白羊王朝（Akkoyunlu）自不待言，时常被称作"伊朗民族国家"的萨非王朝，也不能否定是以突厥—蒙古系游牧民军事力量为基础而成立的。如此看来，在从中东跨越到中亚、印度的伊斯兰世界里，游牧民真可说是推动历史的主要力量。

时代上虽稍有出入，但在这个时期的中国，我们可以看到在907年唐朝灭亡后，华北地区有总称为五代的政权更迭兴亡，其中，国家属中华王朝形态者有后唐、后晋、后汉三个朝代，它们是突厥系游牧民的突厥沙陀族所建立的政权。而且，完全在同一时期内，契丹族的游牧联合体也以热河草原为根据地而崛起，推翻渤海国控制满洲，并将外蒙古纳入间接统治之下，发展为契丹辽帝国。

前近代亚洲也存在的"条约"及"主权国家"

契丹帝国在获得了属国沙陀政权"后晋"所割让的中国北部的"燕云十六州"（现在的北京地区到大同一带）后，对继承了五代的北宋王朝直接展开军事进攻。两国皇帝间签订了和平条约"澶渊之盟"，契丹在事实上成为北宋的保护国，双方在亚洲东方的南北边，实现了长约一百年的和平共存。契丹与北宋两帝国间的共存关系，从近现代的眼光来看也值得特别关注。两国的国界线在详细制定的协议和明文化的条约下明确划清，也设置了各种相应设施。关于其细节，留有清晰入微的文献记录。总而言之，一切皆是在两国合议下进行的。

契丹与北宋每年互派使节团，彼此亲善。双方并不如中国史研究者所言，时常处于动辄险恶、微妙的关系中。两大帝国的并存，是否定所谓"中华帝国只有一个"这种刻板想法的明证之一。并且，两国通过协议与条约所划定及维持的国界线，可以轻易地推翻近现代人认为前近代亚洲不存在国界和条约关系的谬论。所谓"《威斯特伐利亚条约》后的欧洲，才开始有国家间协议和主权国家体制条约"的这个"定论"，还望世人重新评估。

然后，到了十二世纪，推翻契丹辽帝国和北宋帝国的女真族王朝金帝国出现了。金帝国虽是女真族政权，但剥下一层外皮后，我们能够说其真实面貌是一个与契丹族合作的联合政权，游牧民的军事力量仍然不可或缺。在金帝国之后，蒙古接着登场，将亚洲东方及中国"本土"并吞殆尽。此外，在蒙古之前成立的西夏王国，以及在中亚重建的第二契丹帝国即所谓西辽，是促使蒙古世界帝国出现的关键性因素，由此可以窥知其对蒙古时代的政治、军事、文化等诸项制度有强大影响，但由于缺乏核心史料，其国家、政权概况极难掌握。其中一个原因，可能是在蒙古帝国的历史编纂情境中，避免从正面来描绘西夏和西辽之故。即使大元汗国编纂《宋史》《辽史》《金史》等三史作为中国正史时，虽针对曾被称作"东辽"的第一契丹帝国编纂了《辽史》，但有关西辽却只做了极为简单的附记，西夏甚至未被纳入正史。诸如此类，极有可能是蒙古时代政治力学的产物。

总而言之，游牧民及由此出身者成为政权、国家主要推手的时代，持续了很长一段时间，亚洲东方和中亚、北印度、中东在形态上也没有太大不同。这种说法或许会引来中国史、伊斯兰史研究者的抗拒感或嫌恶情绪。不过，若要谈论历史，客观的事实才重要，不应有好恶或某种既定的主义、主张。

蒙古时代精神笼罩世界

无论如何，最能让我们了解世界史中游牧民角色的，非十三、十四世纪的大蒙古及其时代莫属。因为蒙古大大改变了世界史。并且，作为其结果，蒙古时代是"欧亚世界史"中极为罕见的，覆盖在欧亚中央地带上的"史料不足"的薄雾被彻底拭去，在史料上欧亚各地几可均等兼顾的时代。这两项有关事实与史料的理由是不容忽视的。

十三、十四世纪的欧亚及北非各地，由于以蒙古为中心缓缓地连接起来，而必然地处于同一时代下。各地区间纵使未直接受蒙古支配，也在各个层面发生了接触与交流。这个世界因西欧列强而成为一个整体，事实上是始于十九世纪。可是，早在六个世纪以前，虽非全球规模，欧亚和北非也已一度成为一体。在思考何谓世界史之际，若是追寻这个时代的史料与史实，便会因专注于这些无法回避的历史事实与历史现象而踌躇不前。

尤其受到注目者，是蒙古时代后期，欧亚与北非全境围绕着转型为陆海大帝国的蒙古，被世界史上前所未有的硕大东西交流与经济、文化活络状况所包覆的史实。"资本主义""重商主义"或是以"银本位制"为背景之"纸币政策"的全面展开等，这些早于近代的经济样貌在蒙古政府的主导下已出现。在蒙古主导下，政治、经济、社会体制不用说，甚至宗教、美术、科学、技术、知识、信息、生活方式等，各式各样的文化或文明皆广泛地传播到欧亚或北非各地，甚至诞生了超越区域框架的"时代精神"。堪称名实相符的世界史的波斯文史书《史集》，也以国家编纂的形式出现。

其实，我们称作"意大利文艺复兴"的西欧文明的大幅转向，也是在蒙古时代下展开的。常常被认为是"世界史"孤儿的日本列岛，亦受蒙古时代的浓烈气息影响，有了大幅的转向。例如，日本传统文化中重要的能剧或是茶道、水墨画、小笠原流礼法、书院等，皆是从蒙古统治下的大陆引进的。

在与近现代的比较中意义较深的，是蒙古帝国统治下形式统一的施令公文（包含行政公文、特许状、外交公文等多样形式）系统被创造出来，同时负责制作与欧亚各地语言完全对译之公文的多语言翻译机关也整顿完成。这个确立于蒙古时代的体系，在后蒙古期的明、清、朝鲜王朝、帖木儿帝国、莫卧儿帝国、奥斯曼帝国、俄罗斯帝国等国家或时代，即便形态有若干改变，基本上仍依样画葫芦地被承袭下来。也就是说，在十三世纪后的至少四五个世纪间，俄罗斯、安纳托利亚以东的欧亚全境，极有可能是笼罩在一套相似的公文系统下。其实，我们在外交体系中也可看到同样现象，而未必只在前述《威斯特伐利亚条约》以降的近代欧洲。

综观世界史，蒙古时代可说是一个极大的分水岭。以游牧民为主要原动力来展开的"欧亚世界史"，在蒙古时代达于顶点。另一方面，不只是在陆上，蒙古帝国本身也具备海上帝国的一面，在推动了海上通路的系统化后，这个陆上国家也开始不再以陆上国家为满足，缓缓地揭开了"海洋时代"的序幕。所谓的"大航海时代"，若不以蒙古时代为前提，实在是难以想象的。

并且，在蒙古世界帝国后现身登场的清朝、莫卧儿王朝、奥斯曼王朝，包括俄罗斯帝国在内，它们的国情虽各有不同，但皆被注意到与游牧民有直接或间接的关系。纵使是在西欧列强开始割据世界的时代里，游牧民的身影也不曾在世界史中完全消失。

其实，若要通过历史观照成立于欧亚与北非的大型国家，要统计出与游牧民无关者，可能远比算出有关者要来得快。在火器与工业力决定战争或国家命运的近现代以前，富有集团性与机动性、长于骑射的游牧战士们，是最优秀的军人及军队。并且，游牧民的角色当然不只限于军事或政治，在交通、物流、传播等方面，他们以"面"展开活动，而不是只有"点"。作为"相系者"，他们是不可或缺的存在。欧亚与北非世界的动力因游牧民而串联起来，一同感受、体验着历史形塑和历史变动而走向近现代。

综上所述，游牧国家的传统在欧亚中央区域俨然持续了两千数百年。这些大大小小的国家及政权间存在着共通体系，这体系也频繁地被带进欧亚东西南北的各个地区。一直到十九世纪为止，可称为"欧亚国家"的跨域权力，除非例外，必定与游牧国家有关。

三、蒙古对伊斯兰做了些什么？

比较美国与蒙古的战争

美国在 1991 年攻击伊拉克，世称波斯湾战争；随后从 2001 年到 2002 年，又展开了阿富汗战争。另一方面，距今七世纪半前，蒙古在成吉思汗远征中亚时进入阿富汗，其孙旭烈兀于 1256 年在兵不血刃的状态下令伊斯玛仪教派盘踞的伊朗一带的山城聚落开城；两年后仍是以近于不流血的形式，令阿拔斯王朝所据的巴格达开城。美国与蒙古这两个人类史上屈指可数的"帝国"对伊斯兰所进行的军事活动，其间的差异虽时代相隔久远却依然鲜明。

在波斯湾战争里，美国主导的"多国军队"致力于以武力攻下伊拉克，结果造成将伊拉克民众卷入空袭的悲剧，并不得不推迟对首都巴格达展开直接进攻，使得萨达姆依旧稳坐大位。就这点而言，七百多年前旭烈兀所率的蒙古军，就精明多了。他们在拉拢当地伊斯兰势力的同时，又渐渐掏空了巴格达阿拔斯王朝的哈里发政权。在巴格达开城时，阿拔斯王朝的哈里发，也就是穆斯台绥木（Al-Musta'sim）身边只剩屈指可数的人，而蒙古方面则一个兵员也未折损。两相比较下，清楚凸显出美国多么缺乏智慧又多么粗暴野蛮。两者间战略、战术的巧拙，对于当地民众的态度，以及对自身军队士兵的约束等，都相差了一大截。

另一方面，有关阿富汗作战又如何呢？后面会提到，成吉思汗在阿富汗这关非常辛苦。结果，他是在无法完成确实压制的情况下，撑过了中亚的作战。至于1979年年底以后苏联军队的苦战，包括我在内的蒙古时代史、中亚史研究者们在看了过去成吉思汗苦战的先例后，便充分预想到了结果，最后竟然也确如所料。山岳、溪谷错综复杂，就地势来讲的确是无法展开像样的地面作战的。就这点而言，在"中世"或近现代皆无太大改变。"九一一"以后美国对阿富汗作战时，为了避免重蹈苏联覆辙，地面战的部分几乎全部委托给当地各军阀势力，美国军队只专注于导弹攻击及空袭，这或许该说他们稍微学聪明了一点，是一种"进步"。可是，他们造成了奥萨玛·本·拉登的脱逃，而塔利班以后的阿富汗情势也依旧不明朗，这与旭烈兀对伊斯玛仪教派作战时的巧妙相较，仍是远为逊色。

被称为暗杀教团的伊斯玛仪教派，虽然总单纯被视作法外之徒、恐怖集团之属，但一直到蒙古进攻为止已拥有一百五十余年的历史，在伊朗社会扎根相当深。他们一方面看似狂热集团，却与塔利班截然不同。旭烈兀进攻时其实充分发挥了成吉思汗以来的经验和智慧，而且，与波斯湾战争时已强了一倍的美国现代兵器相比，蒙古这边只有配备弓箭的军队，兵力充其量也只有总额三万最多到五万左右，其实没什么大不了。不同于"压倒性武力"这些刻板印象，对旭烈兀来说，唯有周到而绵密的战术和政治谋略才行得通。如此，在跨越历史进行蒙古帝国与美国帝国间的比较时，目前来讲，不得不说美国很明显是奉行强迫又单纯的武断主义的。

虽说如此，有关历史上蒙古对于伊斯兰的态度，若要一概而论，可以指出长期以来世间皆未有良好的形象。一般来讲，蒙古都是被烙上伊斯兰世界"入侵者""破坏者""杀戮者"的印记。譬如，在谈论伊朗乃至伊斯兰文化低落的时候，来自蒙古的打击屡屡被视为一个主要原因。对于伊斯兰世界而言，"蒙古是负面存在"这个认知，不只是在伊斯兰世界存在，在欧美、日本也依旧如此。

然而，这些都是真的吗？蒙古真的只给伊斯兰及其世界带来了不幸及负面影响吗？对伊斯兰而言，蒙古究竟为何？蒙古究竟做了什么？什么是事实？什么又不是？本书希望尽可能从纯然客观的立场来检证，在探讨其历史意义时，也力求不为一般认知和先入为主的观念所囿。

蒙古破坏了什么？

蒙古在伊斯兰世界里出现，事实上是始于成吉思汗在1219年至1225年对花剌子模王国沙王朝所发动的长达七年的远征。

兴起于阿姆河下游花剌子模一带的突厥系伊斯兰王朝"花剌子模沙王朝"，当时以旭日东升之势，逐渐在中亚和西亚称霸。这个王朝既排除了哈剌契丹（中国式名称为西辽。所谓哈剌契丹为"黑契丹"之意。这原来是契丹人的自称，伊斯兰文献中除了将之称为耶律大石创立的第二契丹帝国外，也使用"哈剌契丹"这个称呼）征服帕米尔东西近百年左右的宗主权，又吸收了喀喇汗国残存于中亚河中地区（Mā-warā'an-Nahr）的余裔，自古尔王朝手中夺取了现在的阿富汗。他们在西边向伊朗伸展势力，甚至也摆出伺探巴格达哈里发政权、显露恢复实权之兆的态势。

埃及、叙利亚的阿尤布王朝早已不保昔日面容，花剌子模沙王朝看似就要攀上伊斯兰世界的新中心。他们的英雄是阿拉丁·摩诃末二世。这位英雄和他的王国，若未遭逢蒙古崛起的厄运，或许会在伊斯兰及世界史上大大留名。

对于蒙古这波以举国之力，堪称"民族大移动"的大举攻势，摩诃末采取了分散、专守各城市及要塞的策略。这个策略自古以来便遭到伊斯兰史家们的强烈非难。然而，除此之外摩诃末恐怕也无计可施。探究其因，当然是蒙古军队在成吉思汗领导下受到纪律严整的统率，但花剌子模沙王朝国内摩诃末和出身康里族的母后图儿干合敦失和，对于担心康里人拥戴图儿干进而发动政变的摩诃末来说，集中战力反而是危险的决策。

可是，这却成了花剌子模沙王朝的致命伤。蒙古方面在西征之前已在中国北方对金朝作战时累积了攻城战的经验，有关花剌子模方面的内部情况也有所掌握，并发挥于作战中。开战后不到两年，花剌子模沙王朝就失去了中亚河中地区，实质上已形同瓦解。中亚新兴势力的东西对决，遂以蒙古的压倒性胜利告终。蒙古获得了向世界帝国大举迈进的契机，与此同时，伊斯兰世界也将蒙古拉进怀中。

此际，传出蒙古军杀戮和破坏的惨况。据说摩诃末自喀喇汗国夺取过来、才刚作为首都不久的撒马尔罕，以及布哈拉、赫拉特、内沙布尔等地，有许多城市遭到破坏，并有为数惊人的居民惨遭集体虐杀。

根据某项记录，赫拉特有一百六十万人、内沙布尔有一百七十四万七千人遭到杀害，另一项记录竟指出赫拉特有二百四十万名死者。此外，名为"坎儿井"的地下水道也遭破坏，农业生产崩坏。一般来说，只要一提到"蒙古破坏"，大抵上都是基于成吉思汗远征中亚时的这个印象。

然而，冷静地观照事实，此时蒙古的军事活动，大致只到伊朗东部的呼罗珊便停止了，要说伊朗整体遭到劫掠，本属错误。实际上蒙古军队的作战行动，大体看来是分为花剌子模沙王朝中心地区的中亚河中地区，以及越过阿姆河的呼罗珊和现在的阿富汗地区这两个方面，两个地区呈现了完全不同的景况。

在中亚河中地区，蒙古采取的是秩序井然的军事行动。战争中作为攻击对象者，只有花剌子模正规军和康里部队等战斗兵员，对于一般居民则尽量不加危害。只要调查过去被传为"虐杀居民"的事例便可知道，被杀的其实是聚集在伊斯兰城市里的无赖汉们。此外，全城遭到毁坏的，只有位于最前线国界地带的两三个特殊纯军事要塞，被指为"破坏都市"的情况，其实不过是破坏、烧毁了城壁和内城等防御设施而已。

引发恐怖的战略

然而，在阿姆河以南，蒙古的作战行动却缺乏连贯性，多属无意义的战斗和攻城战。原因之一，就是花剌子模沙王朝高层轻易地放弃中亚河中地区撤退了，这叫人怀疑是否是有计划的撤退，而蒙古军队便在未能做好充分事先调查的情况下，缓缓地陷入阿姆河以南地区。

阿姆河以南，有遁逃彼处的花剌子模军队或重振士气的旧古尔王朝系等错综复杂的势力，各城市居民的意图和态度也有所动摇，因此，对蒙古来说，他们进入了一种不知"攻击目标究竟为何"，仿佛追赶着看不见的敌人的状况。在骚动混乱中，居民和蒙古方面皆为不安所苦。最后，似乎在呼罗珊一带发生了不少杀戮或彼此相残的情况。

但是，若说到那杀戮、相残的程度能达一座城市以万、十万或百万计，则是毫无道理且难以置信的。首先，就算是当时世界最大的城市即南宋的杭州，人口也不过一百万到一百五十万左右。中亚是否真有那么庞大的人口？这本身就存在疑问。

有关这样的受害状况，有一种主张说由于在仕于蒙古的人物所留下之文字记录中，也看到了高额数字记载因此足以相信。这种说法是很愚蠢的。对于蒙古来讲，就夸示功业的角度和造成敌人恐慌的战略意义而言，尽可能地夸大偏离现实的战果，才符合理想。散布这种数字谣言的，或许是蒙古本身也说不定。

根据文献记录，许多被指为失去繁荣而衰亡的城市，其后仍继续存在，再加上蒙古财务长官麻速忽必（Mas'ūd Bek）的努力，还在 1270 年代迎来了相当程度的繁荣时期。因此，要将这个地方衰落的原因归咎于蒙古时代，是错误的。

今日，指着化为土块堆积如山、横布于城市附近的遗迹，说这是"蒙古破坏"的确凿证据，也很奇怪。谁也不去证明，遗迹何时成了遗迹。这些遗迹之所以出现，恐怕大半其实是因为近代产业结构所造成的。

此外，一直说蒙古破坏地下水道等农业灌溉系统等，其实到处都找不到记录。根据当地的记录，蒙古之所以破坏城壁等防御设施，最主要的是为了防止城市的反抗，也是为了能在该处从事农业。内沙布尔的情况就是如此。我们反而可以说蒙古在当地增加了农地。

要言之，蒙古在呼罗珊虽有某种程度的破坏和杀戮，但那程度无疑不及过去人们所说的极端。战争与征服中，某种程度的罪恶本属必然，蒙古也不例外。

"蒙古破坏"里多少含有一些真实，蒙古本身也出于"恐怖战略"而加以渲染；再加上后世人们将责任推给过去的外来者，以作为对现状不满的最佳借口和宣泄出口；还有，近现代历史学家们（特别是中东、欧美史家）也不经意地依凭"蒙古血腥大征服"这种单纯印象。上述因素彼此交互影响与增强，遂形成一个膨胀的巨大的产物。

旭烈兀的无血开城

若将成吉思汗远征中亚视作蒙古对伊斯兰世界展开的第一波进攻浪潮，那么 1253 年到 1260 年，以其孙旭烈兀为总司令官的大西征就是第二波浪潮。其间，札兰丁·明布尔努（Jalālal-Dīn Menguberdī）意欲以伊朗西北为中心重建花剌子

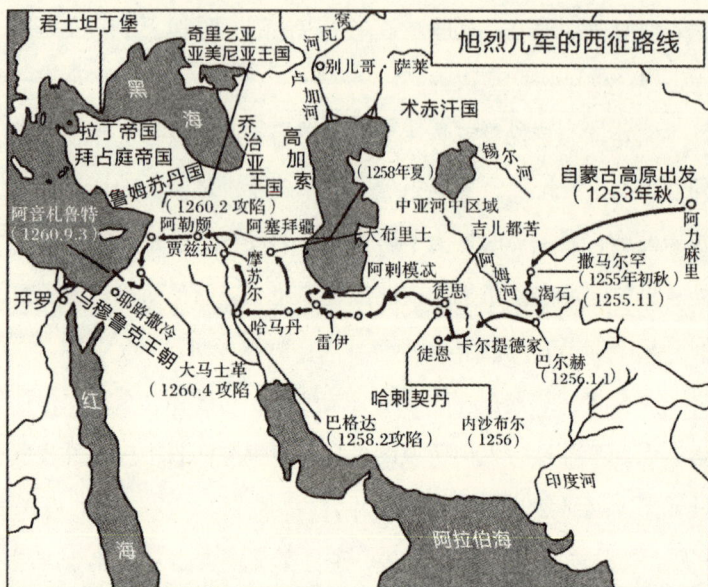

旭烈兀军的西征路线

君士坦丁堡
奇里乞亚亚美尼亚王国
别儿哥　萨莱
占加河
瓦河
黑海
拉丁帝国
拜占庭帝国
鲁姆苏丹国
乔治亚王国
高加索
术赤汗国
自蒙古高原出发
（1253年秋）
阿力麻里
（1258年夏）
中亚河中区域
锡尔河
撒马尔罕
（1255年初秋）
阿音札鲁特
（1260.9.3）
阿勒颇
阿塞拜疆
天布里士
吉儿都苦
阿姆河
（1260.2 攻陷）
贾兹拉
摩苏尔
阿刺模忒
渴石
（1255.11）
开罗
耶路撒冷
哈马丹
雷伊
徒思
卡尔提德家
巴尔赫
（1256.1.1）
马穆鲁克王朝
大马士革
（1260.4 攻陷）
徒思
红海
哈剌契丹
巴格达
（1258.2攻陷）
内沙布尔
（1256）
印度河
阿拉伯海
海

模沙王朝的活动和猝死等变动，以及蒙古军团受其活动牵制，以拜住（Baiju）为指挥官率领为数约两万的兵员进驻阿塞拜疆的绰儿马罕（Chormagun）的作战活动，持续了将近二十年。

　　只是，这支阿塞拜疆军团，在蒙古用语中称作"塔麻"、"唐麻"（lashkar-i Tamā），是配置于最前线的驻屯专用军团，并无那般强大的军事力量。

　　1241 年，第二代大汗窝阔台去世后，蒙古帝国整体便陷入了长期的内部纷乱。在西亚方面以阿塞拜疆的蒙古军为主，另有巴格达哈里发政权、安纳托利亚的鲁姆苏丹国、占据厄尔布尔士山脉的伊斯玛仪教派、摩苏尔的阿德贝格（Atabeg）王朝、在叙利亚和埃及分权化的阿尤布王朝各政权等伊斯兰势力，或亚美尼亚王国、乔治亚王国，以及散布于东地中海沿岸的十字军小国家群等基督教势力，彼此之间反复进行了错综复杂的交锋，同时却又保持着奇妙的均衡。

一举颠覆这一状况的，就是旭烈兀的西征。而且，旭烈兀的军队就这样在伊朗待下来了，因此就其在伊斯兰世界里的意义和影响程度的深远而言，乃是成吉思汗所带来的第一波无法相较的。

1253 年，在第四代大汗的兄长蒙哥命令下出发的旭烈兀，的确是以缓慢步伐西进的。途中，在西北欧亚草原又加入了等待兀鲁思（译注：蒙古语 Ulus，有人群、部众或国家之意。也是汉文"汗国"的原文）到来的术赤家援兵，逐渐形成一支大军团。1255 年 11 月，旭烈兀一行在河中地区的渴石，谒见了呼罗珊总督阿儿浑及伊朗以西的王侯和其代理人，这时他才首次表明最开始的攻击目标是伊斯玛仪教派。

翌年 1 月 1 日，旭烈兀总算渡过了阿姆河。怯的不花所率的一万两千人的前锋部队已在伊朗东部展开作战，旭烈兀本军之所以能够渡河，是在渴石的谒见后，西亚一带各股势力明显转向的直接结果，同时也表现出蒙古抱着以阿姆河来划定疆域支配界线的认知。具体而言，那是依循"伊朗之地"（Iran Zamin）这个传统概念的产物。

作为伊斯兰什叶激进派为世人所知的伊斯玛仪教派，在1090 年法蒂玛王朝内乱动荡中，远离埃及的哈桑·沙巴（Hasan Sabbāh）占据了厄尔布尔士山脉中的山城阿刺模忒堡，进而向伊朗方向拓展势力。他们东起科希斯坦（Kohistan），经厄尔布尔士山脉西至叙利亚，在各个重要据点零星地构建山城，隐然创造了一个教派王国。

虽然实际情况不明之处尚多，然而正如被俗称作"暗杀教团""刺客派"一般，他们总是给人以刺客用短剑暗杀政敌及有吸食大麻恶习等印象。不过，在最近的研究里，也有一种看法指出，这支教派带来了伊朗的新思想和宗教运动，在城市内也拥有许多支持者。虽说如此，由于他们也留下了企图暗杀大可汗蒙哥的记录，就蒙古而言，将之视作统治伊朗一带的最大障碍，确实也是事实。

此时，伊斯玛仪教派内发生政变，年纪尚轻的鲁克那丁刚接任新教主。在旭烈兀完全包围、封杀阿刺模忒堡本城，并使各城孤立，兼以动摇人心的周到布阵与硬软兼施的交涉的情况下，鲁克那丁撑不下去了，期待的雪也未降下，他们终于在同年 12 月投降。旭烈兀要求鲁克那丁让各山城开城。

如此，除了零星发生战斗的几个例外，各山城陆续在兵不血刃的情况下开城了。历时一百五十年以上，令伊斯兰世界东方和十字军战士们胆战心惊的伊斯玛仪教派，就在远不及预期的极短时日内，轻而易举地结束了其实质的政治生命。

"信徒之长"哈里发的消失

旭烈兀旋即率诸军向西方前进。巴格达的阿拔斯王朝，半信半疑地坐视蒙古进攻，最终还是没能拿出有效对策。接到被认为是伊斯兰东方最强的伊斯玛仪教派瓦解的消息，谁也没打算去解救哈里发政权。并且，重要的宰相 [在伊斯兰世界称"维齐尔"（ Vizier ）] 也在旭烈兀巧妙的外交手腕下与蒙古暗通款曲。

形同裸城的巴格达为旭烈兀军队所包围，未做太大抵抗，1258 年 2 月，哈里发穆斯台绥木便表达了降意，巴格达市也开城投降。哈里发据说是被幽禁饿死，或是在不流贵人之血的蒙古式做法下，以毛毯包覆，践踏蹂躏至死的。

这样，在精神及名义上皆为逊尼派穆斯林"信徒之长"的阿拔斯王朝哈里发，就这样在历时三十七代、大约五百年的历史后消失了。穆斯台绥木一族逃至埃及，通过马穆鲁克王朝的拜巴尔，在开罗建立了傀儡政权。

然而，最重要的是，有关其存在，除了埃及或叙利亚，除了印度的德里苏丹等极少数政权外，皆未加承认。许多逊尼派的人们，能够接受如此一个没有哈里发的状况，实在令人吃惊。直到奥斯曼帝国后期的苏丹被称作哈里发为止，哈里发实质上已在伊斯兰世界中消失了。

什叶派的伊斯玛仪教派和逊尼派的阿拔斯王朝这伊斯兰

世界的两极，相继被外来的"非教徒"蒙古消灭，这对穆斯林而言应该是一大冲击。因为，过去塞尔柱王朝这些突厥系政权，皆在表面上对伊斯兰表现出崇敬之意，成了穆斯林。

不过，实际上并非所有穆斯林都为巴格达被攻陷而感到悲伤。甚至有一种说法指出，逊尼派和什叶派双方皆对对方被敲了几大板而感到喜悦。就此意义而言，说不定蒙古是将对所有穆斯林而言已经不证自明了的逊尼派和什叶派的相异和矛盾，通过消灭其核心性存在，在政治上和历史上明确地呈现出来了。总而言之，伊斯兰世界由于蒙古而迈向了一个很大的时代转折。

旭烈兀汗国带来了什么？

1260 年，包含西亚各军团与部分十字军在内，壮大成一支大军团的旭烈兀军队向叙利亚进攻，攻陷了大马士革。旭烈兀本人到达阿勒颇时，传来了大可汗蒙哥骤逝的消息。旭烈兀本军立刻回撤。不过，旭烈兀在途经阿塞拜疆时，接到二哥忽必烈即位的消息，于是决意留在伊朗自立。史上的旭烈兀汗国，俗称"伊儿汗国"，就此建立。

附带一提，在欧亚东方方面，在当年的帝位继承战争中，忽必烈击败幼弟阿里不哥正式成为第五代大可汗。可是，以此为转折点，除了已经自立的术赤汗国之外，中亚的窝阔台、察合台两家族也强化了自立态势。我们可以看到，察合台汗国在不久后的十四世纪初叶便成立了。原属多重结构的蒙古帝国，尔后便转型成为一个拥戴忽必烈及其血胤为共主"大可汗"、结构极其松散的多元复合的世界联合体。

此外，被命令留在叙利亚的怯的不花所率的一万二千人的前锋部队，虽然计划继续顺势南下往埃及前进，但在阿音札鲁特溪谷（歌利亚之泉）与主动北上迎击的马穆鲁克王朝大军会战时，打了个大败仗。结果，"蒙古恐怖"的威力开始消减，反倒是原不被认为能长期维持的马穆鲁克王朝站稳了脚跟，成为一道障壁，挡住了蒙古西进的去路。

如果没有蒙哥的骤逝和旭烈兀本军的调头，马穆鲁克王朝恐怕不会继续存在。不只如此，伊斯兰世界西方的命运自不待言，也很难保证蒙古不会进一步西进地中海侵入欧洲。然而，这一波战事在其尾声部分却重演了二十年前拔都的西征军队因窝阔台崩殂而撤退使欧洲获救的相同历史。

自此而后，由于蒙古帝国本身的多极化，如同此时的大规模远征已不可行。就伊斯兰世界而言，整体局面是东半边的波斯语文化圈为旭烈兀所控制，埃及马穆鲁克王朝则代表西半边阿拉伯语文化圈。伊斯兰世界长期以来的"东方"（Mashriq）、"西方"（Maghreb）概念便是这么形成的。

旭烈兀汗国在尔后的七十五年间，相当安定地整合、支配了伊朗一带。后半期自第七代君主合赞改宗以后，蒙古也接受了伊斯兰的信仰。只不过，其动机主要是为了政治和统治上的方便，蒙古本身究竟对伊斯兰理解到什么程度，仍有疑问。

尽管如此，伊朗借由蒙古之手，再次恢复了萨珊王朝灭亡以来消失了数百年的"伊朗之地"的理念及实体。伊斯兰世界因蒙古而凸显出来的东西两边的大致区分，实质上几近原封不动地持续到了今日。

再者，长期以来有关1335年旭烈兀汗国丧失了统合性以后的演变，有回归蒙古东方或是土著化等仓促草率的臆测，但事实上我们可以看到的是，蒙古的支配一直持续到十六世纪初萨非王朝的成立，其瓦解、重组的过程长达一百数十年。

以宏观的角度来看，蒙古自登场时起便大大地改变了伊斯兰世界的结构，其后在历史上相当长的时间里，扮演了确固"伊朗"在政治、文化、社会上的形态和伊斯兰世界东西区分的角色。

支撑蒙古帝国的穆斯林官员

我们在前面探讨了与"蒙古对伊斯兰来说是负面因素"这个想法相关的两个历史场景。这些讨论姑且到此为止，这节拟讨论蒙古对伊斯兰做出的明显、正面的贡献。具体而言，这个贡献就是：伊斯兰世界在十三、十四世纪的蒙古时代，向欧亚东方和北方以及东南亚多岛海域完成了规模可观的拓展。

其实，在蒙古帝国的形成和扩大过程中，穆斯林，尤其是伊朗系族群所扮演的角色极为重要。自从成吉思汗在蒙古高原确立霸权开始，包括商人在内的穆斯林人便已出现在其周围。

他们以通商团名义前往各地，展开内情调查、扰乱工作和谋略活动。外交交涉及劝降的使者中，几乎必有穆斯林的身影。作为远征所需的军需物资的调度和安排、输送网络的保障等，也由穆斯林商人团或由此出身的经济官僚来负责。蒙古的"情报战"和"补给战"两项基本战略，有相当部分是由穆斯林来支持的。

穆斯林的能力所及，远超出军事活动，甚至包括征服后的统治、行政、运作等。特别是征税及财务，几乎全部被委托给穆斯林官员。我们可以看到一个他们既是蒙古的财务官僚，也是商业、金融活动等广泛层面推手的表里一体的现象。

结果，只要是蒙古权力所在之处，欧亚各地从中央政府到各汗国、王领、分领、统治行政的各机关上下，皆可见到穆斯林商人、官僚。通过他们手握政治、社会关键环节的多方面活动，伊斯兰本身也渗透、普及到一直不曾往来或少有交涉的地区、族群中。

在中亚，伊斯兰化在帕米尔以东也深入地展开。此外，过去动辄被忽略的是：伊斯兰也在蒙古、突厥系族群里大面积普及，其范围为自阿尔泰山西麓经现今哈萨克草原到俄罗斯、乌克兰一带的广大欧亚西北地带，包括术赤汗国的王侯、贵族的领地在内。这个状况与现在是直接相关的。

蒙古造成伊斯兰"世界化"

蒙古与伊斯兰系穆斯林两者以军事和商业的结合为主轴，在一种堪称"共生"的关系下，自忽必烈起将当时欧亚最富庶的中国全境纳入版图，成为一个拥有游牧世界与农耕世界，甚至涵盖海洋世界的"大元汗国"。这个前所未有的、用中国式称法号为"元朝"的新型世界国家，于是获得了更大规模的发展。

蒙古帝国借着忽必烈政权接收南宋，取得海上通路，转型成为陆海大帝国。欧亚大陆在陆海循环下于是形成"世界通商圈"，东西出现了空前的大交流。

忽必烈和他拔擢的穆斯林经济官僚们主导了一切。他们建造了连接陆路与水路的世界帝都"大都"（现在北京的直接前身），以作为巨大的物流集散基地，并以此为中心整顿了陆海交通运输网。

然后，穆斯林商人团还在蒙古名下，借着实际上由穆斯林官僚们管理、维持的交通路线和移动、运输之便，向欧亚各要地及港口展开各种经济活动，将物资向大都输送。

伊斯兰可说是给以蒙古为中心而缓缓系统化的欧亚世界带来了"流通"和"经济"的血与肉，扮演了广泛连接东西方的角色。结果，在过去伊斯兰色彩较淡的东亚全境，伊斯兰化也开始扩大。当然，从各区域整体人口来看这仅不过是少数，但在城市和港湾等流通点或区域开发的据点，必然可以见到穆斯林聚集的居住区。

现在，中华人民共和国除了新疆、宁夏或甘肃、青海等穆斯林占有相当比例的地区外，云南也是穆斯林集中的区域，其他区域的城镇中也屡屡可见穆斯林居住区。

散布在中国全境的"回民"或"回族"的总人数公认为八百万，但实际人数据说应达一千万，甚至更多。若将"维吾尔"这支新疆的穆斯林也算在内的话，伊斯兰信众将达到相当的人数，而且穆斯林在政治、社会上所具有的意义也远超过人口数量的比例。

另一方面，东南亚多岛海域，特别是沿岸地带在"蒙古时代"活络的海上交易活动下，开始迅速伊斯兰化。这也和穆斯林、华侨的大量进出几乎处于同一时期。现在，拥有世界最多穆斯林人口的国家是印度尼西亚。

一言以蔽之，蒙古时代是欧亚世界史的时代，同时也是伊斯兰开始"世界化"的时代。

欧亚各地拜蒙古所赐，才开始具有一个整体的"世界史"图像。在蒙古时代问世的历史大著《史集》，贴切地说明了此一时代现象。

旭烈兀汗国的宰相兼历史家拉施德·哀丁（Rashid-al-Din）亲自参与的、以波斯文记载的这部史籍，集结了各色人种的力量，凭借旭烈兀汗国长期积累下来的种种信息和知识撰写而成，属于一部罕见的官方编纂著作。

这部史籍的第一部从成吉思汗的蒙古帝国的扩张历史写起，虽然是波斯文，但从蒙古本身角度来看，它也是极为详细且生动的描述。接着，第二部又笔锋一转，自亚当开始说起了人类历史，并以当时世界主要区域和种族为别，从帝王血统史角度总述了伊斯兰、犹太、乌古斯·突厥族、中国、印度以及法兰克即欧洲的不同历史。在这部文献以前，没有类似的史籍，尔后恐怕也难以见到。我们称这部史籍为人类史上的第一部"世界史"也不为过。

正因蒙古时代是一个前所未有的时代，才会出现《史集》这部前所未有的"世界史"。这样一部空前的史籍，完全采用伊斯兰传统的编年史体裁，而且诞生在伊斯兰地区的"伊朗"这片土地上等特征本身，也象征了一个全新的时代已经降临到伊斯兰世界。

成熟一点儿！美国！

如前所述，蒙古和伊斯兰在那个时代完美地折中调和了。就大局而言，两者的关系可说是共生共存。对蒙古而言，伊斯兰是不可欠缺的；蒙古也成为伊斯兰扩张的庞大力量。这纯粹是一项客观又明白的史实。

回头来说，美国作为一个不唯在现代世界中，甚至在人类史上也无可比拟的强权，它与伊斯兰的交往方式实在太过简单，很难想象这是一个拥有成熟知性与感性的国家或政权应有的态度。所谓正义与邪恶的极端二元论，让美国及其国民看起来像个史上空前的任性磨人精，也加深了世界对美国的轻蔑和揶揄。虽然美国这个国家原本就很单纯，但另一方面也有健全的批判精神传统，照理说应有包容多元价值观的度量。纵令国民全体皆为恐怖袭击的恐惧所苦（当然，对美国国民而言，包括受到核武器的攻击在内，可以充分理解此乃非比寻常的威胁与不安），但陷入亨廷顿愚蠢的"文明冲突"的迷思里，又是怎么一回事呢？

美国对于国内的穆斯林居民，尤其是压抑阿拉伯系族群的现状，就从以"民主主义旗手"来自我标榜的"自由国度"的角度而言，即便那只是表面上的原则性说辞，仍可说是自我掌嘴的行为。尤其是对巴勒斯坦的态度，更是糟糕。对于以色列的过度支持，也一点都不聪明。人肉炸弹攻击当然过分，但以色列政府令人难以置信的好战主义也出人意料。

世界所有国家或地区都期望美国拥有智慧、冷静，以及自觉与责任。这不仅是就巴勒斯坦问题而言，作为一个在世界秩序中拥有主导地位的责任者，最重要的应该是保有共生、共存的意志和态度，以及为此而进行的持续的努力。不断地制造"敌人"，在谁看来都不仅是极无常识的，而且还有助长恐怖袭击的危险。美国必须具备、展现作为"帝国"的成熟。

【追记】

以上这篇文章写于 2002 年 9 月。接下来，在 2006 年 1 月这个时间点上，拟对包括其后发生的伊拉克战争在内的历史做一些补充。话说 2003 年 3 月 20 日，美英联军又开始进攻伊拉克，4 月 9 日巴格达市内的萨达姆·侯赛因像被拉倒。自彼时起未经太多时日，我得到了一个写下如下带有些感想味道的文章的机会，谨将该文收录于此书。若有类似的表达或字句重复，尚祈读者见谅。

美国的漫长道路——其后的伊拉克

由美国主导、英国助阵，又有若干国家参与的这场伊拉克制伏战，以拉倒萨达姆·侯赛因像的作秀式演出告终。此一演出通过电视媒体传遍世界，予人一种似乎现在一切已经结束，俨然迈入了战后阶段的氛围。

可是，正如阿富汗战争的经验所示，美国军队大规模的军事展开和首都控制、前政权垮台等情势虽暂且告一段落，但接下来的漫长道路才是真正的"成败关键"。从一开始，笔者便认为"打倒萨达姆政权"这个军事行动本身大概会在极短时间内结束，但其后的进展将相当困难。而现在也确乎只看得到一些起步而已，一切才正要开始。美国是否能够跳脱一时的战胜情绪，或主要国家之间的权力游戏，构筑并维持真正长期性的政治策略，将包括伊朗在内的中东整体导向安定呢？

——"平安之都"之梦

中东地区受到英、法，甚至是德、俄等国家的干涉、介入和支配，长达二百年。在"战后复兴"的过程里，虽说欧盟对抗了美国的主导权，但说到底还是欧美本位的安排，总之那是一种沆瀣一气的支配模式。若不防止过去历史重演，他们这次恐怕真要陷入亨廷顿所描绘的愚蠢的文明冲突结构中了。

虽然是历史学者的梦想，但我真的希望伊朗变成中东一个人心所向之地。坦白说，几乎所有的中东国家，除了想加入欧盟、力求欧化的土耳其以外，尽管有程度之别，但都长期经历了由独裁者、权势者、王室、宗教权威者等独揽政治、经济、宗教三权的状况。除了少数的统治者和富裕阶层外，对于大多数民众而言，要过和日本、欧美等地人们一般寻常的"庶民生活"，真是有如做梦一般。

接下来的岁月或许漫长，但若是能让位于中东正中央、曾是伊斯兰世界中心、有"平安之都"美名的巴格达成为一个名实相符、配得上"神的赐予"（波斯语中 bagh 为"神"，dād 为"赠赐"之意）称号的人间乐土的话，目睹这一切的中东人们，他们的意识自然而然就会产生变化。

安全、充分的工作机会，满溢着富庶的生活以及人生的娱乐享受——总而言之，就是打造一个可令人实际感受到平等社会的城市。与其竭力去设想国家的政权更迭，不如创造一些可让贫苦民众体会到丰庶和公正的实际事例，这才能成为促使中东整体变革的契机。

——动荡的欧亚

话说，美国在一年半前因阿富汗战争踏入了欧亚的中央地带，这次则踏入了中东的中央地带。总而言之，拥有压倒性强大军力的美国，这回出现在了由欧亚古文明和历史所交织而成、规模为地表最大的大陆的正中央。这一历史事件的含义其实很大。

具体而言，他们在中国的后花园、印度和巴基斯坦的头顶、伊朗的侧腹、俄罗斯的怀中，也就是阿富汗、塔吉克斯坦、吉尔吉斯斯坦等地，建立了数座陆上基地。这种直接性的威胁，不只给邻近各国的外交，甚至也会给各国的内政蒙上阴影。这次对伊拉克的军事行动，使中国、俄罗斯、伊朗、巴基斯坦等国坐立难安，也是理所当然的。

例如，在新疆持续有动乱发生的中国看来，对于存在于本国跟前的美军空军基地，当然不得不在意。而且，这次美国军队又是驻守于伊拉克。伊朗不仅东、西两侧皆受控制，连波斯湾也面临美国海军的部署，但它对此却无计可施。这一情况在中东各国也都大同小异。

——从"九一一"开始

直到两年前为止，美国在欧亚大陆方面，除了沿岸和岛屿地带的基地群以外，并未拥有太多据点或地盘。这不知是否由于其海、空军力呈压倒性优势，因此在陆上支配方面刻意稍作克制所致？总之还保持着一道界线。这次则一举踏进了欧亚权力政治的正中央。

我们不得不说，"九一一"所具有的意义很大。无论美国是不是"帝国"，这个世界和美国本身都正在往崭新的时代前进。这不过是历史划时代性的新发展的开端而已，不是吗？

（《产经新闻晚报》，2003 年 5 月 12 日）

伊朗战争结束了什么？——改善民众生活才是根本的解决之道

伊拉克压制战（美国官方命名为"解放伊拉克行动"，后来改名为"伊拉克自由行动"）曾在电视等媒体上引起极大喧嚣，如今俨然已成为过去。开战后不久，先前沸沸扬扬的"战争大义名分"与悲愤慷慨的善恶论等都收敛起了姿态，如今美英主导的伊拉克复兴、各主要国家的企图和战略，理所当然地会被注目观看。

虽说忽热忽冷是日本人的特性，但看看海外报道的情况，便能察觉似乎不唯日本如此。这气氛就好比在外野观"战"席观"战"的观众们，因战争事态一反预期地在短时间内结束而感失望扫兴，以为比赛结束了，便如潮水退去一般减少了对伊拉克的关心。

那么，结束的是什么呢？有意见指出，布什总统站在"林肯号"航空母舰上宣告"战斗停止"，是由于若宣告"战争结束"，便必须依《日内瓦条约》的规定释放俘虏。为了回避此一情况，才刻意采用"战斗停止"的表达方式。这一面或许也确实存在，但总而言之这种批评也是以"战争结束了"为前提的。不过，就客观的事实而言，整体事态仍停留在"战斗姑且停止"阶段，不是吗？

据实来讲，萨达姆的政府及主力军该说是阵前逃亡，或逃之夭夭，结果造成首都巴格达在近于兵不血刃的情况下，落入美军手中。基尔库克等北部城市也是一样的。如此，战斗似乎是发展到了中止的状态。可是，萨达姆本人和过去的首脑阶层几乎还未被抓到。一般而言，一度四散的兵员作为军队再度集结而复活，是很难想象的，但美英占领下的伊拉克确实是处于一个仍有相当数量人员"潜伏"的状况。

要说这是一场"结束"得不够明确的战争，不如说这

场战争和阿富汗战争相同，是以美国军队大规模的军事展
开和首都控制，以及前政权在表面上消失的局面而姑且中
止了。阿富汗仍屡有地面战斗发生，阿富汗战争可说仍在
持续。我们目前仍然很难断言，伊拉克战争是否结束了。
美国主导的"今后"若是失败，伊拉克说不定会重燃战火。

　　要真正结束伊拉克战争，就得看在接下来的漫长道路
上，美国等国家如何走出下一步。重点在于，要制造一个
给民众工作，有固定职业，生活安定，让他们感受到富庶、
平等及公正的社会，以及从心底歌颂"活着真幸福"的环境。
中东问题的重点就在于除了少数专擅政治、经济、宗教三
权的掌权者，以及一小撮有裙带关系的富裕者以外，大部
分民众都被迫陷身贫困之中。变革的门扉就在于民众生活
的根本改善。

　　我衷心期盼，位于中东中央地带的伊拉克，尤其是位
于伊斯兰世界中心的历史、传统城市巴格达能够成为"人
间乐土"。时间或许漫长，但若能有实际建树则中东整体将
自然改观。在欧美主要国家自私妄为的政治游戏中，问题
无法获得根本性的解决。美国必须负起介入的责任。岂止
两三年，甚至十年、二十年也是必要的。日本若有心协助，
也大有可为。现在正要进入第二阶段。一切才刚要开始。

　　　　　　　　　　（《每日新闻晚报》，2003 年 6 月 6 日）

在这两篇文章发表后，众所周知，事态又有了新进展，谁都能留意到，伊拉克战争并未结束。萨达姆军队"转入地下"的抵抗，对于政府机关或石油生产基地的攻击，甚至是目标不限于美军的无差别式恐怖袭击仍持续发生，这些不安情势直至今日都还未平息。也就是说时势还未完全进入"战后"。

事态原本就不会这么简单地结束。虽是嘲讽的形容，但在"开战"后未满三年的时间点上，通过选举所达成的"民主化"道路尚且敞开着，当时的事态看起来还像是出乎所料地告了一段落。不只是伊朗国内，包括以色列、巴勒斯坦、叙利亚在内，都会对不间断的恐怖袭击感到厌烦，恐怖袭击的谋划者，无论在哪里都会失去支持。另一方面，此间美军相继死伤，可想而知美国国内充斥着"厌战气氛"。可是，美国背负着主动介入、搅乱春水的责任，它必须促使伊拉克的战后成为真正的"战后"才行。无论如何，伊拉克若能实现安定，将开启中东全面改观的门扉。

而阿富汗又如何呢？国内各股势力取代塔利班组成联合政权，好歹保全了"中央政府"的体面，它们彼此处于危险的平衡状态，但离告别军阀割据的现状则还很远。当军事上拥有关键性力量的美军大多"转进"到伊拉克时，包含德国在内的各国小部队的持续"驻留"，也只不过是艰辛地保持住了最底限的"安全"罢了。

战斗和恐怖袭击仍在发生，阿富汗的"危险度"自 2005

年起升高，包含日本考古队在内的遗迹调查工作是在相当"不安"的情势下重启的。甚至，最近也有报道指出，与巴基斯坦接壤的山岳地带仍有塔利班势力在活动。阿富汗也还未真正来到"战后"。巴基斯坦的动向和情势，其情况较伊拉克还要来得更不可捉摸。总之，伊拉克和阿富汗都走在漫长道路上，现在顶多只能说是在"第三阶段"罢了。

回顾过去，蒙古在十三世纪中叶的到来，大大改变了包括阿富汗在内的中亚一带以及包含现在的伊拉克在内的中东地区。用一句话来说，蒙古帝国把综合化的国家体系，带进了中东及其周边。结果，蒙古之后的奥斯曼帝国、萨非王朝、帖木儿帝国、莫卧儿帝国等，尽管程度有所差异，但都处在蒙古体系的影响下。

这样的时代持续了五个世纪，到了十八、十九世纪，欧洲的势力与文明在新的包装下，涌进了中东。此时，有穆斯林知识分子将此称为"第二鞑靼"，也就是认知成蒙古再度来临。这是可以理解的。这一回，他们将之看作外来国家、文明体系的入侵，而不单纯只是异邦人的侵略。

美国究竟能否超越善恶，成为中东及其周边的"第三鞑靼"（也就是作为世界领袖，扮演导向没有独裁者或少数支配者之国家或社会体系的推手）呢？美国若想在人类历史上获得这样的评价，其成败关键就在于它是否能够展现出扩大安定、普及民主以及力求实现的韧性和长期的责任感。

四、"东亚"是近代产物

令人不解的东亚

直接套用近现代形态思考和讨论过去，很容易陷入危险的历史认识。特别值得留意的，是世人深信历史上只存在于十九世纪乃至于二十世纪的地区或国家的空间结构，仿佛是一个自始便存在的整体，并借此来眺望历史现象。在此，作为具体事例，本节想讨论的是与我们有深深关联的"东亚"。究竟"东亚"是一个无论在历史上或近现代皆具有无可否定的确切实体、实质的地区概念呢？还是一个没有确切框架或根据，姑且做权宜性使用的用语呢？

"东亚"这个词汇所指的内容范围原本为何，实不明确。其范围又究竟如何呢？

在我们这些生活于日本列岛的人们的一般认知中，东亚当然应该包括日本列岛、朝鲜半岛、中国大陆以及台湾地区等在内。那么，越南呢？菲律宾群岛呢？东南亚面积相当广大的半岛部分，以及只算加里曼丹岛也远较法国全境要来得大的、由大大小小岛屿组成的部分和多岛海区域，又该如何考虑呢？愈想愈是混乱。

另一方面，将目光转向北方，被称作北亚的蒙古或西伯利亚东部等地区也算在"东亚"里头吗？满洲（中华人民共和国的东北地区）或朝鲜半岛、日本列岛，以及日本海及鄂霍次克海海域等，有时也被称作"东北亚"，它们彼此之间的关系又如何呢？被称作亚洲内陆的巨大的"正中央"地区，大概无法全部算入"东亚"，那么，哪边算是"东亚"，哪边又不算呢？

其实东亚的轮廓是暧昧模糊又不确定的，看似清楚其实不然。它虽有名称，内容却很笼统，不得不说是相当不清晰的概念。"东亚"的范围恐怕会依想象者的不同而有所不同。

然而，在这十多年间，国际政治、外交、行政层面，甚至是大众媒体间频繁使用的"东亚"，其意所指则非常清晰，大致是指 ASEAN（东盟）各国，加上日本、韩国、朝鲜、中国（包括台湾及香港地区）等大范围区域。若以别的说法来讲，则是指包含中华人民共和国和泰国在内，从这两国起算，遍及东方、太平洋的所有地区。这里所称的"东亚"，有时也会代换成"亚太区域"。这的确是一个巨大的空间。

这是二十世纪末至今，优先考虑政治、经济、外交因素而假定下来的区域划分，正如现今国家、国界成为一基本常识而清楚可知的，乃是以现实的利害关系为前提的。或许正因如此，缅甸才时常被从"东亚"中排除掉。这种区分方式，是立足于现代世界的"大局"之上的。这种不由分说的区分，在现实上是与亚洲东方内部悠长多样的历史背景，或包括我们这些生活在日本列岛的人们在内的该广大区域内各部分居民的观念或生活实感不同的一个大区分。

这种区分是一项人为产物，无法了解它是否具有恒久性和永续性。当然，这种区分在我们思考、讨论现今世界时，的确很方便、好用。尤其是对于要在这个巨大的"假想东亚"区域内进行某些计划或活动的人们而言，它确是十分有利的结构。

回顾日本前些时候高谈亚洲崛起、抬头的书籍充斥书店，那些书籍几乎将这个现代版的"东亚"视为理所当然，并在这个前提下展开讨论。以"儒教文化圈"作为经济兴起的理由，也是其背景之一。那么，对 ASEAN 各国它们又如何解释呢？这些书籍不是予以忽视，就是以华人、华侨世界的普及来处理。若要谈华人、华侨世界，那么就必须兼谈北美、欧洲及大洋洲才行。要以华人、华侨来概括 ASEAN 各国的政治、文化、经济，仍是有些勉强。"儒教文化圈"云云，或许该说是一种自认"汉字文化圈"的想法，总是飘散着一些单纯又稍嫌自私的优越主义气味。1997 年金融危机以后，这一类主张迅速退出前台，的确是一个有趣的现象。

当然，要说在二十世纪最后四分之一的时间里，全球化世界经济中正在形成一个可以被称作"东亚跨国经济圈"的松散空间，这种讨论的确有一些可以令人认同之处。其中一个重点，应该就是二十世纪八十年代以后，形式上采社会主义体制的中华人民共和国在政策上力图向改革开放路线大幅转换，以世界经济中巨大的"发展中国家"姿态登场的这个转变。由于拥有大量廉价的劳动力和成长中的巨大消费市场，中华人民共和国的重要性日益增强。仿佛是相互联动一般，中国政府活泼且"强硬"的言行作风，也每每成为话题。另一方面，回归时在日本国内外造成轰动的香港，其现状反而像是被遗忘了一般。

与经济上的宏观现象相对应的"东亚跨国经济圈"，凭借着圈内以中华人民共和国为首的各国政治、社会大致安定的现况而成立。不过，各个国家情况不同，不安定因素还有很多，无法排除某些国家以政治、经济、社会中的事物为导火线而突然不安定化、流动化甚至是流亡化的可能性。其中，当然同时存在可以或无法以一国的不安定便得平息了结的情况。今后，过了十年乃至十五年，我们究竟是否仍可在不遭遇动荡的情况下维持相对的安定呢？到了那个时候，现在的国家、国界究竟会变得怎样呢？在现在这个时间点上，我们的确能说：这个松散的"跨国经济圈"，要确定能够不生动荡，伴随着确切的现实与持续性来体现"东亚"这个巨大的区域名称，恐怕还必须历经相当的曲折和时间。

要言之，回顾历史，前述这个堪称最大规模的"东亚"的概念，其现有内涵可以说是一个被创造出来或是基于某种预期心理、先说为快的结构。我们能够看到不少用这个现在进行式的超大、跨国性的"东亚"概念，回溯、套用到以往的历史时代的脉络中来作为说明，或者进行归因的讨论。这样的心情不难了解，也相当有趣，但不容否认就某些点来说仍是有些牵强。例如，作为跨国性的"东亚"的下层结构的东北亚或东南亚间，究竟可以找出多少历史上的共通性呢？若将两者一并观之，将会遭遇到"'中华帝国'或'中华世界'可以作为其核心部分吗？"或是"可以近年流行的'海域亚洲论'来加以联结吗？"等问题。

但是，这里谈的"中华帝国"或"中华世界"，其实是以十八世纪后半期击垮宿敌准噶尔游牧王国而一举巨大化的清朝后期，也就是拥有了辽阔疆域的"Daicing gurun"（译注：以穆麟德文字转写的"大清帝国"满语读法）为基础的。这块巨大版图，是由继承蒙古帝国以来的中央欧亚国家传统的帝王"大清可汗"自1644年所谓"入关"后也成为"中华本土"君主的清朝皇帝的个人因素来体现的。若用其他说法来说，起源于印度思想的藏传佛教的"Cakravartin"，也就是"金转轮圣王"的这个思想（转动金轮司宰时代推移变迁支配世间的帝王）乃是其底流，这也是以立足于亚洲独特帝王思想上的乾隆皇帝及其后继者为唯一联结而成立的。

蒙古骑兵军团所信奉的是藏传佛教，作为其拥护者的是大檀越的大清皇帝。这是一种由满洲、蒙古、西藏甚至包含一部分汉族在内的臣民共同信奉的格局。在"西方冲击"下，此一格局无法继续维持。在以汉族为中心的国族主义的兴盛中，大清帝国的疆域被代换为西洋近代所标榜的"民族国家"空间。十九世纪到二十世纪初"中国近代化"趋势出现的时期，其实也是准噶尔覆亡后时日未久的结构在国内外都被认定是传统结构的时期。若不从这样一个历史脉络来看，那么现在肯定仍然看不清"外蒙""内蒙"蒙古系族群的历史，以及现在仍然存在的西藏问题。

我们不能否定，1911年在辛亥革命后诞生的中华民国，以及现在中华人民共和国的巨大疆域，皆是缘自乾隆皇帝以后的政治格局。也就是说，不得不说近代中国是继承自清朝后期的国家。当吾人回顾中国数千年历史之际，存在于彼处的"中国"疆域，顶多是这两世纪半左右被沿用的产物。若是要以这个"大中华"来说明"东亚"的整体历史脉络，则未必恰当。此外，"海域亚洲"的讨论本身虽不可欠缺，但即便如此，若以此来讨论"东亚"一体性，中间是否有点儿偷换概念之嫌？若谈到衔接"沿海"与"内陆"的角色，"大中华"论或许仍须作为一个中介。

历史上所见的东亚

坦白地说，要在这个过于巨大的"东亚"框架中，找出历史上某种共通的要素或历史图像，或者是相应的"历史世界"，真的是难上加难。

那么，反过来说，历史上惯称"东亚"的这个区块，究竟是自何时开始被确定的呢？

假使，我们现在要以任何人都难提出异议的最小限度来定义"东亚"的范围，具体而言，应是日本列岛、朝鲜半岛、中国"本土"（China proper 或 Chinese mainland。但这也不过只是十九世纪到二十世纪的认知罢了），以及其周边。就算如此，若冷静、客观来看，所谓"整合的东亚"状态，至早也顶多是在十九世纪后半叶以后，更精确地说，还是到了二十世纪才出现的。并且，我们仍不能否认一个客观事实：这个状态还以欧美列强"炮舰外交"的军事威胁所造成的"西方冲击"为直接且强烈的动因。

这是极为单纯的史实，只是，包含我们日本人在内的、在"东亚"生活的人们听在耳里，或许并不舒服。

说不定正是基于一种保守心理，近年与"东亚"或"东亚史"相关的研究者中才出现了一种看法，指出对于"东亚"（但其范围并未明确界定）来说，"西方冲击"不具太大意义。这种意见主张"东亚"原本就存在着自内部涌现的力量与可能性，无论有没有"西方冲击"，都将走向近代化与工业化道路。

这是让人听起来比较舒坦的论述。这仿佛是说，现今的崛起或发展是理所当然的结果。若真如此，那么"东亚"自然而然在"西方冲击"前便确实地具有相当的整合性。然而真是如此吗？

其实，以江户后半期已达细致生产社会的日本列岛为主，清朝治下的中国、朝鲜王朝（李氏朝鲜）治下的朝鲜半岛，无疑拥有相当成熟的物质文明，也的确存在内在的能量与潜力。

这也是日后"发展"的重要基础条件之一。

"西方冲击"形塑的样貌

可是，就算如此，仍然不能低估"西方冲击"即近代西欧文明的种种影响。当然，那是充满悲剧与苦涩的交会、互动。然而，若无欧美列强的存在或压力，照理来讲幕末时期的日本就不会义无反顾地推动大规模的国家、社会革新，造成列岛举国沸腾。这么一来，幕末还会成为"幕末"吗？更不用说迫不得已走上较日本更加苦难之现代化路程的朝鲜半岛与中国大陆了。

李氏朝鲜这个王朝国家，从取代蒙古帝国附庸国的王氏高丽王朝而成立的公元1392年起，到1910年所谓"日韩合并"为止，竟是一个超过五百年的世界史上首屈一指的"超长期稳定政权"。不论好坏，以安定、固定的农村经济为基础的李氏朝鲜时代的社会，为什么会被迫身陷疾风怒涛的漩涡中呢？毋庸赘言，它与近代日本间有许多不幸的历史，若仅以内在原因来说明朝鲜半岛的长久激荡，是全无常识的。另一方面，从大清帝国瓦解到中华民国、中华人民共和国成立的历程，由于实在很难在此简要说明，谨容我割爱。

总而言之，就算只看作国家的机构和组织，"幕藩体制"的日本为何放弃这个体制而不得不创造明治国家呢？此外，朝鲜半岛也正因为在清朝、李氏朝鲜的王朝政府支配状况下，长期无法展开应对世界情势的近代化进程，才被迫在日后苦尝悲惨的历史过程，不是吗？当然，无论是哪一种情况，照理说源自各个王朝或国家本身不得不"转型"的自发、自律意志，也是很大的因素，而不只是因为"文明"的危机感而已。

回顾历史，在"西方冲击"前的十六到十八世纪，物产及人在中介、联结东海及南海的各个地区有了广泛流动，这是一项事实。至于其前史是"倭寇"等的走私贸易，甚至是在那之前的王朝间朝贡贸易等，则又是一项事实。

在此一过程中，东亚区域的确有某种笼统的"变化"隐隐约约地徐徐显现。姑且不论其程度多少有些差异，但我们以一般认知来想象，"东亚"是起因于这个难以名状的"变化"。不过，这个"变化"的速度依旧缓慢，即使在十九世纪初期也仍旧极为缓慢，这也是不争的事实。

作为松散区块的"东亚"各地区毫不迟疑地一举投入彼此联动的世界，是十九世纪中叶以后的事。自那时起，个别的地区和国家只关注自己便可充分生存的条件消失了。回顾以"西方冲击"为象征之时代影响出现前后的历史发展，我们仍不能不承认确实有相当的落差。

想尽可能地缩小始于"西方冲击"所带来的时代变化来立论的心情，我非常能够理解。但是，不单只限于"东亚"的框架内，在世界史上这也是清清楚楚的事实。为了要表现"东亚"的自主性，而以"外来"为由低估外来因素，反之将内在潜力以超过实际的程度来大张旗鼓叙述的态度，很难说是适当的。不唯独历史事件与现象，无意识的"美化"与有意图的"非难"同样叫人害怕。

当然，这种主张的心理背景，就是近年"东亚"各国的经济发展。对此设法从某种历史缘由来做说明、归因的心情，恐怕是无可忽视的动机。其际，将现代版及历史版这两个"东亚"同一视之，恐怕是一种"话语的魔术"。

以下说法应该比较适当：近年"东亚"各国的发展及崛起本身，原本就是一种经过了名为"西欧化"的漫长改革时代，在各个国家大致具备了相当程度的近代国家、社会形态及面貌的前提下，才于近年开始引人注目的现象。直率而言，若以国家为别来针对 GDP 等"经济力"作总量性的把握，那么亚洲各国的人口比例便是一变动因素，在计算结果上也不过较欧洲各国稍多一些，不是吗？在以亚洲为主轴的地球规模的经济体制运作之中，"东亚"各国的有相当部分仍是承包、代工、生产、流通、消费环节之一部分的现状，看起来是很难否定的。

的确，近年的"东亚"，若以超宏观的角度来看，对于"东亚史"也好，人类史也好，应该都是值得刮目相看的崭新的历史现象。此事不必否定；今后有更大波动、发展的几率也应该很高，但那完全只是可能性而已。并且，在现在这个时间点上，东亚还无法拂去一种"相对性崛起"的形象。若以个别国民生活的层次而非国家经济总量来考虑的话，还有相当落后、辛苦的部分。

"东亚"有过去将近一百年左右的悲惨时代及其记忆，以及与之相较已经获得十分改善的现况。面对这样一种光影交错的历史过程，不得不叫人感觉到那些高谈阔论是偏离现实了。

历史上的"东亚史"概念是否能够成立呢？或者说，是否真的存在着不妨称作"东亚史"的历史现实呢？

很遗憾，至少就我而言，再怎么样都无法针对任何一个问题做出回答。至今为止的研究状况，关于各个历史现象和情势，虽已有相应的积累，但若谈到作为总体的历史，其实是近乎未处理的状态。

再直率地说，过去的历史叙述就算使用了"东亚""东亚史""东亚世界"等用语，但几乎在所有的场合都是为了叙述上的方便而暂时使用的词汇，与此相涉的人士们，都应该承认其实未针对这些词汇多做深思。

换句话说，尤其是如前所述，就算是对比十九世纪后半叶更早的时代的距今年代久远的前近代历史使用的"东亚史"一词，实际上大多仍是极难证明、极为松散的概念。

此外，东亚史与北亚史、内陆亚洲史、中亚史、东南亚史等同时存在的各种概念，究竟是何种关系呢？其位阶和领域皆尚未明确界定。或许有研究者会说，居于上位的高阶概念就是"东亚史"。然而，若要求做此主张的人士从空间和时间两个方面来明确定义"东亚史"框架，他们想必会立刻语塞。

实际上迄今为止，"东亚史"一词皆是一个约定俗成的印象用语，它又不过是一个依使用者方便而随意伸缩的、不可思议的架构。即使把"史"拿掉只谈"东亚"，问题也完全一样。

暧昧不清的"亚洲"概念

"亚洲"一词本来就很荒唐，它缘自"Asia"这个希腊语词汇（更早的起源据说是腓尼基），理所当然不是亚洲人使用的词汇。那只是西方人抱持着拟将本身"文明"起源归于古代希腊的热情与浪漫，对位于东边的地区擅自做的称呼罢了。然后，到了近代，正如山室信一所言，"亚洲"本身是一种思想课题（《思想課題としてのアジア——基軸·連鎖·投企》，岩波书店，2001）。

"东亚"也是源自于此。"西亚""南亚"等分界线，是不可能有什么内在基础的，不过是一种权宜的做法。一言以蔽之，是外部给的他称。要在异邦人为了其自身方便而命名的用语中寻求来自内部的必然性，根本就是矛盾的，甚至有些滑稽。

虽说如此，关于此点或许还需要再做一些但书。之所以这么说，是因为西欧在十八、十九世纪未必将广布于印度东方的区域唤作"亚洲"或"东亚"。或许我们不能否定的一种可能性，正如从日本明治维新前后的"兴亚论"或福泽谕吉的"脱亚论"中所看到的，是亚洲被迫强烈意识到欧洲时，主动普及"亚洲"一词，用来作为"非欧洲"的综合名称的。固然，"亚洲"一词也有消极性的地理名称的浓厚色彩，但仍存在过正、负两用的语感和用法。为了应对欧美列强，诉诸处于同一处境的邻邦的心情和时代要求，无疑也是其背景。

只要稍加调查便能了解，日本从日俄战争前后起，在至早不早于中日甲午战争前的时期，便开始使用"东亚"一词。然而，严格说来究竟是何时、由谁创造或是主张了"东亚"这个用语的呢？在此，我们可以做最低限度的确切说明：1902年日英同盟条文中已经明确出现了"东亚"一词。今年，2002年，是日英同盟一百周年。"东亚"一词的历史，充其量也就是如此而已。

有趣的是，日本国内的历史教科书或通史、概说书等，对于十分古老的历史时代常以"东亚世界"称之。就写作者而言，或许全是出于叙述上的方便（若非如此，而是名副其实打从心底这么深信的话，问题就大了），但就结果而言，却会给读者造成目前这个世界仿佛早就确固存在的误解或错觉。这样一种无意识的意识创造非常可怕，也容易带来一些操弄信息、制造舆论、控制心灵的问题。

若是从稻作传播等与纯然物质文明相关的脉络来谈"东亚世界"，那么还算可以接受。因为，如果是针对与现代直接相关的地理、生态立论，还是可以理解的。然而，若是指着国家形塑尚未充分完成的时代，或是王朝间频繁的政治、文化、经济交流等现象，就毫不犹豫地断言是"东亚世界"云云，那就真要叫人摇头了。

我们绝对应该避免以现代的状况或概念、印象为依据，来解释过去的历史事相。诚然，事到如今我们应该避免为了政治意图和正当化而塑造历史故事，然而没有恶意或邪念地就把现代逻辑套用在历史上并赋予价值，其实也很可怕。这样处理下来，结果其实只是假借历史之名来重读现代而已。若以现代的观感如"拼图"一般地来处理历史，我们不得不说这是一种"历史的倒退""历史的虚构化"。

然而，其实这样一种现象，屡屡可在以"东亚史"为专长的历史研究者身上见到，真是叫人感到困扰。最惹人注目的，就是中国史和"东亚史"动不动就被以几乎同义词来看待的这个现象。

这里只举出两个实例。一个是有些人明明是在讨论中国史（其实不过是中华王朝史）的时代区分，却毫不怀疑地将之原样套用在东亚史的时代区分上。当事人是以极为坦诚自然的态度这么做的，这说起来也是可爱得叫人难掩笑意。

"册封体制"的幻想

另一个主张是以中国的王朝为中心，将包含日本在内的周边各国都包括到名为"册封体制"的阶序世界中，甚至有人称之为"东亚世界国际秩序"。这在大学入学考试的参考书里也记载得很仔细。然而，那明明不过是只在中国王朝宫廷中通用的、假想的"天下观"的产物。若要将这样一个历史时代的"原则论"说得好似实际情况一般的话，说愚蠢也真是愚蠢。

不知为何，诸如此类的认识，不可思议地在日本的中国史学家中也很常见。这或许是因平素阅览汉文文献，不知不觉受"中华思想"影响所致。要嗤之以鼻地批评他们"愚蠢"虽然容易，但问题是这一类的错觉与成见看来已经广泛地影响了世间的"文化人士""知识分子"，甚至一般民众，而不只是历史研究者。

这段批评当然也有自我戒慎之意。正因每一位历史研究者几乎都无意识地（或天真地）如此发言、叙述，才叫人害怕。因为，原本只有修辞而不存在实体的概念或事物，在反复述说之下，却反而在意识中逐渐实体化了。

只不过，这里头也存在着一些莫可奈何的情况，虽说这听来像是我这个同行在帮忙找借口。总的来说，就日本近代学术的历史研究而言，"亚洲"的历史充其量才不过一百年左右。也就是说，与日英同盟条文中的"东亚"的历史纵长是相同的。反之，欧洲内部有关欧洲本身的历史研究，光看近代欧洲历史的部分，至少就有二百年辛苦累积起来的研究深度。两者水平本不相同。

这正是笔者想清楚传达的。有关"亚洲"的历史研究，还处于"少年时代"。就日本而言，就算是自江户时期以来拥有悠久汉学研究积累的中国史，也仍是如此，何论轮廓尚且不明的"东亚史"？

若众人错以为"东亚史"有一牢不可破的既成体系，那真叫人深感困扰。东亚史离无一遗漏地网罗所有庞大、多样文献（多语言的典籍、出土文献、文书、碑刻等）及遗物（也就是英语所说的所有 artifac，当然也包括遗迹、遗址在内），彻底集整基础材料之境界，还远得很。更何况，过去以来隐约又概略地被认为已经算是"了解"了的事物，其实尚处于用推土机大致把地整平的阶段，几乎所有领域，都还未曾动用竹筛与锉刀，也就是历史研究的精确立证或检证进行过过滤和分析。

如上所述，"东亚"及"东亚史"是一种背负着十九世纪后半的世界情势、以当时世界情势为基础的知识框架概念。这种概念在近年东亚的兴起、发展中复苏了。不过，若说到要赋予它最适当的历史意义，则不仅其框架本身尚存疑问，研究层次上的准备也仍然不足。

这样一说，或许有许多人会觉得梦想破灭了。但是，笔者不愿轻言过度美好却又虚幻的梦。而且，仓促提出的结论，也会迅速消失。若目的本在回应现实倒无所谓，但若要长时期地来看历史，从应作确实把握的历史很快得出结论，这样的做法是否妥当呢？太过着急的结论恐怕也只能导出极度草率的答案而已。

不只是"东亚史"，"亚洲"的历史也很难在不够彻底的探索下得出接近结论的解释。然而，若我们深入无底的史料大海，一股劲地探寻历史真实，某天在这个沉浸过程或许会有"什么"浮现出来也不一定。或许，这个最后被引导出来的"什么"，其意义才不可撼动，且对人类有益。这应该是一种跨越世代与国界、不倦不息的长期努力。唯有如此，我们才能拍着胸脯谈"东亚史的可能性"，不是吗？

我们既拥有多元又深厚的历史传统，又有源自该传统、名为"史料"的遗产，这些才是"可能性"。目前，有关"亚洲"的历史研究，只能说尚待吾人继续同基础性原典格斗，日复一日地钻研和努力。大家或许感到焦急，但还是期许众人务必持久关心，等待成果。

五、马可·波罗真有其人？

超级名人马可·波罗

有一位历史人物名唤"马可·波罗"，无论在欧美或日本都非常有名。长久以来，小说、电视、电影等各式各样的媒体，都广泛地以此为题材。若问到中学生或高中生以上的社群，要找出不知道马可·波罗的人，恐怕比较困难。此外，被称作历史研究者的这一群，也可以说无人怀疑马可·波罗的存在。但我并不这么认为。

十三、十四世纪，一种连贯了欧亚非东西两侧、松散又无妨称作"世界史"的、被理解成整体图像的"什么",在人类史上首度出现。现在我们称这个时代为蒙古时代。马可·波罗也随之作为一位适于象征新时代到来的人物而被形象化,我们甚至可以说他是最有名的人物。无论好坏,蒙古时代和马可·波罗似乎是密不可分的。

然而,若从东、西方原典史料来研究蒙古时代的这个角度来看,围绕在"马可·波罗"这个人物和相关事物周围的疑问实在非常之多。深植于一般人士和历史研究者之中的印象,与史料、研究层次上的问题点,两者间出入实在很大。笔者认为,所有的历史研究中,观念与实际间出入如此大者,恐怕史无前例。并且,令人遗憾的是,有关这些出入,不得不说在蒙古时代史的研究专家中(找遍全世界,这些专家恐怕也没多少位),几乎是找不到能够详细又全面地掌握问题轮廓的人。

马可·波罗之所以引人入胜,理由在于他是跨越了文明圈的人物形象;而马可·波罗的问题,其实也正是因为他跨越了文明圈而出现。

就历史而言,若要谈论马可·波罗,就会牵涉欧洲史、地中海史、俄罗斯史、伊斯兰中东史、中亚史、中国史、日本史、东南亚史等多个领域。再者,诸如物产、交易史和欧亚内陆交通、印度洋上交通等,也应放在更深层的关系上来一并考察。并且,这个问题既和中世纪欧洲文学和抄本学关系深厚,又与广义的东洋学各领域也有所关联。这个结论虽然说得过早,但所谓"黄金国度日本"（Cipangu）的形象，若无马可·波罗也将无法成立。

一般而言，历史研究和文学研究，甚至是文献研究、抄本研究，都是在个别文明圈的框架内进行的。马可·波罗的研究也是如此。有关《马可·波罗游记》，只要是与欧洲中世纪直接相关的部分，事实上欧洲中世纪历史、文学和抄本学等各方面的研究者们都已掌握了个别事物的正负两面，他们持论非常严谨。英国、法国、德国、意大利不用说，欧美整体在马可·波罗研究上的积累与传统，也都实在令人吃惊。说句题外话，日本的西欧中世纪史家们，在这方面也不得不说是莫可奈何地受到了欧美的影响。同样地，有关马可·波罗的叙述，只要是涉及所谓十字军或地中海、黑海以及与中东和邻近地区相关的事项，伊斯兰中东史的研究者们也有能力使用波斯文和阿拉伯文原典抄本来做深入探讨。欧美在这方面的研究成果堪称丰硕。甚至，关于占有《马可·波罗游记》过半篇幅的亚洲东方叙述部分，日本、中国等擅长汉文原典史料的中国史家们，亦能凭借一定程度的根据，针对其正确或荒谬之处逐字逐句地展开激辩。不过，即便如此，欧美史家的讨论仍不容轻视。

总而言之，这二百年间，在欧美领先的情况下，近代学术针对马可·波罗及其游记展开了各种研究，积累甚多。然而，这些研究，若除去少数例外，必须说几乎都归属在不同的文明圈或领域里，各自研究处理的问题，可以说只是其中

"一部分"而已，无法直接处理的"其他部分"，皆不得不"交予他人"。研究者们即便在自己的专长领域里感觉"有疑"，但由于在其他领域中皆是不折不扣的"门外汉"，因而不得不节制发言。我们必须指出，目前在整体上仍然缺乏一个理想的研究途径借以整合"部分"与"部分"，并在这个基础上从根本原典来重新探讨"整体"，以发现大大小小的问题点。马可·波罗的问题，不只陷在以史料为名的"文明圈夹缝"间，也陷在活在现实中以研究者为名的人们所处的"东西夹缝"间，以至今日。

交织的疑点

古今东西，任谁谈论到与马可·波罗相关的话题，不论有意无意，都会有两点共通的前提，或是囿于成见的观念。

一点是马可·波罗这位在十三世纪后半旅行于欧亚东西的人物，是一位真实的历史人物；另一点便是名为《马可·波罗游记》[法语为《世界的叙述》(Devisement du Monde)，意大利语为《百万之书》(Il Milione)]的旅行游记，原本就是马可·波罗这个人在回到威尼斯后不久便写下的著作。无论称作祖本（即原初文本）或正本，总之这部游记自始便有著作的形态，而流传至今的种种抄本，完全是日后繁衍出来的。

威尼斯的档案馆的确藏有1324年逝世、名为"马可·波罗"之人物的遗产目录。虽说如此，却全无上述人物与旅行过东方的马可·波罗是同一人物的证明。岂止如此，在以波斯文及汉文文献为两大史料群，遍及二十多种文字的蒙古时代基础原典里，完全不见马可·波罗及其父亲、叔父的身影。据说马可·波罗曾在忽必烈身边担任过地方长官职务，但在凭借汉文史料彻查历任者名称后，却不见疑似马可·波罗的人名。并且，马可一族在返乡时所搭乘的船只，应该是从大元汗国派至伊朗蒙古政权即旭烈兀汗国（通称伊儿汗国）的船只，不过，在旭烈兀汗国史书《瓦萨夫史》(*Tarikh-i Waṣṣāf*) 有关该船的叙述里，虽然详细记载了正使以下的人员——这也可与同一时代的汉文史料彼此对照——却仍不见马可一族的身影。

回头来看，欧美自古以来便热衷于自蒙古时代的相关史料中找寻马可·波罗，甚至令人感觉到有一种彼此争功的气氛，但谁都没能成功。原本，若根据马可·波罗自己的叙述，他在1295 年回到威尼斯，1298 年便完成了游记，但在明言这段叙述的抄本中，却毫不经意地写有 1298 年时绝对不可能知道的信息。这个抄本，是收藏于巴黎法国国立图书馆的知名抄本（典藏书号 Fr.1116 ）。如下所述，虽说《马可·波罗游记》的抄本散见多处，但若除去最古、最佳、最长的这个抄本不论，那么长期以来的马可·波罗研究恐怕形将瓦解。

总而言之，马可·波罗问题的根本，便出在这些为数众多的抄本上。抄本多达 143 种（依计算方式不同，数量多少有些差异），除记载文字有中世纪法文、托斯卡尼方言或威尼斯方言的意大利文、拉丁文等不同外，其内容、分量和成书时期也各自不同，此一未达统整的状况实在叫人束手无策。而且，愈到后世，便愈能看到做简短摘要的倾向。那是因为这些抄本原本就是为了恭请中世纪、近代欧洲王侯、贵族们的阅览才写成的，内容当然越是简单明了越受欢迎。长期以来，学者专家们已经假定出一套以前述中世纪法文来撰写、藏于法国国立图书馆的抄本为基准，并依此回溯的形式来设想祖本或正本的整体抄本群系统图。不过，这套系统图若不假设几种现已不存的抄本便无法成立。坦白来说，这套系统图仍是充满不合理与空白的虚构之物。

若是坦率地观照实际情况，这些被称作《马可·波罗游记》的庞杂抄本，确是散见于欧洲各地。过去也有一些人试图努力整合这些抄本个别的"优点"，以创造理想的"完全本"，然而即便其信念可嘉，仍令人质疑这工作是否值得信赖。就这个情况来说，见多识广与精妙巧智不见得是美德。更何况，关于用以有"完全本"之名的校订本做基础而成的各种译本，虽有许多讨论，但那些讨论结果是否能视为"史实"呢？

附带一提，目前市面上流通的日文版本，除了最近的《全訳マルコ・ポーロ東方見聞録——『驚異の書』Fr.2810 写本》（岩波书店，2002）之外，都只不过是译本中的译本。译语中充斥的过度解释，实在叫人心惊。此外，从来自法国国立图书馆所藏名为《惊异之书》的 Fr.2810 抄本中马可·波罗的部分

（抄本本身以美丽的插图而闻名于世，又成书于 1413 年这个绝对年份），可以清楚了解到当时的编制者亦即法国王室的内部政治、文化状况。就这层意义而言，这个抄本的重要性极高，以其为基础译成的日文译本，的确令人深感难能可贵。只不过，若要说这个抄本是能够看清《马可·波罗游记》"原点"的最重要文本，却又未必如此。我们不如说它在十五世纪法国文学、绘画、宫廷文化甚至是抄本研究上的意义较高。

坦白说来，现在流传于世的马可·波罗故事，已经过了一再的过滤。我们该做的事很简单，无非就是先将焦点集中在 Fr.1116 等几种年代久远的抄本上，只以这些抄本与蒙古时代史多达二十多国文字的根本原典做逐字逐句的对照，仔细导出其中确切内容究竟有多少的结论。不过，这可不是一条寻常的道路。

超越时空的马可·波罗热

要言之，就纯正的历史研究而言，我们其实并不了解马可·波罗的人物形象和其游记的确实内容。真确的马可·波罗研究，现在才正要开始。

只不过，在此有一项姑且不论蒙古时代的历史也绝不能忽略的事实。那就是马可·波罗为何受到如此的称扬和超越了地域与国界的普遍喜爱，而且不限于欧美人士呢？因为马可·波罗的故事，打从十五世纪中叶便随着古腾堡（Gutenberg）的活版印刷而成为最早的畅销书，自始便受到相当普遍的阅读，这在世界史上可以说是罕有的、超越了时空的"历史现象"。

详细的说明留待其他机会，这里仅指出其中的一个原因乃"时代所致"。欧洲"马可·波罗热"的高峰，发生在十六世纪及十九世纪以及现代。十六世纪中叶，同为威尼斯人的赖麦锡（Giovanni Battista Ramusio）热衷于当时几乎遭到遗忘的马可·波罗的传说，搜罗其游记抄本，并彻底详查；然后，他将其成果写成了一部杰出的著作，也就是迄今仍闻其名的赖麦锡版《马可·波罗游记》。马可·波罗自十六世纪中叶以来的形象，几乎全是凭借赖麦锡版而有。赖麦锡是马可·波罗的"粉丝"，同时也是"发现者"。他的作品非常杰出，对马可一族满是好意。赖麦锡的成就本身，从今日的眼光来看仍非常完美，但我们仍需注意其著作中充斥的赞美口吻。当时的时代正是"大航海时代"，在赖麦锡眼中，马可·波罗正是一位体现出昔日威尼斯荣光的时代先驱者。

十九世纪马可·波罗热之所以再度兴起，也是可想而知的。欧洲列强挟着强大的军事与工业力量，来到亚洲各地。不过，很久以前已有一位比自己还早来到亚洲东方的先人。欧洲与亚洲自六百年前就彼此连接，自己是追随其脚步而来——如此一来，对于马可·波罗的意念，便成为欧美各国共通的一种想法。在当时体裁初具的近代历史学里，马可·波罗研究成了一个魅力满溢的主题。

到了二十世纪，陆续出现了大量由欧美人撰写的亚洲史研究著作，有一些甚至堪称亚洲史研究的经典。先有抱持意大利人意识的意大利文学家路兹·法斯科洛·班纳迪特在《马可·波罗游记》是以意大利文写成的信念下，出版了诚属杰作的校订书。相对于此，法国自认是欧洲最好的亚洲史家、文献史家保罗·伯希和（Paul Pelliot），强烈地敌视班纳迪特版，与意大利的牟里（A.C.Moule）合作，试图编纂出一部理想的"完全本"，而且，这部"完全本"极力列举各抄本文字的异同，成为一部内容繁琐的著作。若要说这是学术性著作，那么我们不得不说伯希和及其追随者都是卖弄学问的老学究。那可以说是一部忘却了何为事物本质、飘散出反讽气味的"完全本"。总而言之，上述文献皆出现于欧洲在各方面皆压倒亚洲的时代。

随着近年来中华人民共和国的开放政策和亚洲各国的成长，欧美的视线开始以和过往不同的意义注视包含中国在内的"东方"。由伍芳思（Frances Wood）所著、在数年前发行甚至也出版了日文版的《马可·波罗到过中国吗？》（*Did Marco Polo go to China?*）一书，也可以说是受到了这个潮流的影响。担任大英图书馆中国部主任的伍芳思，曾于"文化大革命"时期留学北京，凭着当时有些苦痛的体验和极为坦诚的心情，将几个疑点写成著作。"马可·波罗的游记中，为何未出现万里长城？"等等，是为典型。作为结论，她所导出的答案遂成为书名。

这该说是招人怜笑还是令人同情呢？虽然她非常努力，然而，她完全不了解蒙古时代史研究的危险之处，或是马可·波罗研究的真正课题。若能直接面对基础抄本、基础原典，则根本不会发出如此愚蠢又不着边际的"疑问"。而且，令人感到有些可惜和遗憾的是，蒙古时代根本没有万里长城，因为无此需要。这是常识。

然而，伍女士的书在欧美卖得很好。不仅在欧美，该书在中国也毁誉参半，中国更在 2000 年举办了关于马可·波罗的国际会议。这真是有趣的现象。马可·波罗似乎充满着促使人们动起来的魅力。这或许与历史上客观的马可·波罗形象到底如何无关。若要为伍女士做一些辩解，她在日后似乎是进行了一些钻研。结果，她彻底地为蒙古时代研究的丰硕成果所震撼。从日后的报告和论著来看，她似乎已将自己过去愚蠢的主张搁下不谈，而将目光移至抄本研究的层次，这虽然令人佩服，但若是谈到她是否萌生了进入蒙古时代多文种原典史料宝山中探索的心情，答案又会是如何呢？

这个话题姑且搁下不谈，马可·波罗现在已超越时空成为亚洲与欧洲的"桥梁"，完全深入人心，仿佛仍活在世间。可以说它也明显兼备了超越历史与事实的另一个历史，也就是人心与意识之历史的"元历史"（Métahistoire）的一面。

因而，这个世界上同时存在着两位马可·波罗：存在本身仍是疑问的实际人物马可·波罗，以及世界史上拥有罕见的全球性人气的历史名人马可·波罗。只是，在谈论十三、十四世纪时，应尽量避免令后者，也就是超越时空的马可·波罗登场。因为，将事后的历史印象作为史实来处理是危险的，这将使得历史变得不是历史，而是小说。

马可·波罗告诉我们的事——聚焦帝王忽必烈

回过头来说，多达一百四十余种抄本的《马可·波罗游记》所记载的信息，未必全无意义或帮助——特别是那些被认为成书于蒙古时代或其后时期的抄本，其篇章与内容多是从其他记述详尽的蒙古时代基础史料（以汉文和波斯文两大史料群为中心，多达二十多国语言）中得到了某种程度佐证的。

其中有些记载极具价值，精确性又高，适合作为史料来使用。至于要如何分辨优劣，虽是确有难处，但同时也是趣味所在。这正考验着历史文献研究者真正的实力和水平。

先从较具结论意涵的内容开始谈起。姑且不论马可·波罗这位超越时空的知名"旅人"是否存在，但在几种古老抄本所传达的内容中，的确录有实际发生在蒙古时代的东方，特别是若不在皇帝忽必烈身边便无从确知的信息。而且，这些信息与其说是特定的谁依据谁的体验、见闻来编写的，不如说是糅合了几种立场或身份差异微妙的一群人的信息而集成的。

其中最栩栩如生、最精彩、在细微处又显属正确者，是有关忽必烈宫廷及其侧近的叙述。仔细想想，在《马可·波罗游记》这一系列抄本所构成的整体信息中,世界帝王忽必烈本身及其周遭的话题,比其他任何部分都要来得重要且饶富兴味,这恐怕也是通篇最精彩的地方。这点对从中世纪末期到近代初期的欧洲各地王侯、贵族及其家族,也就是《马可·波罗游记》早期的读者们而言,以及活在数百年后今日的我们而言,或许都没有太大改变。

因此,本章接下来将据前述这部分量最多、收藏于巴黎法国国立图书馆的古老抄本——若舍去这部抄本(典藏书号 Fr.1116),绝大多数版本的《马可·波罗游记》将无法成立——来做一段时光旅行,和这位名为马可·波罗的"某人",或者一群"某人",一起眺望蒙古入侵日本时的忽必烈宫廷及其侧近。若从异乡人角度,也就是"他者视线"来掌握面貌的这一点而言,它的确能够和同一时代史料记载做一清楚区别。

移动的宫廷、政府、军队

忽必烈的宫廷有一个极大的特征:不同于日本朝廷及镰仓幕府固定一处不做移动,忽必烈的宫廷是移动的。

忽必烈的冬季首都是"大都",夏季首都是"上都"。这两座首都,虽然相隔三百公里以上,但皇帝忽必烈和其臣民仍组成漫长的队伍以一年为周期做季节性移动。并且,不只是宫廷,中央政府绝大多数成员和直属中央军团也跟随着大可汗忽必烈移动。

在两座首都和周边地区间，散布着有各式目的的设施及建造物，如大大小小的离宫、狩猎地、野营地、娱乐设施等。一行人在这些地点、设施间巡游，度过一年。这个以两京为坐标成椭圆形状的"季节移动圈"整体，称得上是忽必烈的首都圈。圈内各处不只是移动目标或驻屯处而已，也是不同时间点上的中央政府之所在。

这位或这群名叫马可·波罗的"某人"，清楚地传达了这一点。这些细节，若不是曾和忽必烈宫廷一同在这个首都圈内实际移动，并进入以两座帝都为主的地点或设施的人，实在很难理解。

尤其，该书又有如卷轴一般，以令人惊异的精细度，从两座城市的整体状况，谈到细微的生活景象，述说了当时大都或上都的种种情形，其详细程度恐怕无法由"当下记忆，回到故国再行口述"的方式来办到。

位于蒙古高原东南角的上都，是草原的都会；另一方面，刚刚建设于华北平原东北角（准确地说，是"蒙古来袭"时仍在建设中）的大都，则是不折不扣的世界帝都。理所当然，有关两座城市的记录，在汉文和波斯文等文献中都有大量的相关叙述，然而质量俱佳的叙述皆来自马可·波罗。

附带一提，大都是现在中华人民共和国首都北京的直接前身。近年来，北京迅速立起了高楼大厦，正要转型成一座宏伟的现代城市；另一方面，东西南北的街路、街区、建筑物等又以故宫为中心，呈棋盘格状开展。有不少旅行者对这一座城市的井然有序感到惊叹。

说到底，那是因为北京的前身是忽必烈一手打造的大都。并且，现代人所感受到的井然印象，其实与这位或这群名为马可·波罗的"某人"在七百多年以前满口称赞的大都相去不远。

伟大的帝王及篡位者忽必烈

这位或这群名为马可·波罗的"某人"对于忽必烈及其宫廷的评价实在很高，特别是对于忽必烈本人的叙述口吻，更属毫无保留的褒美与称赞。

根据其说法，忽必烈是即便集全世界国王或君主的权势也不能及的伟大帝王。的确如此，因为他是世界帝国蒙古的主人。当时，以忽必烈为顶点的蒙古版图，已经覆盖了欧亚大陆的三分之二。

更有意思的是，马可·波罗切实地理解到，忽必烈的即位属于一种以实力排除众多反对者的"政变"。忽必烈兄长即前一任皇帝蒙哥猝死后，忽必烈自 1260 年起与幼弟阿里不哥展开了长达五年的帝位争夺战。这场战争是在蒙哥旧政府官员们所推举的"正统皇帝"阿里不哥，和先前与蒙哥不睦的"叛乱者"忽必烈的对立中展开的。战争结果是忽必烈成为胜利者，"皇帝"阿里不哥向其投降。

简单来说，忽必烈是一位篡位者。这位或这群名为马可·波罗的"某人",将忽必烈称作蒙古第六代皇帝。过去，世人皆凭一般常识将这一记载视为第五代之误，但那其实是在彻底了解到事实的前提后所做的叙述也不一定。若将坐拥帝位五年的阿里不哥视为"第五代"，那么忽必烈自然就是"第六代皇帝"了。

此外，这位或这群名为马可·波罗的"某人"，因忽必烈的权势和财富而强调其实力与智慧、才能。的确，忽必烈受人注目的方面，除了他是国家建设者、营运者以外，还有作为经营者、计划者及企业家的能力和手腕。在这一点上，就古今东西历史上的人物而言，能够和忽必烈匹敌的，充其量也只有古代波斯帝国阿契美尼德王朝事实上的创立者大流士而已。

忽必烈在蒙古语中称作"薛禅汗"。"薛禅"有"贤明、聪慧"之意。贤明的帝王忽必烈，在假托以马可·波罗为名的欧洲异乡人（们）的眼中，是一位理想君主。这或许不难理解。因为，他的确是同一时代的欧洲君主、王侯所无法比拟的。只是，我们甚难辨明，在这些赞美忽必烈的叙述深处，究竟掺有多少对于当时欧洲现况的批判。

关于"日本"

作为本章的总结，笔者想谈谈已算是常见话题的"日本"（Cipangu）。在日本，很多时候马可·波罗和"日本"几乎是成套出现的。说句实在话，有关"日本"的写法和拼法，也每因抄本而异。不过，类似的发音皆是抄写"日本国"而来。常有意见指出那是"日本"的转写，但并不正确。

这位或这群名为马可·波罗的"某人"，除了以印象化的词汇"黄金国度"来形容日本外，也详细描述了那满溢着各种物产的富庶岛国。实际上，这个时期的日本，就与大陆之间的交易而言，既是资源出口国，也是工艺、工业产品的出口国。可以注意到，由大陆进口的物品，除了铜钱、陶瓷器、绢制品外，皆是书画、古董等"高级消费品"。

此外，这位或这群名为马可·波罗的"某人"谈及的"远征日本"的段落，乃指所谓第二次的"蒙古来袭"，也就是弘安之役。这段叙述在远征军有不少兵员沉入海中的前半段部分尚足信之，但残余部队逆袭攻克日本之都的后半段，便非常怪异。并且，该游记在叙述日本远征军时态度极为冷淡，这也启人疑窦；相对地，在叙述忽必烈身边近卫军或直属军团时，则满溢着热情的赞美口吻。

对于这位或这群名为马可·波罗的"某人"来说，姑且不论对日本这个国家的评价是好是坏，对于那些从朝鲜半岛或中国南方出征的日本远征军，恐怕是不甚了解的。有关于此，该说马可·波罗的视线是极度地聚焦在帝王忽必烈及其周边，也就是权力核心上吗？有关马可·波罗这些以忽必烈及其帝国为主题的"报告"，我们在阅读时，或许不妨将之视为极度带有上述眼光之人物的"体验"。

第二章

文物与文学照亮大蒙古

...

一、元代并非"文化蒙昧时代"

关注元代的眼光正在改变

蒙古作为超广域世界帝国的一部分来支配面积超过现在中华地区全境的亚洲东方的时代，若以传统的中国方式称之，则为元代中国的时代。我们该如何看待它呢？有关这个提问，立场、看法、观点因人而异。一直到稍早以前，元代的中国，换句话说就是蒙古统治中华地区的时期，都被视作文化蒙昧或文化受到压抑的时代。美术也好、文学也好，人们总说，所有中华传统的文化和精华，其健全的成长和发展、成熟，皆在"异民族""征服者"蒙古的统制下受到压抑、扭曲。或者，毋宁说将支配者蒙古视作文化程度低劣的"野蛮人"，或是极度凶暴的"恶政者"，乃是常识。

这可说是既简单又单纯，且"自以为是""深信不疑"的一种态度。这个相较于事实多了几分主观和情绪的想法，近年来大致上开始被迫进行修正。一个原因是，关于多达二十多国文字的原典史料，最近总算有了相当程度的掌握，对过去总以负面形象被谈论的蒙古以及其统治的实际状态，在以详细事实为根据的检证下，有了更贴近真实的理解。与此同时，有关蒙古统治下的社会或文化样态，也从根本史料起步，针对"真正存在的史实"进行着踏实的追究和探讨。过去那种没有根据就不由分说地以"深信不疑"的态度擅加断言，以情绪或先入为主的观念来进行评论的态度，很大程度上已经销声匿迹。这些在历史研究中理所当然应为的态度，可以说终于开始被视为理所当然了。

这一重新检视的工作，在政治、经济、社会、文化、思想、宗教、学术、科技等种种领域展开，其浪潮甚至波及美术、建筑、工艺等。作为其背景，一个不可忽视的重要因素，便是中华人民共和国自"文化大革命"结束后转向改革开放政策，此外还伴随着近年世界所谓的"无边界化"，我们终于可以亲往世界各地亲见其收藏的相关原典史料或文物、美术作品，甚至是遗迹，将之置于手上鉴赏，甚至在当地进行各种探讨、分析。总之，就是细致地观察"实物"与"真货"，且大量地浏览、观赏。这在所有事物上来说大概皆是相同的，特别是有关元代中国的事物，由于无论质或量过去皆是"负面要素"先行，因此近年状况变化所带来的影响非常大。

总而言之，有关元代中国的看法和评价，可以说正在迅速地发生变化。无论日本、中国还是欧美各学界，都是如此。不只如此，能够注意到的还有，在欧美学者中，出现了一种将这个时代自由开阔且富于理性的社会风潮与文化状态命名为"蒙古自由主义"并给予极高评价的意向。这种看法与过去完全相反。究竟何者正确？或是皆属正确？还是皆属错误呢？其正确与否姑且不谈，可以确定的是，这些和过去大大不同的认知与看法，仍然混同着过去的看法，以多样的振幅摆荡。

因此，本书试图依据这样一个正在改变的状况，针对在观察元代中国及其文化或美术的前提下应为重点的历史背景或时代环境，甚至是其文化概况，尝试大致性的描绘，作为重新检视这个时代的小小凭借。

蒙古帝国与大元汗国——欧亚大交流的时代

首先，就让我们回顾从十三世纪到十四世纪为止的历史概况吧。

十三世纪初，在其后以之命名的蒙古高原这片内陆草原的角落，一支名为蒙古的游牧民联合体几近突然地诞生了。这是一切的开端。

这个以蒙古语称作"Yeqe Mongγol Ulus"，也就是"大蒙古国"的新兴国家，在成吉思汗的率领下，在欧亚东西侧急速地扩张。首先是从满洲（Manchuria）控制中国北方的女真族王朝即金帝国被打倒。接着，在从中亚到中东一带称霸的突厥系伊斯兰王朝即花剌子模沙王朝（Khwārazm Shāh）也被打倒。成吉思汗本人于 1227 年逝世，但横跨东西的大版图的帝国形状，可以说从这个时候起便已经开始萌芽了。

相继进行的对外征伐，由成吉思汗的儿子们继承下来。到十三世纪中叶，蒙古已成为一个东起朝鲜半岛、日本海，西及俄罗斯、乌克兰、安纳托利亚高原、伊朗、伊拉克的大帝国。在这个时间点上，蒙古已经达成了史上的最大版图，成为一个涵盖各色人种的多种族混合国家，而且其发展并未就此止步。这个帝国，经由成吉思汗的孙辈忽必烈历时五年的帝位继承战争（1260—1264）成为代表全蒙古的大可汗后，进入了历史上前所未有的局面。

具体而言，就是忽必烈于1276年以几乎毫无损伤的方式接收了由南宋王朝控制了约一百六十年之久的江南（长江以南之地）。这个转折给中华及世界带来了极大变化。

首先，这个转折在中华地区实现了南北的再统合。从姑且算是中华一统时代的唐朝覆亡（907）后开始算起，或是回溯到三世纪半之前，从唐朝发生了使其丧失实质统一状态的安史之乱（755—763）算起的话，南北统合竟已暌违五百年之久。而且，不单只是南北统合，尽管有直接或间接之别，连云南、大理、贵州（贵州地方在蒙古语中音读"奇头叩尔"即鬼国之意，到了明代美化为同音异字的"贵"），包括西藏也从这个时候开始进到"中国"圈内。这是与从唐朝到蒙古这段漫长岁月间，若以中华式名称称之，则为辽、五代、北宋、金、南宋、西夏等先后交替并立、兴亡、分裂、多极化及缩小的"中国"完全不同的新局面，其面积之广也前所未有。也就是说，一条迈向崭新巨大中华的道路从此开启了。

并且，最重要的莫过于忽必烈在蒙古全境中亲自领有的亚洲东方，在自过去以来以戈壁以北的外蒙草原为根据地的体制中，开始将内蒙草原及华北作为新的"国之根基"，推动接合草原世界与农耕世界的新型国家建设，从此推动了欧亚世界史的两道洪流在此汇集，贯穿历史的基本结构自此从根本上产生了巨大的改变。顺带一提，在明代、清代以及现在的中华人民共和国几乎皆是首都的北京，其前身乃此时作为忽必烈治下的世界帝都，是耗时二十余年营造的大都。其实，天津的前身直沽，甚至是上海，也都是在这样的过程中崭露头角的。

　　要言之，现在我们所认知理解的"中国"这片大疆域，乃源自明清两代前，即忽必烈以后的元代。通过蒙古与忽必烈这两个阶段，中国发生了从"小中国"到"大中国"的巨大转型。这个变化的意义之大，多次强调也不为过，因为"中国"的范围从根底上发生了改变。

　　回头来看，名实相符的"小中国"北宋，或是甚至只有其一半的南宋自不待言，就连非汉族王朝，但也兼有许多中华要素的多种族国家辽、金、西夏等，不论在气度还是内涵上，皆与蒙古时代是完全不同的。与此同时，若要谈论这个重生为"大中国"的"中国"，吾人仍不能忘记，她虽然继承了长久以来在这片大地上开展的多样历史、地域、社会、文化，并将之吸纳进来，但仍可说处于初生的模糊状态，大致仍在混沌之中。

　　另一方面，世界又如何呢？忽必烈在取得淮河以南的中国南方以及南宋这个国家及社会体制后，以此为起点，开始向海洋进发。出现在草原世界的游牧民国家，在成为一个多种族的混血陆上世界帝国后，又吸收了中华世界，甚至摸索了通往海上帝国的道路。对日本进行的两次征伐、向东南亚各地派遣的海洋军队，也可归于此一脉络。在军事进攻方面的海洋发展，未必是成功的。不过，忽必烈政权拥有了史上前所未有之大舰队、展开了以穆斯林商人为主轴的国际通商，并在自由经济政策之下陆续与东南亚及印度次大陆各国缔结了友好关系，到1287年，这些工作便已完成。笔者无法理解，这一点为何在过去几乎都被抹杀了。由此，十三世纪末，从东海经印度洋到中东的海上通路整体，便在和平状态下掌握于蒙古手中，人类史上首次围绕着欧亚陆海循环的交通网于是形成。

与这样的动向并进，蒙古帝国或许因为巨大化的必然结果，本身也被迫要面临转型。如前所述，肇因于帝位继承战争，蒙古从以继承大可汗之位的忽必烈及其血胤直接统率的宗主国"大元汗国"为中心，分立为西北欧亚的钦察汗国（通称金帐汗国，或克普恰克汗国）、中东一带的旭烈兀汗国（通称伊儿汗国）、中亚的察合台汗国等规模之大足以称作帝国的蒙古国家，变身为一个整体而言松散又多元复合的蒙古世界联邦。此外，蒙古也因为自身的多极化，使得过去那般令人惊异的军事扩张浪潮逐渐消退，反而以控制了拥有当时世界最多人口和最高经济力之中华地区的大元汗国为推进力，整体转向了以国际协调和经济优先为主的和平路线。如此，到了十四世纪，人与物资的东西方大交流使用了上述那个蒙古以政府资金来维持的欧亚循环路径而有所进展，出现了一个史上空前的、以蒙古为中心、欧亚及北非各地松散围绕却合而为一的局面。

至此为止，人类的历史终于具有了一个不是部分历史之间的拼贴凑合，而是形象完整的整体，即便它仍有些模糊。具体来说，世界史从这里开始清楚地走上了一条名实相符的世界史道路。

蒙古帝国和大元汗国的双重结构，然后是欧亚大交流的时代，这便是当时围绕着元代中国的大时代情境。

围绕着元代中国的两种角度

中国史上一般以"元朝"为名的这个政权，如前所述乃指"大元汗国"，其正式名称为"Dai-ön Yeqe Mongγol Ulus"，也就是在成吉思汗以来的固有国名"大蒙古国"上，再加上"大元"一词。

所谓"大元"，是取自中国经书之一《易经》中的"大哉乾元"。所谓"乾元"，意指"宇宙、万物之源"，从中可以窥见忽必烈在蒙古帝国的架构之上，将亲手实现了再统合的"中国"置于新国家构想的主轴位置的想法，其目标在于同时承继以蒙古为顶点的游牧国家传统以及历代中华王朝所累积下来的遗产，集两者而成万物"大元"之国家。这既非纯粹的蒙古国家，亦非原来的中华王朝。就这点来说，本书在此希望尽可能地避免使用"元朝"这个因袭古老中华王朝史观、离真实既远又易生误解的通称。

以上所述姑且搁下不谈，大元汗国一方面是跨国性的超大"世界联邦"宗主国之蒙古国家，另一方面又确实是暌违已久的统一的中华政权的这个两重性，毫无疑问是通观元代中国时的重点。

例如，若从历史研究的面向来思索元代中国的话，将会有两个较大的角度。一个当然是自中国史脉络来掌握的角度。因为这个角度固定在中国这个地点来追寻"时光"流动，所以能够说是一个注视历史"纵轴"的角度。如此一来，有关元代的事物，在中国史整体之中不管怎么看都容易作"奇怪""变异""特殊"等理解，而且这里被提起的话题，也容易倾向传统与断绝、持续与新奇这些对照面上。

另一个是将之作为世界史上的重要时期，或是划时代性时期加以把握的立场。如前所述，人类的历史到了十三、十四世纪的蒙古时代，首次具有了可作为一个整体来看待的性质。就历史研究而言，这是一个姑且固定了十三、十四世纪的时间跨度，环顾欧亚与北非全境的角度。近年，特别是日本所提倡的"蒙古时代"这个说法便属此类，可与"大航海时代""帝国主义时代"等世界史上的特定时代并列。或许可称之为超越了历史的共时性或是地域及文明圈框架来编织"横轴"的研究。

这两个角度，各自不同又彼此相关。人类在现实中的动态，以及他们所创造的历史，本来就是没有障壁的，这个时代更是如此，有各色人物、物资、思考、技术、文化以欧亚规模流动、往来，是一个真正没有边界的时代。这一点非常重要。

一言以蔽之，中国史与世界史是叠印在一起的。如前所述，元代是中国史上转型为"大中国"的划时代的时期，是过去那些复杂、多样的步伐或要素缤纷交融、并存的"燕麦粥状态"；另一方面，它又是名为"蒙古时代"的这个"世界史时代"的一部分（最重要的一部分），来自"中国"以外的其他世界的人或物的流入与刺激当然是不断且广泛的。诚然，受到影响或刺激的不只是"中国"，"中国"也对其他世界造成了许多影响或刺激。所谓的文化接触，本来就不是单向的，而是交互的。

换句话说，在涉及元代中国的事物之中，有不少时候是"中国"与"世界"要素的彼此纠合。当然也有些时候是只以"中国"架构便可解释的。不过，若是太过深信只有"中国"这个架构，将造成偏颇与遗漏。有一些现象乍见之下似乎可单以"中国"来解释概括，但实际上并非如此，尤其是在谈论文化或美术的时候。叫人吃惊的是，毋宁说当我们在眺望这个时代的"世界"时，中华、中亚及中东，然后是进入文艺复兴时代的欧洲，皆超乎意料地显示出了文化或美术的"共鸣现象"。此一"共鸣现象"所及之处，大至"时代的偏好"，小至每一件美术作品。

在蒙古时代，欧亚世界的交流状况的确良好，"中国"也完全不在例外。

将元代中国定位在中国史及世界史之间，是否恰当呢？有关看待元代中国之视线的兴味及难处，部分便来自于这个"之间"的定位。

"混一"的中华与世界

这里想再谈一点与围绕元代中国的时代环境相关的话题，那就是元代中国本身的视线。

只要看看记载于元代的汉文著作与记录，便可留意到这个时代的一种独特用语，那就是"混一"这个修辞。究其意，乃如字面所述是指"浑然一体"的状态。那么，"浑然一体"所指为何？那和出现于这个时代的"中国"究竟有关还是无关呢？

最一目了然的，便是地图。历史上有一幅在朝鲜王朝时代（1392—1910）早期的1402年，于朝鲜半岛以元代制成的两种"原图"为基础制成的地图。这幅地图被视作亚洲东方首次出现的"世界图"，其名为《混一疆理历代国都之图》。

当然，由于这幅地图完全是中国、朝鲜本位观点的地图，其中中华地区及朝鲜半岛被画得较为夸大，这也是无可奈何之事。地图标题中之所以有"历代国都"的字样，是因为它记载了历代中华王朝至元代为止的所有国都。可是，仔细一看，有

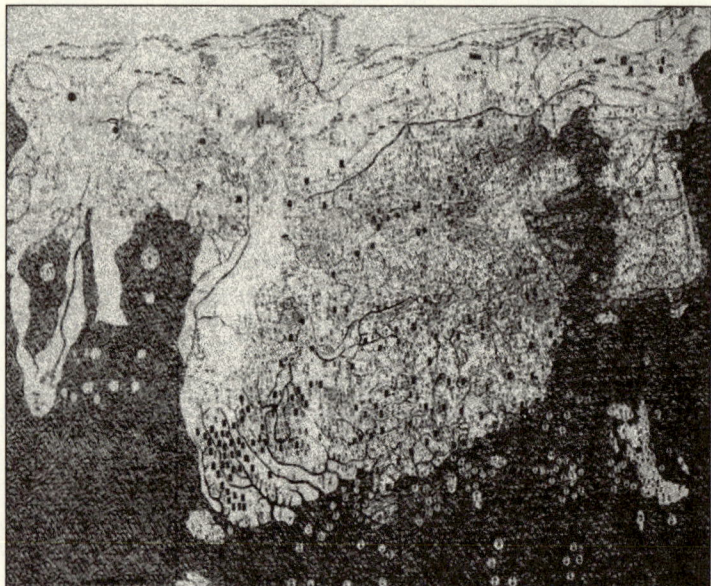

混一疆理历代国都之图

关中华地区所详细记载的所有地名，皆与元代由路、府、州、县所构成的行政区划名称相同。也就是说，我们能够说这是一幅在元代当时的"现势地图"中添加了过去王朝首都的地图。

另一方面，遍览全图便能了解，其所记载的地域范围远远超过中华及朝鲜。被画得稍小的日本列岛不用说，它北起蒙古高原、满洲，南至东南亚及印度洋，西经中亚到中东，并且似乎广及欧洲边缘。至于地图西边，突出于印度洋中，大小两座形状奇妙、看似半岛的陆块，东侧较小的是阿拉伯半岛，西边较大者则是非洲。若与现在我们熟知的地图相较，大地形状虽然颇多谬误，但至少无法否定，那东、南、西三方有海环绕的陆地形状，所指的就是欧亚大陆及非洲。

此外，地图名称的开头是"混一疆理"，意为"浑然一体的疆域"。究竟是什么"浑然一体"？首先当然是暌违三世纪半完成南北统一、再度合而为一的中华。不过，正如这幅地图的辽阔程度所示，其意涵无疑亦是包括中华与非中华地区的"混一"的。在此，所谓的"混一"与我们现在所使用的"世界"之语极为近似。造成此一状态的，当然是蒙古。

要言之，《混一疆理历代国都之图》乃是一幅一方面显示出蒙古时代扩大到欧亚规模的巨大空间，一方面又将往昔历史过程的这个时间长流浓缩于一幅图中来呈现之历史文献。而且，不可忽视地，它还有"这样的空间与时间感，在元代中国绝对非属罕见"的特征。之所以这么说，是因为与此图相关联的图案与叙述，在元代中后期出版的《事林广记》或《圣朝混一方舆胜览》等书籍中亦历历可见。总而言之，所谓的"混一"，堪称是象征着欧亚这个"世界"、名副其实地成为无边界开放空间的一个新时代语汇。并且，它在关注元代中国时，应成为重要的关键词汇之一。

附带一提，除此之外便没有这样一幅显示出蒙古时代偌大疆域的地图了吗？其实，若将目光转向欧亚西边的欧洲，便可发现一幅有名的《世界图》。那就是现藏于法国巴黎国家图书馆的《加泰罗尼亚（Catalana）地图》。它以八幅纵长的图构成，西自大西洋、不列颠岛、爱尔兰岛起，经北非、中东、印度次大陆、印度洋、东南亚，东达中国。从当时被称作"罗斯"（Rus'）的俄罗斯或黑海、里海，甚至到蒙古时代欧洲基督教世界亦有相当多的信息传播过来的广大中央欧亚内陆世界，亦描绘在内。有关东方，过去由于单纯的深信不疑，被认为是根据马可·波罗的游记所绘，然而其实并非如此，其中藏有重大的关键。《加泰罗尼亚地图》于1375年制成，即大元汗国丧失中国大陆的1368年之后的这一点，与《混一疆理历代国都之图》相似，然而在地图中信息的详细程度及地形的正确程度等点上，当然是愈到东方便愈显暧昧及粗略。

一边是以中华地区及朝鲜半岛为中心，详绘出东方地理的《混一疆理历代国都之图》，另一边是以欧洲及地中海地区为中心，仔细呈现西方地理的《加泰罗尼亚地图》。尽管其形成的情况背景各异，但在将欧亚这片巨大土地收入视野的特征上是共通的。作为东西方皆不得不意识到彼此的一个视角象征，这正是蒙古时代的产物。

图画所述说的东西交流

接下来，本节将谈论如实显示"欧亚新时代"造访东西方两世界的两个话题。

谈到伊斯兰中东地区的绘画，谁都会想起知名的泥金装饰手抄本（法文：miniature；英文：illuminated manuscript）。然而，在七世纪，伊斯兰出现之后，绘画的传统便几乎从中东消失了，那是因为伊斯兰排斥偶像崇拜所致。泥金装饰手抄本所代表的绘画，其复活实际上始自蒙古时代。蒙古经中亚来到中东地区，消灭了伊斯兰什叶派的伊斯玛仪教派王国及占据巴格达的逊尼派阿拔斯王朝这两大势力，在使伊斯兰中东历史发生激变的同时，也给人心带来了摆脱伊斯兰桎梏的效果。在泥金装饰手抄本的花朵以伊朗一带蒙古政权旭烈兀汗国为中心盛开的背景中，我们不可忽略在蒙古宫廷文化存在的同时，还有伊斯兰概念的相对化所带来的自由精神气息。

众所周知，在蒙古时代的泥金装饰手抄本中，能够看到来自中国绘画的强烈影响。始于山川草木或流动云朵的画法，遍及绘画的主题与构图各点。相关事例不胜枚举。例如作为蒙古"正史"、堪称空前"世界史"的波斯文历史书《史集》中，可以大量地看到这些泥金装饰手抄本。旭烈兀汗国的宰相拉施德·哀丁以编纂长官身份作为国家事业的一环来编制的《史集》，就某些面向来看其意旨便为"由图画来看历史"。《史集》的编纂人员中，有相当人数是"希泰"（Ḥitāy）即来自中华的学者。原本，作为重要的信息提供者而明文记载的"Bolad Chingsang"，便是大元汗国派至伊朗的蒙古高官孛罗丞相（其名的后半"Chingsang"，即为汉语的"丞相"之意）。中华氛围浓厚，或许该说是理所当然的。

其实，旭烈兀汗国的历代君主，皆自任、甚至自豪为大

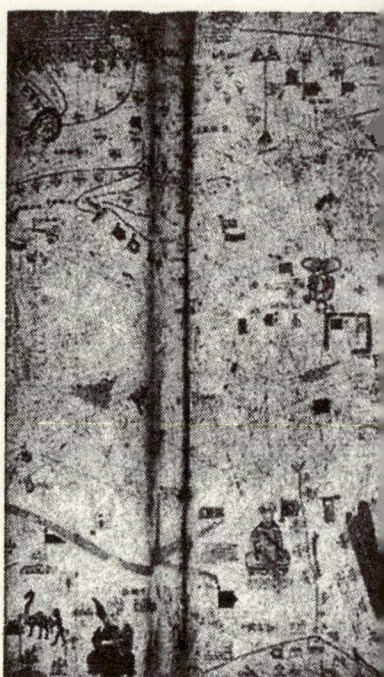

第二章　文物与文学照亮大蒙古

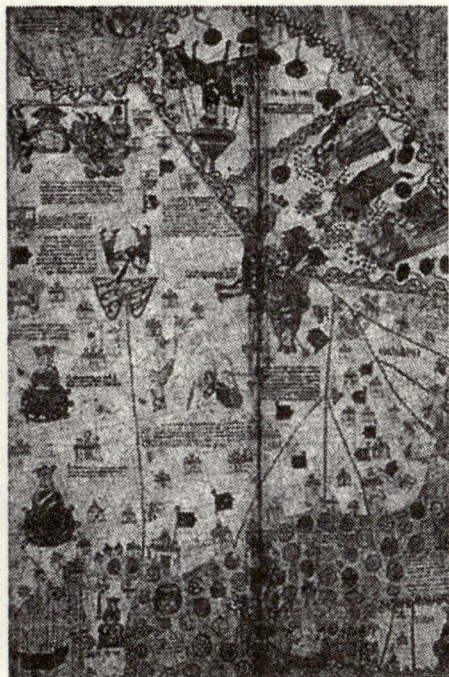

可汗的"代官"，以作为自身权力正统性的来源，并与宗主国大元汗国间有频繁的使节团往来，可以说全国或政权上下皆有交流。中华及伊朗这两个代表亚洲古老历史及文化的"文明"，到了蒙古时代开始在种种领域展现出令人瞠目的"文化接触"。长期以来，世人总未顾及其根底中存在着"蒙古世界联邦"的一体性，但这乃是俨然存在的事实。伊斯兰中东地区泥金装饰手抄本中的中国绘画意趣，或许该说不过是其中一端尔尔。

然而，再稍微深入思索"绘画"本身，那么其影响似乎就无法以从中华到伊朗的这个模式为足。元代中国的木版印刷品，即所谓元版的汉籍或书籍中便出现了"插画"这种形式。这是在北宋、南宋时期的出版物，即所谓宋版中看不到的。在敦煌发现的佛教抄本中，虽然有"含图"或"图解"者，但完全限于与佛教相关的事物。而自元代某个时期开始，在与佛教不相涉的一般出版品中，也至为理所当然地出现了"插画"。除最近研究指出的《孝经》外，我们较熟悉者，例如有名的《三国演义》的底本《全相本三国志平话》，亦是如此。顺带一提，所谓的"全相本"，指的正是在所有书页中皆含有"图画"的书籍之意。包括《全相本三国志平话》在内，虽然现存有与之同一时期、号称"全相本"的五种版本，然而它们皆刊行于十四世纪二十年代。这些含有"插画"的书籍，于元代中后期开始普遍化，到明代以后已经稀松平常了。

这一些元代汉文出版品中的"插画"，受限于木版技术的限制，不够精密和华美，即便如此，其细微的"图画"或风格，酷似同时期在中东出现的泥金装饰手抄本。在伊斯兰典籍抄本（顺带一提，伊斯兰中东一直是手写本、也就是抄本的世界）中，作为"插画"来使用泥金装饰时，同样多排印于各书页的上段部分，这点和元版的全相本也很相似。

其实，和一般认知大大不同的是，大元汗国这个政权非常热衷于出版事业。一直以来被称为"宋版"的古刊本，今后想必会慢慢判定出其中其实有相当数量是"元刊本"的事实。另一方面，西方的旭烈兀汗国方面虽非刊本而是抄本，但同样热心于书籍文化，也留下了为数众多的书籍，这成为伊斯兰中东书籍、史料的一大时代转折。若将西方的泥金装饰手抄本、东方的插画这同一时期的新现象视作偶然，那是有些轻忽了。我们不得不说，这仍是唯独蒙古时代才做得到的东西交流以及文化现象。

时代的品味

接下来，还要谈谈称为青花的瓷器。它在现代汉语中的发音为"Qing Hua"，日本则称作"染付"。正如英语称作 Blue and White 般，它是一种在白瓷质地上涂上钴蓝色彩的器物。

青花瓷器正是蒙古时代和元代中国的象征。做绀青染色是伊朗一带的习惯和偏好，而不是中华的。作为上绘颜料的钴也如此。不过，伊朗主要为陶器，瓷器则是中华的特产。到了蒙古时代，在主要由政府指定的官窑景德镇生产的这种东西方融合形成的青花瓷器，伴随着大元汗国的通商政策，经由印度洋上的通路大量送至伊斯兰中东地区，而不只限于大元汗国治下领域。那是蒙古时代"欧亚通商圈"最大的畅销商品，深蓝和白色相间的调和效果成为"时代的品味"而普及，其生产及出口甚至持续到明代以后。另一方面，伊斯兰中东则产出奥斯曼王朝伊兹尼克（İznik）陶器等"仿制品"，不久也普及到欧洲，成为荷兰的代尔夫特蓝陶（Delfts blauw）等，终于在现代世界中成为我们的日用品。此一器物的历史演变大致如此。

先前，曾有消息报道唐末的扬州遗迹因出土了可称作蒙古时代先驱的质朴、古拙的青花瓷而受世人瞩目。在白瓷上涂深蓝色的这个模式，如假包换正是一种青花瓷器。要言之，这个想法原本便存在了。唐代的扬州由于和蒙古时代的泉州一样是首屈一指的国际贸易港，所以才有人指出这应该是出口到伊斯兰中东一带的"贸易陶瓷"。恐怕正是如此。总而言之，它在唐代末期的阶段虽质尚拙劣但基本要件已大致齐备，但到了北宋、南宋时期则不见天日而凋零，到了中华与中东在陆海两方直接相连的蒙古时代才"再度出现"，并一举产业化。

这是非常容易理解的。与此同时，又叫人不禁思考究竟什么是席卷时代的"品味"或需要呢？此外需要思考的还有文化、美术和"时代"本身的关联性，甚至隐约可见的、超越了地域框架的"时代风潮""文化环境"等问题。

在观看文化或美术时，不应只是凝视个别文物或美术作品本身，应该也能够感受到超越其本身的那些东西。关于元代，正因为这是一个复合、多元的文化状态极度昂扬的时代，多角度的分析和综合更不可少。今后的新发现与新见解，值得我们大加期待。

二、与青花邂逅

在托卡比皇宫博物馆

这是偶然或是必然，连我自己都搞不清楚。

1986 年，当我巡游欧洲各地进行波斯文史料调查的时候，来到了土耳其共和国的伊斯坦布尔。我最主要的目的是直接翻阅、调查有关十三世纪到十四世纪处于世界与时代中心的蒙古帝国基本史料、以波斯文写下的世界史《史集》之中藏于托卡比皇宫（Topkapi Sarayi）博物馆图书馆的最古、最佳的古抄本。

很幸运，调查进行得非常顺利，对于《史集》以外的波斯文史书古抄本，也获得了一些新的见识，我感到些许兴奋。刚过第五天的这一天，是托卡比皇宫博物馆的休馆日，平时有大群观光客喧腾的馆内，当日不见人影。馆员不算，就访客而言，在静静伫立中庭一隅的图书馆里，只有我一个人坐在阅览桌前。

午休时，阅览科的艾哈迈德先生邀我一起用餐，为我导览了偌大的博物馆。他或许是同情我这个每天从早到晚都沉浸在翻阅阿拉伯文的古抄本并撰写笔记的工作中、也没想过要去看看托卡比那些闻名于世的收藏品的日本人也不一定。总而言之，我在那时目睹了为数众多的元、明代青花瓷。

实物的冲击

正如青花在日语中称作"染付"，英语中称作"blue and white"一般，这是一种在白瓷质地上涂上钴蓝涂料的器物。所谓青花这个汉语，所指的是以深蓝笔触所绘的图案、图样和花纹，其正确名称是青花瓷器。

托卡比宫殿博物馆里，藏有据说研究青花者必去观览的质佳量丰的青花。奥斯曼王朝的"故宫"托卡比皇宫，在1923年土耳其共和国成立后，其建筑连同收藏品便成为博物馆，包括青花在内的为数众多的中国瓷器也是奥斯曼王朝六百年间的收藏品。

托卡比青花的精美，早已为世人所知。可是，我那次原本打算专心于《史集》等波斯文史料的古抄本调查，狠下心来不去看青花。现在想想，那真是愚蠢又顽固，那时我真的以为若是心被青花夺去，便会荒废"本业"。

虽说如此，那青花的质量真是令人惊艳。能够在短暂时间内如此大量地观览元、明代最高级器物的实物，其意义和过去以来在日本国内的展览会或美术丛书中少量地看些器物，完全不同。青花不只是精美而已，排列起来更是壮观。宋代的白瓷与青瓷的确很高级，但其实很小，作为器物的尺寸规模完全不同。作为各自支撑的精神和品味也完全不同。青花的气势之壮大，很遗憾是无法透过美术丛书来传达的。总而言之，那时我已某种程度地预想在观赏托卡比青花时自己的心必定会为之掳获，所以一开始才会对自己定下愚蠢的"禁令"，但彼时我还是臣服在超出预期的强大冲击下，什么"狠下心来"之类，早就无所谓了。

很庆幸地当时我能够一个人静静地与这些收藏品面对面。我几度反复地贴近注视一件又一件的藏品，种种影像浮上脑海，激烈地摆荡。

"实物"的确是雄辩的。虽然有些害羞，但自我决意要成为纯正的历史学徒以来，便顽固地深信要谈文献史料便要看原来的"原典"，若是遗迹、战场和古迹，则要尽可能地到"现场"去。果然连"器物"或"文物"，也必须要看"真货"才行。我再一次确认了这个理所当然的观念。

青花出现于蒙古时代。或者说，其生产至少是在蒙古时代的中国南方以景德镇为中心正式展开，并在蒙古政权庇护下一举产业化的。有相当数量的青花主要经由海路出口到东南亚、印度次大陆、伊斯兰中东等地。它不仅是欧亚东西方因蒙古帝国而广泛联结的历史见证者，青花出口到西方的这个潮流到了明代也一直继承下来。托卡比的青花，是元代、明代连接欧亚东西海上贸易的结果，甚至应该是其中最杰出的昂贵商品。

观赏托卡比的青花、思索各种历史问题后，我又不可思议地在所至之处和各种与青花相关的事物相遇。原本我打算在翌日于图书馆重新开始作业，查阅蒙古时代到帖木儿时代的画目。当我翻阅着艾哈迈德先生自图书馆深处取来的大型绘画集时，不禁发出感叹声——在被认为是蒙古时代产物的泥金装饰手抄本中，竟绘有青花。

接着，那是发生在离开伊斯坦布尔后远赴法国巴黎国家图书馆时发生的事。在馆内的东洋抄本部中，藏有通称为巴黎本并附有精美泥金装饰的《史集》，在我阅览调查时，数个地方可见青花登场，而且，那竟然尽是对蒙古政权来说具有重大意义的宴会场面。

联结伊朗与中国的蒙古

其后，在几度停留海外调查以波斯文、汉文为主的蒙古时代相关东西方文献之余，说顺道也有些奇怪，总之是获得了许多直接观赏收藏于世界各地的青花瓷器和蒙古时代前后的伊朗陶器及彩色瓷砖等实物，实际接触相关绘画及泥金装饰手抄本的机会。结果，我脑海里浮现了一个与青花有关的想法。其经纬我已在『大モンゴルの時代』（中央公论社，世界の歴史9）一书中谈过。有关青花的问题或谜团，五花八门。可是，其中最重要的提问是，它为何发生在蒙古时代？如此大量的青花瓷器又为何在西方受到了欢迎？并且在白色质地上涂上蓝料的这个想法与品味，究竟是从何而来？等等。

条件之一就是中华。中华有瓷器。宋代的白瓷、青瓷、青白瓷等极其兴盛，不过，几乎没有在瓷器上画图案的传统、习惯、嗜好及需要。到了蒙古时代，青花瓷器一举产业化。当时，作为青料的钴蓝是来自伊朗等中东伊斯兰世界的进口物品。

第二个条件是伊朗。伊朗有制造陶器的悠长传统，却无制造瓷器的能力，因为没有高岭土这样的土壤；但另一方面，在器物上绘上彩图却是自古以来便有的。蓝、青、绿等以蓝、绿色系染料为主的彩图品味，很明显是存在的。我们也能够确认其时存在着与青花瓷器极为类似的青花陶器。而且伊斯兰中东世界自蒙古时代开始以前，就对中国瓷器有很强烈的爱好，特别是青瓷或青白瓷，这些瓷器有庞大的数量由中华区域经海上通路输出到西方。

串联这两项条件的，就是同时控制了中华区域和伊朗的名副其实的世界帝国蒙古。伊朗有钴蓝和彩绘技法，中国有高超的瓷器生产技术，蒙古令两者合而为一。深蓝与白的调和色彩，是蒙古自身的品味，青花就这样地成为权力与财富的象征而在欧亚普及。这毫无疑问地融合了东西方的精华。

三、《元朝秘史》的世界——牧民的心灵历史

历史与文学之间？

历史与文学之间的区别，是否本来就存在呢？很遗憾，笔者并未深入了解。笔者同样不明了，尤其是关于原来与过去某些事物相关而又记载于文字或口传之事物，究竟是否能够被明确地界定为历史（书）抑或文学（作品）？总之，我常以为这端赖使用者的立场或方法，属于个人判断的范畴。

虽说如此，《元朝秘史》每每是一容易作"历史与文学"问题设定的作品。实际上，回顾世界各国拥有九十年历史的《元朝秘史》的研究脚步，主要的争论点不妨说就是在于它"究竟是历史还是文学"。此外，作为一个浅显的事例，过去小说家井上靖和大冈升平之间曾经展开过一场可视作历史小说争论的交锋。然而，当事人井上靖的代表作之一《苍狼》，无论其素材或是发想，无可否认地皆赖于《元朝秘史》本身自始就带有很多浓烈的"历史与文学之间"性质的暧昧部分。不只如此，从小说的题目来看，它很明显地是取自《元朝秘史》开头有名的字句"奉上天之命而生的苍狼"。

"苍狼"的形象

附带一提，一说到蒙古及成吉思汗，便容易联想到"苍狼"。不用说，那是来自日本《元朝秘史》研究的开山祖那珂通世的不朽名译《成吉思汗实录》（『成吉思汗実録』，大日本图书，1907），但对于大多数人而言，与其说要通过那珂译本，不如说会直接联想到井上靖那自古典优美之日文译文获得灵感的小说。顺便说一下，"苍狼"，蒙古语的原辞音读为"孛儿帖赤那"，仔细咀嚼该语意涵，应译作"灰白色的狼"，这个译法虽然可以表明某种学术研究上的严密性，却有损印象的美感。而且，其实在汉字音写所标示的蒙古语原文旁侧，皆附带有汉语之译（称作"旁译"），显示为"苍色（孛儿帖）"、"狼（赤那）"。"苍狼"这个带有浪漫情怀的译语，并非那珂通世的"独创"，《元朝秘史》原本就是如此。

即便如此，通篇带有"文学气息"的，不只是《元朝秘史》本身，这从那珂译本上亦可感受得到。这一点恐怕就是触发井上靖之处。若是如此，那么在《秘史》原文、那珂译文、井上小说这三个阶段皆可确认到所谓"文学性"上的同时，也可知这三者是连贯相迭的，而小说《苍狼》的读者，便是在不知不觉中将其整合之后，来感受、体会的吧？

围绕着《元朝秘史》的谜团

那么，若将《元朝秘史》这部著作的轮廓作事典项目般的描述，其内容恐怕如下：著者不明；故事始自蒙古祖先神话，叙述到名唤铁木真的成吉思汗在几多苦难之后，统合了据有现在的蒙古高原的突厥·蒙古系游牧民们，建立"大蒙古国"为止，正集共十卷。其次，数度对外远征，建构了世界帝国基础的成吉思汗逝世，至第二代窝阔台治世，搁笔于"鼠年"的续集有两卷。一般而言合计十二卷，唯内容相同卷号不同者有十五卷本。其内文既如所述，是除了以汉字音转写的蒙古语原文和直译体汉语的逐语译本外，还有全数分为二百八十二节、按节以吏牍体汉语来记载其大意的"总译"，全书总共由三个部分构成。

若要谈论最低限、最基本，谁也不会提出异议，只讲述确实部分之内容的话，便如上述。不过，若是从这里再稍稍踏出一步，就不容易了。例如，光是有关被认为是成书时间的"鼠年"，便有1228年、1240年、1252年，甚至还有隔得更远的1324年等各种说法。那不单只是年份的问题，由于那分别关系到对《秘史》内容的理解或蒙古帝国史的展开进程，所以很棘手。

此外，原题为《蒙古秘密之书》的这部书（《元朝秘史》的这个书名，可说是一个汉译名称。由于当我们眼见此书时已是明代，所以才会称作"元朝"。）其蒙古语原文，究竟原本是用维吾尔文字式的蒙古文来记载的，抑或是以 1269 年在第五代蒙古皇帝忽必烈令下制订的八思巴文字来记载的呢？亦无定论。还有，是什么时候，而且为何是以现行汉字来标记的？尽管如此，其使用的语言仍是蒙汉双语，但为何又是以原文、旁译、总译这三个令人感到不可思议的部分来构成的呢？诸如此类，几乎每一个字句都有的大大小小的各种疑问、谜团和问题点堆积如山。世间所说的"元朝秘史学"研究领域，之所以在世界各国皆受相当重视，的确是有其理由的。

蒙古人的心之所系

然而，即使有种种疑问，不容置疑的"元朝秘史世界"，却连绵不断地传承着。那是流着豪迈的游牧民们的血与汗，激动与兴奋交互振荡的世界。同时还应该说，这不单是促成蒙古帝国出现的"第一世代"牧民们自身所谈的世界，还应说它是映在第二、第三世代及其后蒙古人们心里的世界，才更恰当。

在《秘史》的重要之处，频繁出现使用头韵的优美诗句和行文。正因如此，它才会被指欠缺历史性或是文学性过高云云。这点非常重要。要言之这原本是用来朗诵和吟咏的，并不限于如今日我们所作的、为了通过目视文字来求理解才"阅读"的文本。

在十三、十四世纪的蒙古时代，成为世界与时代"主人公"

的蒙古人们，倾听着有关草创国家的英主成吉思汗及其功臣们功勋的故事，不时亲自朗诵讴歌他们。通过这个行为，他们得以了解、确认自身直接的父祖"成吉思汗"是如何肇建"大蒙古国"的，以及自己现有的荣耀与富贵又是如何被建立起来的。

这些以优美口吻，或许是交织着美妙声调来谈述的一切便是一切，至于是否为真正的历史事实，则另当别论。不过，对于自成吉思汗创业以来已经相隔相当岁月的蒙古人来说，那便是真实了。至少，他们将之意识为真实。《元朝秘史》虽说是成书于同时代的文献，但就精确的意义来讲并非完全同一时期。可以说一些意识化的历史图像，被当作了美丽的修饰而传诵传承。

这部史书是否自始便以书籍形式存在，无法确定。不过，不得不说《元朝秘史》的原型，或是作为其基础的某种口说文本，至迟在十四世纪初便有了书籍形态。这是因为，在伊朗、中东一带立国的蒙古政权旭烈兀汗国中，完成于 1310 年、既是波斯文所写的蒙古帝国史也是世界史的史书《史集》中，随处可见不少与《元朝秘史》相同的话语字句，而且书中也明言这是蒙古帝室共通的《金柜秘册》。

《元朝秘史》中所传诵的，其实是广布于欧亚各地之蒙古人们的共有物。这一点非常重要。这是从内部支撑蒙古这个跨国性超大世界帝国的"心之所系"。或许这部史书从一开始便是在这个目的下形成的，其后在依样继承蒙古时代样貌的明代初期，人们由于看到在中华一带以汉字转写的版本，便称之为历史书或文学作品。甚至，亦可从学术性的观点，将之视作历史学、民族学、人类学、蒙古语学、中国语学等学问的珍贵资料。不用说，若从比较宏大的角度来看，只能说那皆是从后世的方便考虑所作的无聊区别。我们只要以坦率的心情，感受照映在牧民们内心里的世界即可。

第三章

超越时空的成吉思汗

···

"成吉思汗" 蕴含的王权形象

亚洲内陆，或者说较之大了一圈或两圈以上的中央欧亚，大致上是一个较为干燥的世界。草原和绿洲、山岳与沙漠交织而成的巨大空间，自古以来便是游牧民及绿洲民谋生的世界，也因此孕育出其他地区所看不到的独特文化、民族、价值观、世界观、宇宙观。诸如以"萨满教"为最大特征的宗教世界，以及以口传为主要媒介的神话、传说、歌谣、祝词、赞歌、俗谚、民间故事、英雄叙事诗等丰富的传承世界，都称得上是在分布于欧亚内侧的巨大跨域生活圈中长期形成的文化传统。

若是综观人类史上各式国家或权力的形态，并以比较观点从多元角度思考"王权"这个以现代日语来定义、概括的概念，我们便能留意到，在欧亚中央地带形成的"王权"，相较于日本或欧洲历史社会中的王权，有着极为显著的不同。作为重构或全面理解人类史时不可缺欠的历史经验，我们必须在不受过去"文明论"式偏见及成见干扰的前提下，直接将中央欧亚"王权"这个过去未必已作充分且适切分析、把握的独特概念及结构，当作详加分析的对象。

有鉴于此，本章尝试探索成吉思汗及其血胤所具有之权威性、神圣性、超越性及权力理念的部分方面，以作为一个在中央欧亚、欧亚全境，甚至是世界历史中皆属突出的"王权"事例。"成吉思汗"这个被理解为超越时空的"王权"概念的原点、渊源、象征的形象塑造过程，是其中的关键。"成吉思汗"蕴含的"王权"理念，于十三、十四世纪蒙古时代远去后，依旧在内陆亚洲，乃至于中央欧亚的居民心中存续不坠。那既是过去的历史现象，也是推动现在与未来的"政治要素"。就这层意义而言，"成吉思汗"堪称为超越时空的"王权"形象。

此外，坦白说来，世间对于"王权"这个日语词汇（必须注意到，这不是一个汉语词汇。若是汉语，便须将之作为在至高的"皇帝"底下体系化的一个阶序，也就是"王"来考虑。并且，就结果而言，它与以欧洲神圣罗马皇帝或罗马教皇的存在为前提的"王权"论有相似之处。总而言之，汉语和日语"王权"间的词意指涉，有相当大的差别）所含有的意义及内容，至少在目前还尚未形成一个明确且充分的理解。这点必须再次强调。

附带一提，若要针对"王权"做些许整理，我们或许能够非常单纯地说，这是一个直译英语 right of king 或德语 königtum 等词汇（"王的权利"或"王的权力"），实际上涵盖各种支配者、君主等"王"者保有权力的状态，或是其地位、存在、制度，甚至是予以支撑的组织、机构，或者统治形态的概念。然而，若与欧洲中世、近世以本身文明史脉络来定义的"王权"，以及近年日本史中引人注目的"王权"一词所呈现的概念内容相较，可知彼此间即便词汇相同，也是似是而非的。

至于"王"这个词汇里头，是否包含了原义应超越其上的imperator（罗马皇帝），以及由彼衍生而来的empereur乃至于emperor等，或同样是源于罗马Caesar（恺撒）的kaiser或цар（沙皇）等类的词汇，甚至是中华文明中的皇帝、中央欧亚中的qaɣan或qa'an（可汗）等一系列在现代日语中可译作"皇帝"或"帝""帝王"的概念、伊斯兰世界中的khalīfa（哈里发）及伊朗语圈中的pād(i)shāh（帕迪沙）等问题，自然是值得讨论的（依我管见，原义指涉地上唯一主宰者、权力者的"皇帝"或"帝"等一系列用语、概念本身，本来便值得探讨，虽说"帝权"应被当作与"王权"不同的单独的问题，但我也认为将"皇帝""帝""帝权"等放在"王"乃至于"王权"中来进行一般化概括，或作为探讨的一个阶段，回到人类史上君主制这个共通的基础性问题中来讨论，也都有相当程度的意义）。

　　此外，"王权"也好，"帝权"也好，我们能够把涉及权力、权威的政治性个体或是机构、形态，除了其核心"王"者外，连王室、王族、宫廷，甚至是超越世代的子子孙孙及持续的王统、家系、血脉等"人"的要素也包括在内，归纳进"王权"一词中吗？总而言之，我们不得不说这是一个极为暧昧模糊的概念。

　　不过，若要汲取出人类文明中"王权"的多种形态，说不定将这轮廓不定但具延展性的概念整体总称为"王权"，反而是较有帮助的。至少，本章拟以这般意涵来使用"王权"一词。

一、成吉思汗家族持续至十七世纪的权威

世界帝国"蒙古"的"印记"

公元十三世纪初，蒙古这支称不上强有力的部族集团，整合了盘踞在后来被称作蒙古高原这一区域中的突厥·蒙古系游牧民群体，组成了一个新兴国家。这个国家名为"Yeqe Mongγul Ulus"，意为"大蒙古国"。这小小的一步，是改变时代与世界的第一步。

"蒙古"这一成分庞杂的游牧民新群体，也是一支极其精强、富有实战经验的骑马战士群。他们在自称"成吉思汗"的领导者即铁木真的带领下，在 1211 年以后，以原有的高原地盘为起点，陆续对外展开征伐。蒙古这股旋风，席卷了欧亚的东西南北，持续了将近半个世纪，接着又往海上飙去。如此，他们形成了人类史上最巨大的帝国，若加上未直接领有的地区，可以说是缓缓地将欧亚及北非整合在一起了。"蒙古时代"这个时代史概念，立基于足以称作"世界"的这个空间能够被超越于区域史、作为一个整体来观照的事实上。

于是，蒙古这个十三、十四世纪直接领有大半欧亚的跨域型世界帝国，给人类历史带来了一个划时代的转折。以成吉

思汗为始祖的血胤，以帝室、王族之姿，在东起日本海，西至多瑙河口、安纳托利亚高原及东地中海沿岸的各地分治，统治时期长短虽因地域而各有所不同，但整体而言仍在两个世纪左右，它作为欧亚共同的支配阶级，曾长期支配着这个世界。蒙古的跨域型支配，以及由此产生的统治体系，蒙古语称作"黄金一族"的帝王、君王、王侯们的权力与权威，以及随之逐渐形成的对于成吉思汗血脉的尊崇之念，如此等等，蒙古支配的岁月，在欧亚各地刻印了强烈的权力印象及记忆。

其中，尤其是在亚洲内陆或中央欧亚内部，从蒙古时代以后便拥有帝王或王者地位者，皆以某种形式，向蒙古帝国及其创始者成吉思汗寻求权力、权威、支配与统治的正统性或渊源。我们能够说，这种"若不为之，自身'王权'便无法支撑"的政治传统或意识、观念，已经深深植根于各个地域社会。

不称"汗"的帖木儿朝

帖木儿朝便是一个知名事例。就连帖木儿（Tīmūr 或 Taymūr）这位十四世纪后半叶在蒙古世界帝国内部中亚的察合台汗国逐渐失去凝聚力的过程中，以帕米尔以西的西土耳其斯坦为中心扩张自己的势力圈，实现了实质上不妨称作"帖木儿帝国"版图的君主，也从未自称过"可汗"或"汗"。

在蒙古支配时代中，正式来讲只有"可汗"是全蒙古的帝王（忽必烈以后指的是大元汗国历代皇帝），"汗"所指的单单只有西北欧亚的术赤汗国、中亚的察合台汗国以及伊朗中东一带的旭烈兀汗国的历代君主而已。

帖木儿个人虽在语言生活方面皆已突厥化，但他原出身自属于蒙古支配阶级的巴鲁剌思部（Barlas）这一有力的部族集团。在如后所述的蒙古族祖传承中，有关帖木儿出身的巴鲁剌思部，成吉思汗五代以前的高祖父敦必乃（或作屯必乃薛禅）被认为是双方的共祖，而且实际上在成吉思汗称霸的过程中，也有哈剌察儿这位功臣出现，并且在成吉思汗新体制下扮演了重要角色。此外，就以巴鲁剌思部的嫡系部族长家系被指名为分派给成吉思汗次子察合台的四个千人队（波斯语称 hazara，蒙古语为 mingγan）之首的情况而言，他们在十四世纪初已呈现半独立形态的察合台汗国中，堪称是最有名的家系。

总而言之，帖木儿是货真价实的蒙古贵族子孙，他以察合台汗国西半部为自己事实上的根据地，展开了北起哈萨克草原，西达安纳托利亚，南至印度斯坦（Hindustān）平原的大规模军事活动。帖木儿奉成吉思汗所定的"约孙（军律）"，有重大国事便召开库力台（大集会）来协商、决定，并在各个层面上皆承袭了蒙古帝国的体系，而不限于军事与政治。我们能够说，帖木儿朝这个"王权"的基本架构，在硬件层面上和蒙古帝国同属一系。他之所以未自称为"汗"，并不完全由于他没有继承成吉思汗家系的血脉所致。

那么，帖木儿的做法又是如何呢？他是立相当于成吉思汗后裔的蒙古王子锁咬儿哈的迷失（Suyurghatmish）这个人为名义上的汗，而自身仍娶继承成吉思汗王族中直接主君"察合台家"血统的萨莱·穆尔克·哈努姆（Saray Mulk Khanum）公主为后，自称是成吉思汗家的"库列根"（突厥语作 kürägän，蒙古语为 kürgen），即"女婿"，并自名为"埃米尔·库列根"（Amīr Kürägän）。阿拉伯语、波斯语中的埃米尔（Amīr）意指"长官"，特别有军事领导者"将军"之意，也就是说他自称为"女婿将军"。

帖木儿朝自行以波斯文编纂的系谱《显贵世系》（*Mu'izz al-Ansāb*），很清楚地以图谱展示了这样的关系。根据该图，锁咬儿哈的迷失继承了成吉思汗的三男并成为第二代大可汗的窝阔台血胤，但仅为其旁支中的旁支。不过，其父答失蛮察（Danishmendji）早就被比帖木儿更早成为西土耳其斯坦实权者的埃米尔·加兹罕（Amir Qazaghan）推戴为"察合台汗国汗"，在锁咬儿哈的迷失的时代已经等于是连着两代皆为傀儡了（对实权者来说，将非属察合台汗国"正统"的窝阔台系作为傀儡，不如说是正合其意）。

也就是说，帖木儿仿照加兹罕故智，在傀儡汗的名义下，在政治上完全止于"老二"地位，同时又采取作为成吉思汗家"女婿"的形式，攀附到成吉思汗一族的"血脉"中。也就是说他既为实权者，在名义上又甘居成吉思汗家的辅佐角色。其时，蒙古帝国整体既已进入崩析阶段，往昔的压倒性政治力、军事性影响力正急速地衰退。不过，蒙古帝国及成吉思汗家的权威则并未如此，若没有成吉思汗家族的"血脉"，仍然不具有成为"王者"的资格。

若是推举成吉思汗家族，那么在其权威下，便能够较轻易地整合原来阶序较帖木儿为高的诸位王侯，或是同等地位的部族长及地方势力，而且在向周边区域进攻作战之际，也可以打出振兴成吉思汗家族的大义名分。最后，蒙古帝国以来散居于中央欧亚各地的游牧民们，也皆在帖木儿麾下，支持其进军、统治及支配。

初代帖木儿所实行的这种方式，基本上为其后的帖木儿朝君主们继承下来。傀儡汗的角色，在锁咬儿哈的迷失殁后，则为其子素檀·马合木（Sultan Mahmud）所继承。帖木儿的后继者们，一方面强调自身的成吉思汗血统，一方面又从母方获得成吉思汗家的"血脉"（除察合台系及窝阔台系以外，也有术赤系），从夫人那里获得若以中国式称呼则为"驸马"的名分。这样一种形式，令人想起蒙古帝国时代，以拥有相当程度的固有领地、领民、军事力、经济力，与蒙古帝室完全一体化享得荣华富贵而著称的弘吉剌（Onggirad）、亦乞烈（Ikires）、汪古（Öngüd）等"驸马王室"或"驸马王国"（顺带一提，忽必烈登场以后的高丽国及其王室，亦属此类）。

此外，作为帖木儿朝自行将本身的"王权"根据攀附于成吉思汗及其血胤，把自己与蒙古"王权"以双重形象来处理的确凿证据，以下拟举前述的《显贵世系》来说明。该文献采取前半为成吉思汗家、后半为帖木儿家这一两部结构之系谱形式的意义所在，实在可以一目了然。帖木儿朝这个"王权"，不仅在现实国家体系上，同时在"王"的权威、神圣性，甚至是支配、统治正当性的根据、理由上，皆能够说是近于与蒙古帝国及成吉思汗家结合的一种"双重王权"。

值得注意的还有，有关这部独一无二的系谱，除收藏于巴黎法国国家图书馆东洋抄本部、近似帖木儿帝国时代正本的出色抄本之外，还有成书于莫卧儿帝国治下之印度的三种抄本。众所周知，帖木儿朝最后的君主巴布尔（Bâbur）所建立的莫卧儿王朝，可称作第二帖木儿朝。这部系谱在彼地持续被书写、捍卫，以及系谱本身中随处可见的，恐怕是为了反映莫卧儿帝国治下的政治因素、权力关系而追加、改订、删除的诸项事实，遂具有了不容轻忽的意义。也就是说，即便在莫卧儿王朝时代，对于蒙古帝国与成吉思汗血统的尊重与顾虑也未消失。

俄罗斯王室与蒙古的"血脉"提携

以下，本节拟举出俄罗斯作为另一个与蒙古"王权"联动的事例。

众所周知，蒙古在 1237 年以拔都为主将展开侵略以后，不仅将总称为"钦察草原"、现为哈萨克草原及俄罗斯草原上的突厥系游牧民作为"蒙古"来加以组织，亦将当时称作"罗斯"的俄罗斯、乌克兰地区置于间接支配之下。蒙古在俄罗斯一带的统治，长期以来都在"鞑靼的桎梏"这样刻板的形容下，被认为是持续压迫俄罗斯社会的一种典型的"蒙古苛政"，但近年的许多研究则明确指出，这种说法有许多成分是俄罗斯及后继者为向民众灌输而捏造、渲染出来的。

就客观的事实而论，在此之前处于各公国分立、抗争状态的罗斯之地，正是借由编入蒙古世界帝国架构才获得相当程度的安定，得以摸索着踏上"文明化"的道路。这样一种新的理解也开始被认为是不容否定的并逐渐受到接纳。

由术赤汗国所主导的、包含俄罗斯在内的西北欧亚统括性支配，虽然极为松散，但却持续了将近一个半世纪，才由于帖木儿入侵，特别是从位于伏尔加河下游的政治中心城市别儿哥萨莱（Berke Sarai）遭到破坏起，向心力逐渐削弱，使得过去在术赤汗国整体右翼作为核心政治权力的青帐汗国之地，出现了喀山、阿斯特拉罕、克里米亚等"汗国"的分立。相反，莫斯科则通过代理蒙古方面的征税业务而自罗斯各国中崛起，而根据过去俄罗斯方面的叙述，俄罗斯是到了伊凡三世时才从蒙古支配中解放出来的。

1462 年成为莫斯科大公的伊凡三世，在合并了诺夫哥罗德或特维尔等周边各公国的同时，又与拜占庭帝国最后的皇帝君士坦丁十一世的侄女索菲娅再婚，并作为拜占庭帝国的罗马帝国后继者，采取了拥护希腊正教的立场。虽说他的确是一位强势君主，却仍无法不承认蒙古的"宗主权"。

至今为止，我们动辄便以"俄罗斯对蒙古"这样一种对立的格局来看待那时的双方关系。然而实际的状况是，蒙古与罗斯可说是在各自分立、均衡中，整体上又形成的一个缓和松散的体系，时势的推移相当缓慢。莫斯科的崛起其实也不过就是缓慢的转变。这种状态，又持续了一个半世纪，直到十六世纪中期。

在此想特别一提的，是被认为一举扭转这局面、建立了所谓俄罗斯帝国的伊凡四世。他1533年成为大公，1552年及1556年合并喀山及阿斯特拉罕两汗国，确立了对蒙古的优势地位，但其实他本身也与蒙古有很深的关联。

他的母亲是过去术赤汗国权势者马麦（Mamai）的直系后人，而且，第二任妻子玛丽亚·帖木留歌芙娜（Maria Temryukovna）也是术赤家王族的血脉。蒙古与俄罗斯王室之间的关系令人联想起帖木儿朝的"血脉"提携。更该特别加以注意的是下面这个著名事件。

1574年，伊凡四世突然走下沙皇宝座，将帝位让与西美昂·贝克布拉托维奇（Simeon Bekbulatovich）。伊凡四世虽然在翌年复位，但关于他的这个奇妙行动，却有各种解释。

这里出现的西美昂·贝克布拉托维奇，指的是术赤家的嫡裔萨因·布拉特（Sain-Bulat）。他在1573年改信基督教，改名为西美昂。当时的俄罗斯，依然存在着对成吉思汗家权威及

"血脉"的尊崇。伊凡四世便是以西美昂作为名义上的沙皇而在其权威下施展实权者的身手。

这正是帖木儿的做法。西美昂在翌年退位后，本身还保持了极大的影响力及权威。1584年伊凡四世殁后，担忧西美昂复辟的势力强迫他隐退，甚至使他失明。也就是说，他确实拥有复辟的权威。

成吉思汗家在俄罗斯一带的权威仍旧存续着。相当多的伺候莫斯科大贵族的人，是继承蒙古王室的"血脉"者，而且以克里米亚为根据地的克里米亚汗国，也保持了与俄罗斯帝国对抗的能力。俄罗斯要从正面君临黑海，还需等到女皇叶卡捷琳娜于法国大革命将至的1783年合并克里米亚以后。

大元帝国的"后继者"大清帝国

蒙古帝国在初代成吉思汗之孙——忽必烈，与胞弟阿里不哥长达五年的帝位继承争夺战后，凭借实力成为第五代大可汗（此外，由阿里不哥曾一度正式继任第五代大可汗，其后遭叛乱者忽必烈篡位的史实来看，亦可将忽必烈视作第六代。不过，在当时蒙古帝国以波斯文、汉文所编纂的官方文献中，当然以忽必烈为第五代）。此后，以忽必烈血胤的大元汗国作为宗主国，与其他各个拥有帝国规模的同族汗国松散地结合成了"世界联邦"的状态。也就是说，以忽必烈时代为界，蒙古帝国可分为前后两个阶段。

大元汗国在唐朝覆亡三百七十年后，或是唐朝的统一政权实质上衰败的五个世纪后，再度整合了中华地区，甚至向海上发展，成为"海陆大帝国"，形成了在海洋及陆地循环于欧亚的大交流圈。众所周知，忽必烈家族的帝系在 1368 年失去了中华地区，接着在与明朝长达二十年的对峙后，因 1388 年忽必烈家族帝系妥欢贴睦尔（Togon-temür）皇帝的逝去而走向终结。其后，若以大局来看，我们可以指出自蒙古帝国以来，以游牧民为主体的各股势力虽在以蒙古高原为中心，东起辽宁平原，西至哈萨克草原的内陆亚洲世界中分分合合，然而在各股势力之中，拥有成吉思汗家血统者仍为"王者"，并且，大中小势力纵使彼此分立、对抗，整体而言仍然维持了自身属于"大蒙古汗国"的意识。

　　特别值得一书的是，以蒙古高原为中心的势力完全将自身视为"大元汗国"，有盟主地位的人物则以"大元可汗"（Dai Ön qaǧan）为称号。譬如，十五世纪中叶时，瓦剌的首领也先杀害成吉思汗家"嫡系"血统的鞑靼部的脱脱不花，为时极短地建立起统括大半内陆亚洲世界的跨域型政权时，他在汉文史料的记载中也自称"大元天圣大可汗"，即"大元可汗"。

　　尽管如此，也先不久便遭杀害，这正说明了"王者"非得是继承了成吉思汗家族"血脉"者不可的这个观念，仍牢牢存在。回顾历史，蒙古帝国时代原为"森林之民"的瓦剌部族，本来便是少数有势力的复合集团；不过，那也仍然仅止于几支部族长家个别地与蒙古帝室通婚而具"驸马"身份的这个形式。要言之，就算是也先这样的实权者，仍然无法取代成吉思汗家的"王权"。

这里头仍有与上述帖木儿朝共通的部分。也先政权与帖木儿朝原本便是处于同一时期，两者关系究竟如何？对于当时同样拥戴（不同的）成吉思汗家"血脉"的也先，但其后却将之舍弃，甚至或许是因为如此才造成也先本身的败死，导致编织"瓦剌帝国"的美梦化为泡影的一连串过程，帖木儿朝又是怎么看的呢？这的确耐人寻味。不过，两者之间当然还有以天山一带为主要根据地的莫卧儿斯坦王国，拥戴着察合台系的成吉思汗后裔，其与帖木儿朝历代均关系匪浅。

不只是也先，以蒙古高原一带为据点的势力，以及相对于此据有天山一带的莫卧儿斯坦和坐拥河中地区（Mā-warā' an-Nahr）一带的帖木儿朝间的关系，由于恰好处于东边汉文、蒙古文史料与西边波斯文、突厥文史料的夹缝间，两者间相涉的具体情况，或是历史的整体图像，仍然极难描绘。当然，片段的事实另当别论。蒙古高原的成吉思汗后裔及天山、西土耳其斯坦个别的成吉思汗家族"血脉"间，究竟是否存在上下阶序之分，实难有确切答案。甚至，有关与哈萨克草原以西之术赤汗国系成吉思汗后裔的定位，也不得不遗憾地说仍有不够清晰明朗之处。

综上所述，我们能够说在蒙古时代过去后，自十五世纪起到十七世纪初为止，在东起满洲西到俄罗斯的广大区域中，成吉思汗家的权威几乎是持续存在的。同时也可以注意到，号称要再度振兴成吉思汗家荣光的实权者，乃是将之作为自身权力、正统性的根据，或是作为傀儡使其继续发挥作用。然而，在蒙古高原及其周边，所谓"大元可汗"在也先没落后完成了"中兴"，成吉思汗家的"王权"也再度复苏。随后，他们作为在内外蒙古展开的绝大多数游牧集团的"王统"，各自走向了实体化的道路。

在这一形势之下，十七世纪前半叶发生了更大的变化。在满洲地区，以努尔哈赤为盟主的女真族联盟"满洲国"（Manju gurun，汉文史料或称后金汗国）崛起，在第二代的皇太极时，他们与自蒙古帝国以来便盘踞于兴安岭南部一带的古老势力科尔沁部结成政治结盟，抓住了由女真族政权迈向满蒙联合政权的大好机会。科尔沁部以成吉思汗之弟拙赤合撒儿（Jo'chi Qasar）为知名祖先，而先前建立了忽必烈政权的东方三王室则是其实质上的前身。与科尔沁合作的皇太极，也就这么吸收了内蒙古的各股蒙古势力。

此时，皇太极还从被视为大元可汗以来的正统王室，即察哈尔部有名的林丹汗之子额哲手上获得了大元汗国传下来的传国之玺，以作为臣属的表示。这是发生在 1636 年的事。这起史上有名的事件，被理解成一个遍及大元帝国曾保有的亚洲内陆与中国全境的支配者名分由新兴满洲国继承的象征。根据将此一历史转折点大书特书的清朝文献，可知该玉玺上刻有"制诰之宝"的字样。

虽说如此，若严格检查史料，则蒙古时代大元汗国所拥有的传国之玺上所刻的，应该是"受命于天，既寿永昌"八字。有关于此，陶宗仪《南村辍耕录》第二六卷中的"传国之玺"项下有详细记载。根据该记载，至元三十一年（1294）忽必烈辞世，在后继者未定的不安时期中，以秦朝以后的籀文铭刻的传国之玺，仿佛像是在安排其孙成宗铁穆耳即位般，自地底出现，并被献给铁穆耳。关于献给皇太极的"制诰之宝"，在大元汗国皇帝所使用的几种玉玺中有相符之物，而且以此落款的书画经清朝王室收藏而传至今日，若要加以伪造，应该有能够做出极度逼真之物的本事。

然而，传国之玺本身的真伪当然不是考察该事件的重点。该事件的重点是：作为展演"成吉思汗嫡系之臣属"这一极具象征意义的政治事件的道具，传国之玺这个自古以来便有的惯用手法也被使用了。大元汗国的"王权"和政治传统，被转让给了皇太极。至少，当时的人们是这么认知的。皇太极为此感到喜悦，在根据地沈阳举办的蒙古王侯的大会议，也就是库力台上，他得到了蒙古语称作"博格达·薛禅·可汗"（神圣贤明的可汗，汉译为"神武英明皇帝"）的尊号，将自己创建的新帝国命名为"Daicing gurun"，即"大清国"。也就是说，宣告大清帝国成为大元帝国的"后继者"。

其后，大清国在明朝近于自灭的覆亡下顺势入关，最后肩负了中国统治者的命运；另一方面，又拥抱了作为政权不可欠缺的骨干的内蒙古甚至外蒙古的王侯们，并通过他们来保有内陆世界的可汗地位；到了乾隆皇帝的治世，又趁着长久以来进行生死之争的蒙古系宿敌"准噶尔王国"内乱之际将其征服，以其领土为新疆，实现了包含西藏在内的巨大版图。

我认为，构成中华人民共和国疆域前提的巨大幅员，是1757年以降才形成的。这乃立基于大清国君主既是中华世界皇帝，又是内陆世界可汗的两面性。同时，我们不得不说大清国的权力本身是以与科尔沁部"同盟"为契机而与蒙古诸王侯陆续合并所形成的联合政权。

简单来说，从乾隆皇帝以至现在的"大中华"架构，其实与蒙古有着密不可分的关系。而且，大多数终清一代与清朝王室、政权休戚与共的蒙古王侯，是号称有成吉思汗家族血统的一群权势者，清朝王室、贵族与蒙古王侯、贵族间的通婚，也是可想而知的。

清朝这个政治权力，与帖木儿朝及俄罗斯的事例有类似之处，也就是说，他们皆是依附了成吉思汗家族"血脉"的"王权"。然后，原本便已走向了神圣化道路的成吉思汗，随着岁月增长又陆续追加了权威根据，到了这个时代早就成为一位真正的"神"。

二、神圣形象是如何形成的？

被谜团包覆的前半生

虽说成吉思汗的形象愈到后世愈被神圣化、偶像化，但相反地一谈到他在历史上的真实身影，则真是叫人摸不清，虽然他的年代距今顶多不过八百年，以日本史来说，只相当于镰仓时代初期，然而，他大部分的生涯几为谜团所包覆，飘散着遥想远古英雄般的氛围。

有关他的人生与事迹，如后所述，有质量颇佳的"同一时代"的记录、叙述传世。除了蒙古帝国本身所创造出来的含有某种"正史"意味的记录、历史书籍外，还有其他零星记载以及多种语言的相关史料，但仍很难呈现确定的图像。

特别是关于在 1203 年，他以奇袭击败事实上的主子，即克烈部（Kereid）的王汗（Ong Qan），摇身成为蒙古高原东半边霸者的过程，也很难判断究竟何为确切事实，何为创作，何为传说。

成吉思汗开始以一个接近真实形象的身影被认知，是铁木真在 1206 年统合高原，改称成吉思汗的时候。换句话说，是在他政治上成为一位名副其实的掌权者的时候。我们也能够说，是各界对于他作为新兴"大蒙古国"的领导者皆难否定而必须加以承认后的事。从那时起，他展开了日复一日的对外征伐。然而，他竟在1227年进攻西夏国的过程中，于西夏的国都兴庆破城的前三天辞世。

不过，在成书于蒙古时代成吉思汗之子孙当权者治下的任何一部史书里，有关成吉思汗的死亡描述都显得有些唐突。例如，在以波斯文编撰，就真正意义而言堪称人类史上第一部世界史，也是蒙古帝国"正史"的《史集》中，对于他的死留有比较详细的叙述。《史集》中的成吉思汗独自离开了儿子们所率的主力军——不知为何除了侄儿移相哥以外，就没有像样的王族在身边——在偏南方的六盘山进行夏营驻扎。他又只身带着孤军闯入险峻的山岳地带，展现出要讨伐至今仍无直接接触和交涉的南宋国的态势（此外，有关这部分的原委，令人想到在成吉思汗殁后三到四年的时候，窝阔台治世初始便进行的征伐金王朝之战，尤其是托雷率领其右翼军突破现在陕西、湖北、河南交界的山岳地带，绕到据有开封的金王朝南方，在事实上制其要害的大迂回作战。原本便有记录指出这个作战行动乃成吉思汗"遗命"，在某种程度上叫人无法指责《史集》中的记载荒唐无稽），却意外地撒手归天。这段叙述的不自然与不可解，确实是引人侧目。

成吉思汗满是谜团地死去了。关于他的死，在蒙古时代，就已出现了各种传说、推测和臆断；甚至，在蒙古时代已经远去的后世，在内蒙古的鄂尔多斯，或许因为那曾经是西夏国的建国之地，也有以蒙古文写下的堪称是通史性著作的《蒙古源流》（原名 *Erdeni-yin tobči*，意为"珍宝之书"）或《蒙古黄金史》（原名 *Altan tobči*，意为"黄金之书"）等不同版本的传承。然而，关于成吉思汗的死，它们却一致记载着令人惊讶的内容。

简而言之，在进攻西夏之后，杀了西夏王的成吉思汗，获得了其王妃古尔伯勒津郭斡哈（蒙古语"蜥蜴公主"之意）。她是一位有名的美女。然而，在与她共度的夜里，成吉思汗的性器却遭割断（或说弄伤），一命呜呼。这是诸多说法间大致共通的内容。

有关凶器的刀具种类、王妃在杀害成吉思汗后投河而亡的原委、该河日后以蒙古语称"哈屯河"（即"王妃之河"之意）的典故以及该河就是黄河等，出现了多种不同版本的、由"蜥蜴公主"之名发想的奇谭与逸话，衍生出了多种多样的故事线索与细部情节，它们对于这位悲剧性的王妃，也就是贯彻了贞节原则的传说美女古尔伯勒津郭斡哈充满同情与哀怜；另一边则是因留下丑闻、死得没有征服者风范（或者，某些看法指出这才是最具征服者风范的死法）的成吉思汗。这种种说法与想象，使得游牧民心灵跃动的世界，存在着未必只有一条直线的开展性。

虽说上述传说出自西夏旧领鄂尔多斯，但为人熟知的，是当地设有奉祀成吉思汗的名庙（现在以汉语称作"成吉思汗陵"并建有固定设施，其位于最深处的天幕宫殿"斡尔朵"是起初便有的设施，它本来在蒙古语中称"naimančaɣan ger"，有"八个白色天幕"之意，汉语译作"八白室"，其内祀有成吉思汗的神圣遗物、四位皇后以及蒙哥以下历代皇帝的祖先托雷，长久以来都是"圣地"。有关其起源，众说纷纭）。

有关蒙古建国英雄成吉思汗令人不解的死亡，以及由此而生的种种追想，鄂尔多斯首先可作为此历史事件发端之地；另一方面就事实而言，这个地方也留有在他逝世后死讯一度遭到隐匿的情况下，奉其遗骨北行的护卫团杀害、殉杀途中所见民人、动物的记录与传说（顺带一提，这段故事在《史集》等可信度较高的蒙古时代各史书中亦有明确记载）等。在离成吉思汗辞世之地较近，且是遗骸北上路径的鄂尔多斯，最容易产生各式各样的传说、民间故事，尔后它们又随着时间而传播到蒙古其他地方。对于蒙古人来说，成吉思汗的死就是这么样一个跨越了时代的共同关心之所在。

本章的这段叙述，有赖于许多先前研究的成果。特别是原山煌《蒙古的神话·传说》（东方书店，1995）一书中，收录着只有对蒙古文化及传承知之甚详者才会有的分析及叙述。本章叙述参考该书之处甚多。在表达谢意的同时，亦企盼该书能进一步普及。

回头来看，简单说来，我们现在能够对于成吉思汗这位历史人物，作相当程度确实掌握的，是其后半生作为一位王者的岁月，也就是二十多年左右的事迹。众所周知，对于迫不得已必须过着严苛生活的游牧民而言，他们的"老化"通常较一般人来得早。更何况，就过去那个本与现代社会不同，必须面对原始大自然的时代来讲，一般而言年过四十便自然而然地会带有十足"老人"的相貌、风采与社会地位。

在蒙古时代的各种史料中，有关成吉思汗生年的叙述有很大差异，这虽然导致我们很难精确地推知其年龄，但无论如何仍可说在他1206年即位时，再怎么年轻也该有四十岁左右了。也就是说，在成吉思汗自身所创建、率领的蒙古汗国堪称顺利地走向急速壮大的发展过程背后，他本人却处在日趋老化之中。事实上，一个所谓轮廓虽然模糊不清但世人仍有相当程度掌握的成吉思汗形象，可以说就是一匹年老的"苍狼"。

我们现在关注成吉思汗时常有的强烈共通印象，是他善用多元人种的智囊策士，极其巧妙地组织、统率至为淳朴的蒙古战士，引导他们对周边区域展开征伐，这正是一位对战术运用自如的领导者的身影。对于其麾下的游牧民而言，与成吉思汗在一起，享受了功成富贵和国家的荣光。这才是蒙古时代的史书和文献反复提及的，后世蒙古牧民仰慕与尊崇他的首要理由。这是评价成吉思汗的一个重点。

蒙古时代史籍中的成吉思汗

如前所述，蒙古政权曾在蒙古时代亲自编纂了数种有关成吉思汗生平的官方史籍，若要加以列举，首推以汉字拼音写作

"脱卜赤颜"的蒙文史书。

我们已经知道，虽然这些史书各自的编纂时期有一些是很难作精确判定的，但众所周知的是，有"文字书写"及"历史"之意的"脱卜赤颜"，是在忽必烈以后的大元汗国历代皇帝治下陆续成书的。这些史籍是以将蒙古或出身畏兀儿、身份准于蒙古的少数大臣、有力人士、要人指定为执笔者或编纂者，对蒙古或准蒙古人以外人员不公开的方式来编写的。

很遗憾，这一系列的"脱卜赤颜"并未传至今日，唯其中被认为是讲述建国者成吉思汗及第二代窝阔台这两代事迹的最早的"脱卜赤颜"流传于世，那便是有名的《元朝秘史》。

《元朝秘史》的蒙文书名读作《忙中豁仑·纽察·脱卜赤颜》(*Mongɣul-un niɣuca tobčiyan*)，意为《蒙古秘史》。汉字书名之所以作《元朝秘史》，自是有其理由。

现在所看到的《元朝秘史》史籍，是以大元汗国时的"正本"或"传本"为底，在明初洪武年间(1368—1398)的某一个时期，用汉字拼音转写蒙古语本文，并在其右侧加上逐字译文的汉文（这称作旁译，即所谓蒙古语直译体白话式汉文），又在重要之处分段加上大意之意译（这称作总译，以蒙古时代吏牍的文体、用语来书写）的独特形式来编译的"汉字版"。正因为成书于明朝，才题为"元朝"，正如后述的《元史》编纂中能够看到的，其中亦包含了视蒙古政权及大元汗国为已成过去的"中华王朝"的用意。就这个意义来说，可以充分肯定，该文献不应称《元朝秘史》，而应该采题名原意作《蒙古秘史》才更适切。

然而，众所周知，如今我们尚无法轻易确定，这部通称为《元朝秘史》的《蒙古秘史》，也就是蒙古语的原书，究竟是何时形成的。仅仅是现行《元朝秘史》在其末尾（第二八二节）中标明"写毕"的"鼠年"，便有 1228 年戊子说、1240 年庚子说、1252 年壬子说、1264 年甲子说、1276 年丙子说，甚至是十分晚期的 1324 年甲子说等各种说法，对此世界各国的相关研究者进行了种种热烈的讨论。如前所述，现存的《元朝秘史》乃以续篇形式添加了成吉思汗后继者窝阔台可汗时代的事迹，若是直截了当地推想，自然而然会倾向将其成书年份判定为相当于窝阔台逝世前一年的庚子之年，也就是 1240 年。实际上，这一度被视为通说，但其后又陆续有多样化的异论展开。

本书并没有余裕在此逐一详述。各种讨论和主张，不只单单将成书或编纂年代及方式视作问题，亦涉及如何看待《秘史》及其正本、原典，甚至是和蒙古帝国的历史叙述、历史编纂究竟是何种关系等问题，实际上牵涉到对《秘史》内容的理解或蒙古帝国史的展开，具有复杂性及多面向的广度。不过，下面这段说法是难以否定的。

有关蒙古时代或其后编成的成吉思汗事迹录或传说，除了《秘史》之外，现存的尚有前面已经提过的应称为波斯文"蒙古正史"的《史集》中的《成吉思汗纪》（*Dāst ān-i Chinkkīz* khān），以及诞生不久的明朝为了替仍有威胁的大元汗国提出"临终宣言"、只以短短的三百三十一天便仓促撰成、以粗制滥造闻名于世的《元史》开头所见的《太祖本纪》（所谓"太祖"为成吉思汗的中华式庙号）；虽同以汉文编写，但内容与《太祖本纪》不同的《圣武亲征录》（所谓"圣武"即指成吉思汗，缘自其中华式谥号以及其后再度追加的称号"法天启运圣武皇帝"）等四种。其间虽有故事的展开或情节、细节的叙述方式或内容等相异处，唯仍有根本的共同整体面貌。很明显，我们可以设想其中存在着某种同一或近似的信息来源，或是原创性的"什么"。

其实，《秘史》是否自始便以书籍形式成书，亦无定论。如后所述，或许我们可以说，它一开始应该是以口语讲述的本族记忆，尔后才逐渐形成文献的。不过，我们必须要说，此一《秘史》的原型，或是成为其基础的某种叙事，至迟在十四世纪初便已具有了书籍形式。

之所以这么说，是因为在成书于1310年到1311年左右的旭烈兀汗国《史集》里，四处皆可见到和《秘史》相同的叙事，而且和《圣武亲征录》在大意上重复之处甚多，与《元史·太祖本纪》共通的部分亦不少。《史集》便明确提及，这样一段成吉思汗或先祖们的事迹伟业，如世人所知是根据《金册》（Altan Debter）这部蒙古帝室共通的"秘史"而来的。如此一来，成为《秘史》底本的，首先应该是《史集》所说的《金册》，或是与之相近的书籍文献，而在那之前应该还有被记忆、讲述的"什么"。

若是如此，回过头来，我们又该如何看待现行这部成书于明初的《元朝秘史》呢？过去有各种真知卓见，根据其所载内容或篇章，针对成书年代进行过种种精妙的推算和论定。例如，由于该文献载有若非大元汗国时代则必定不会出现的地名，或是末尾底页的"鼠年"是大库力台在克鲁伦河的阔迭额·阿剌勒（Kode'e-aral）一地召开的那年，所以最有可能是库力台举行的"鼠年"者，便是1128年戊子、1252年壬子、1324年甲子的其中一年等说法。然而，这些说法说到底只是在讨论现行《元朝秘史》版本的成书年代而已，未必等于讨论它的蒙文原文或其原型。

在设想先是有某种口语传承的故事，经逐渐演变、发展，终于成为《金册》这样的文献，最终《秘史》的正本终于成书，然后又出现了现行汉字版本《元朝秘史》的这一连串过程中，会有种种追加、增补、更动，也是理所当然的。在此情况下，过度精密、巧妙的讨论，反而会叫人误失了事物的本质，不是吗？

至于《元史·太祖本纪》，当然是根据大元汗国编纂的《太祖实录》而来。除了它完全是以汉字记载外，据说又翻译成畏兀儿文字，献给当时的大可汗忽必烈阅览，等于是在汉字原书之外也编制了蒙文版。以《太祖实录》之名来进行成吉思汗事迹的纂修，根据《元史》记载，是始于忽必烈治世的至元二十三年（1286）十二月，有关完成年份虽未见明确的记录，但最迟应是在继承忽必烈的孙子成宗（铁穆耳）大德七年（1303）时，与太宗（窝阔台）、定宗（贵由）、睿宗（托雷）、宪宗（蒙哥）等实录一同呈献给君主的。

另一方面，撰者不明的《圣武亲征录》成书的谜团则不少。不过，在以成吉思汗及窝阔台事迹为内容的特点上，它与《秘史》有通同之处。根据《元史》卷一三七的《察罕传》，有一译自蒙文"脱卜赤颜"的文献，书名为《圣武开天纪》。这部文献究竟是否便是我们现在知道的《圣武亲征录》，或者说姑且不论其关联程度高低，两者有无某种关系呢？此外，在前述《太祖实录》的编纂过程中，使用了"脱卜赤颜"或是《圣武亲征录》的可能性，也十分的高。

如此，《秘史》《集史》《太祖实录》《圣武亲征录》在关于成吉思汗及其祖先的叙述上，就处于关系极近的位置上。以忽必烈的《世祖实录》为例，根据王惮的"世祖实录纂修表"（《元文类》卷一六）所载，全二七〇卷细目为"世祖皇帝实录二一〇卷、事目五四卷、圣训六卷"的三段式结构。本编、事目、圣训的三段式结构，其实与波斯文《史集》中成吉思汗纪等历代皇帝、君主的"本纪"（波斯文读作 dāstān）完全相同。在这里，我们能够看到蒙古帝国整体共通的编纂旨趣，并不仅止于《金册》或"脱卜赤颜"。

并且，最重要的是上列四种蒙古时代的史籍，任何一种皆有将始祖成吉思汗神圣化的强烈意图。将成吉思汗神圣化、英雄化的笔触，在蒙古时代的东西史籍中，便已很清楚地确定了。此外，这样一种神圣化行为，恐怕在文本化成为《金册》等文献前，也就是口头传承的阶段，便已经充分展开了。这些故事的安排是：使得过去在成吉思汗领导下统合为一个蒙古，现在则作为世界帝国一分子享受富贵荣华的人们，能够遥想蒙古族祖"苍狼"和感受到圣光而生下成吉思汗祖先的阿兰豁阿等，他们在祖先们几度的口语传承下，得以追寻本身氏族集团的源头或祖先。在现今可见的蒙古时代及其后的任何一部史籍中，在成吉思汗这一代的记载之前，必定会先做一段始祖传说及族祖传承，以及与成吉思汗家族有关的、不断繁衍的子孙系谱，这应可说是一必然的结构。

映照在蒙古人心中的世界

然而，在前述四部文献之中，似乎仍数《秘史》与当时蒙古人的观念最是一脉相承，里头满溢着无可取代的魅力与跃动感。

在彼处所描绘的是游牧民们豪迈地流着血与汗、激动与兴奋交互激荡的世界。故事的主题则是，作为蒙古帝国创建者的神圣的成吉思汗，克服重重苦难成长为游牧民王者的英雄生涯。这些富于多样性的故事，就客观的历史事实而言，的确很难叫人信服，而且很多时候极难寻得根据。不过，也只有以铁木真即成吉思汗为主角，许多描绘了富于个性、豪迈活跃之游牧民群像的"英雄物语"才会充满无限魅力，无论质或量皆堪称构成了《秘史》的主要部分。反之，就史实而言，可信度增加的后半段，也就是迈向王者的岁月，则倾向平淡的历史叙述，明显欠缺叙述成吉思汗艰苦奋战时期的多姿多彩。较具游牧民色彩的世界，还是集中在他成为王者以前的前半段。

这些丰富多彩的故事，除了描述促使蒙古帝国出现的"第一代"游牧民们本身传述的世界外，或许还要说是映照在第二、第三世代，或是后世蒙古人心中的世界，才更恰当。在《秘史》中我们随处可见使用了头韵、脚韵、行中韵以及对语等修辞方式的优美诗句及行文。因此，才有人说它缺乏历史性或文学性过高。然而，这才是重要的，简言之，它们本来就是用来朗诵、吟咏的。这些故事本来也就是如此传承下来的。就算是在文本化以后，这部文献也不见得是像我们今日所做的那样，是为了理解某些事物而逐字逐句地"阅读"而存在的。

十三、十四世纪的蒙古时代，成为世界与时代"主人公"的蒙古人，侧耳倾听草创国家的英主成吉思汗及其功臣们的英勇事迹，时而身体力行以嘹亮的声音歌诵。透过这样的传承，他们了解、确认彼此的直系父祖们如何参与"大蒙古国"的创建，支持其扩张与发展，而自己现在所享有的荣耀、荣华又是如何被建立起来的。

以优美文句，或许还时常以美丽旋律来传述的这些事迹，是否皆为"历史事实"的问题，并不是这里的重点。可是，对于距成吉思汗的建国已经相当岁月的新蒙古世代而言，那便是真实了。至少，他们将之认作真实。

蒙文的《秘史》，虽说是成形于蒙古时代的同一时代文献，但严格来说并非全属同一时代，而该说是层层记忆中意识化的历史图像在美丽装饰下展开的结果，不妨称之为意识中的历史，或是记忆中的历史。

汇集在《秘史》里的各段故事，其实是散布在欧亚各地的蒙古人的共同资产。这是了解蒙古时代及其后"成吉思汗王权"之际的关键，非常重要。那些资产，是从内侧支撑蒙古这个跨域型世界大帝国的"心灵牵绊"。然后，这些超越世代在心灵深处形成或是在头脑里记忆的事物，进而超越时代，成为激励同一时代的个人与集团，甚至是推动历史的重要因素。

跨越时空在每一个人心中存续的成吉思汗形象，正是欧亚规模的"王权"的象征。匈奴帝国解体或消灭后，对于匈奴王室血脉的尊崇仍在亚洲东方存在，在代国、北魏、东魏、西魏、北齐、北周，甚至是隋、唐为止的一系列鲜卑拓跋系王朝，也就是我们所说的"拓跋国家"中一脉相传。虽然已有如上先例，但"成吉思汗王权"的残影和形象，存在得更长更久。就时间纵深而言，能与之匹敌的，恐怕只有哈布斯堡王室和奥斯曼帝国，但其"王权"形象的空间广度或是规模则相当不同。在"时间纵深"上超越蒙古的事例，或许只有日本的天皇家族了。不过，历史上的天皇家族，恐怕有相当时期是该被称作"心灵王权"的。

"民族英雄"是否复苏？

1992年，蒙古走出长达七十年的社会主义体制，踏出了走向"民主化"的历史性第一步，国号也由"蒙古人民共和国"改为"蒙古国"。该年夏季的建国庆典上，国家元首彭萨勒玛·奥其尔巴特（Punsalmaagiyn Ochirbat）身穿民族服装——白色的"德勒"（deel），向由白马鬃毛及尾毛制成、称作"纛"的九面旗帜叩头，并向"腾格里"（Tengri，天或天神）祈祷。这正是1206年成吉思汗即位仪式举行之际的情景。前来观看的大群民众，向奥其尔巴特投以绝大欢声。

接着，2002年被认为是成吉思汗诞生八百四十年（这是根据关于成吉思汗生年的诸多说法中，自《元史·太祖本纪》所说的享年六十六岁回推出来的1162年说）。蒙古国仍于这个夏天举国欢庆"民族英雄"成吉思汗的诞生。另一方面，中华人民共和国内蒙古自治区分别举行了两场典礼：在游牧民色彩仍显浓厚的乌珠穆沁草原中，蒙古游牧民举行了诞辰庆典；另一处则是由政府主办的"中华民族英雄"成吉思汗的纪念物品展示会。这些活动各自的意义极为明显。总而言之，对于当代的（内外）蒙古民众来说，虽然庆祝的形式或规模因政治情况而异，但成吉思汗的确是仍然"存在"。

将目光转向原苏联圈，有些国家，例如哈萨克斯坦共和国也正从往昔的蒙古帝国中寻求本身作为一"民族"的认同，以及作为"国家"的传说。此外，离莫斯科市不远，以喀山市为首都的鞑靼斯坦共和国，也自认国家是发祥于蒙古帝国，此一立场似乎是将未来的独立置于视野中，力图在俄罗斯联邦中确立其自主性。这样的动向在俄罗斯其他联邦共和国内亦可发现。

有关当代及今后的欧亚情势，成吉思汗形象所带来的影响、所扮演的角色绝对不容小觑。这不是所谓"中世"的复苏。民族、国家等近代世界的概念、机构是无法在与实际营生的人群的意识、观念甚至感情意念不生关系的状态下形成的。有关成吉思汗的某些想象，和上述概念或机构的形塑，有着密切关联。作为一个"王权"，乃至于权力理念、超越性、神圣性象征的成吉思汗，至今仍跨越时代与空间而存续于世间。

第四章

人类史上的"帝国"

...

一、美国是"帝国"吗？

如今，一个新的"世界帝国"正在出现，甚至有不少看法认为它已经形成了。这个"帝国"就是美国。

回顾历史，能够被称为人类史上之最大"帝国"者，是十三、十四世纪的蒙古帝国。不过，这种说法完全是根据蒙古直接统治的横跨欧亚东西方的陆地版图或势力圈而来。即便从蒙古通过海上，影响力间接及于北非的松散"国际秩序"或"世界秩序"来看，"蒙古帝国时代"的范围显然仍限于欧、亚、非三大洲。而且，就全球规模的国际秩序，或连贯海陆的跨域型结构性权力而言，所谓的大英帝国（British Empire），则是十五世纪末以后，西欧向海上发展过程中形成的"西班牙帝国"及荷兰、法国等一系列海外殖民地型帝国中最突出的。即便如此，作为帝国中心的英国本国，也未曾在欧洲建立霸权，而且正如联合王国这个正式国名所示，它根本不是一个一元、整合的国家。更何况，从对于世界整体的影响力和存在感来看，它与第一次世界大战后的美国根本无法比拟。就这点而言，不得不说大英帝国充其量只是一势力均衡型的相对性"帝国"。

假使我们说当前的美国是"帝国"，那么它便是人类历史上首度出现的、不折不扣的"世界帝国"。虽然也有一些意见指出：美国很久以前便是"帝国"，但诸如近年庞大贸易赤字的累积或泡沫型金融繁荣的结束等，在经济结构上所显露的严峻事态，正意味着"美国帝国"现在正走到衰退与崩坏的决堤口。事实上，要说"帝国"是在形成或衰退，其中的解释空间很大。事实上，环绕着美国与世界的局势，就在美国通过阿富汗战争介入欧亚中央地带、又对伊拉克进行军事压制、介入中东中央地带这两项显著新进展后，出现了极大变化。

在今后可以推想的几个动向和发展前景里，"美国帝国"的走向或"新世界秩序"的面貌，大概都将更清晰。最后，我们甚至还能充分想象，有关美国"帝国性"的讨论，恐怕将涉及各国的利害、立场、现实和盘算，成为一个更广泛的、汇集世界关心所在的话题。

回头来说，在这数年间，无论是日本或世界，对于美国的"帝国印象"正急速形成并定型。我们也不能否定，这个印象多半伴随着一些感情好恶、情绪乃至于政治盘算或疑虑的成分。在其形成过程中，不用说也牵涉到苏联解体后政治、军事层面中所带有的"一强多弱""一极世界"的色彩，以及经济、文化层面中全球化现象和信息革命这两大同步进展的形势变化。

实际上，一极化和多极化恐怕只是一线之隔；而且这种印象也容易导致一种结果，那就是用从十九世纪后半期到二十世纪前半期之间显著的、和殖民主义一体化的帝国主义,换言之就是用殖民地帝国与一系列相关印象、脉络来理解今日的美国。然而,这究竟是否妥当?无论如何,观察以美国为中心而转动的世界现势,将之称为"帝国性局面"和"帝国性秩序",作为一个直观性的看法,的确有一些值得肯认之处。

重点在于:如何理解"帝国"。倘若,我们将当今世界这个姑且以所谓民族国家或主权国家为单位形成的国际秩序,以及美国这个位居中心的巨大政治体,总称为"帝国"的话,那么存在于我们眼前的,便是有史以来首次具备了前所未有规模及权力的"帝国"状态。

这段开场白有些冗长,接下来讨论的重点将放在通过人类史的脉络来重新掌握、思考"帝国",尤其是其形态上,而不只从近现代的眼光来看。思考之际,这个提问和尝试将必然牵涉一个问题,也就是我们如何看待、认识"当代美国与世界"这个无从比较的关系。我们应该以"帝国"为关键词,在庞大的历史研究积累的基础上,综观史上多数事例后,再提出解释模型。此一叙事方式当然有其困难、危险之处,但另一方面,或许也是一个为了进行从人类史上种种过往来观照现在的、至为理所当然的作业。

二、分类"帝国"

本章的立场与目标

首先，笔者要陈述本章的立场与目标。

第一点是"帝国"一词的多样化用法。

综观过去的实例可知，"帝国"所指大至蒙古帝国、大英帝国等转动时代和世界、治理辽阔版图、多元民族的超大跨域型权力；其次，作为独特文明圈单位的巨大国家、区域型霸权国或国际性大国，自然也名列其中；此外，只要是稍具规模的国家或强国，也可称为"帝国"。总之，凡是或多或少跨出地域、民族、社会的国家，或规模较一般国家稍大者，都能称"帝国"。我们只能说，在规模、轮廓、内涵上，存在各种多样不定的、既暧昧又变化自如的名称用法。

如同后述，若谈到能否对这样一个堪称荒唐的杂乱现象，进行将某者归为"帝国"而某者不归为"帝国"的区分，显然是极为困难的。然而，纵使是仔细探求"帝国"语义，语源或基本定义姑且不论，也很难保证不会如同追寻眼目所不能及的踪影般，创造出一个根本不存在的精确性来。既然暧昧正可说是综观历史上"帝国"时浮现的一个本质，那我们不妨先认清：要讨论被称为"帝国"的国体时，一味套用整合式判断和定义的做法，基本上是不适当的。因此，本章将避免陷入抽象化的教条中，而主要依现实主义观点来考察，如实掌握这些整体轮廓除却"暧昧"便无可形容的共同体，将规模相对超出一般国家者，皆称作"帝国"。这一个宽松的立场，便是本章的出发点。

第二，某个国体究竟是否自称"帝国"，是否为"帝制"国家，甚至该国君主是否以"皇帝"或"帝"等词汇所涵括的名分来自称，等等，不是这里要讨论的问题。讨论的重点，不应受限于名称。换句话说，就是不该拘泥于名分或表面上的"帝国"，而应当思考现实、事实的"帝国"。附带一提，也可以"帝国性"一词来置换讨论。"帝国"里头存在着什么？各自有哪些特征？首先，本章拟将这些至为理所当然、能够成为各项讨论根本或前提的基础性事物归纳出来，进行爬梳整理。

第三，本段讨论可以举出不能忽视的重点，如：谈论"帝国式""帝国主义式"等概念时，"帝国"这一词汇所包含的意义和内容；或者是更广泛的文学、思想等日常生活中时常使用的"帝国"词汇的印象、价值观。若只将之视为譬喻性形容，那么我们当然就无法再谈下去了。然而，绝不能轻视这些其实是位于"帝国"用语、概念延伸之处的"象征的帝国"，或是"印象的帝国"。

之所以这么说，是因为"帝国"这个用语、概念，不仅与我们内在的印象、价值观或观念有关，而且与它们处于密不可分的关系中。"帝国"一词在过去某段时期曾是值得赞美、激赏的正面印象的产物，在某些时期则是受人憎恶、排斥的负面用语。再者，它有时也被用作一个正负两面价值并存、混合使用的词汇。现在则因人或主张、议论的目的而异，实际上混杂着各种语感。

这里应该注意的还有一点，过去以来被视为"帝国"的各个国体里，不自称"帝国"者其实居于多数，前面提及的蒙古帝国或大英帝国也是如此。换句话说，大部分的帝国是"非正式帝国"。将这些国家以一共通用语"帝国"来概括称呼的，绝大多数是近现代的历史学家，亦即包括笔者在内的人们。就这一点而言，可以说历史上各个时代曾经存在的自称、他称的"帝国"，以及后世作为说明概念的"帝国"，是混淆在一起的。只是知识界对上述现象似乎未必有充分体认。

总而言之，现今以"帝国"之名来概括的事物，不妨说是：（一）某种以近代前与近现代的"两个历史时代"下皆受肯认的共通事项为基础的通史性现象；（二）以通史性现象为当然前提，印象与思想又彼此互动的概念——两者间具有默契的联动性产物。换句话说，历史上被称作"帝国"的多样性国体，与吾人心中存在的"帝国印象"，处于呈同心圆扩散的涟漪之中。这些概念混合为一，形塑了"帝国"这个词汇。若是如此，我们便很难以历史用语、政治概念及一般常识来做截然区分。虽然难以区分，但历史上够格称作"帝国"的国体及其人民，又是确实存在的。这点才是关键所在。

接着是第四点，在探究"帝国"或"帝国性"之际，本来便有各种立场和观点，但正如前述，本章盼能从历史的观点来考察、处理"帝国"这个主题。

正如人类营生活动大体处于超越世代而相连的生命继承和连续中一般，由人类群体构成的社会或国家，当然也不会单独出现或浮出水面。虽有程度之别，但这些社会或国家各自拥有其形成的前史与历程、展开的过程与曲折，甚至是对同时代他者和后世的波及与影响。也就是说，它们皆处于历史脉络中。既有"帝国"成为"帝国"的历史，也有成为"帝国"后依然变动的历史，即便是崩坏、灭亡后，也还有关于"帝国"的记忆这另一种历史。

某个"帝国"会在有意无意间背负过去曾经存在的"帝国"或同时并存的另一"帝国"的经验、记忆、影响，甚至加以吸收、融合。此外，也时而发生在时势的推动下某一"帝国"又诞生出下一个"帝国"的现象。一言以蔽之，我们可以在历史当中解读到"帝国"作为"帝国"的成长、发展、变化的过程。换句话说，串连被称作"帝国"的各种国体，便能推知"帝国"的历史脉络。我们应该在跨越时代的视角下考察"帝国"。在"帝国"史脉络下思考"帝国"，便是本章的要旨及目标。

若是跳脱时代、地域、文明圈框架来综览历史，我们可以发现，"帝国"保持固定形态停顿或发展的事例，其实不多。例如，中华史上从秦到清的历代王朝，经常给人留下一个以中华帝国为名持续了两千年以上的、仿佛"成套帝国"（empire package）般的整体印象，但若是以各个政权、国家为单位直接详加检视，将能认识到有的国家是北亚型，有的是中亚型，有的甚至是远超过北亚、中亚范围的巨大帝国，而不只局限在"中华"而已。这些王朝在各有规模、结构、内容、形态的同时，彼此之间差异颇大、纷纭不一。

并且，就算是拥有同一王统的国家与政权，也时常有在该国家于不同时期的成长、扩张或缩小、重整的结果下，几乎不得不将之视为另一国家的情况。虽然，除了以刻板的中华主义王朝史观为论史前提的传统型史家外，许多不得不采取立足于现有国界、国家体制的国家、民族政策式立场或研究取径方法的中国历史研究者们的影响力仍有根深蒂固之处，但是正视事实仍是非常重要的。

作为一种比较或类型化的方法，我们时常须以宛如静止画一般令时间停止的眼光，来看待可以说是一种生物的"帝国"。本章期盼能够尽量避免因模型化而产生的"偏离历史"之虚构。

源自日本的译语"帝国"

在思考何为"帝国"之际，有两项自然而然的前提：一是"帝国"词汇本身，另一则是与和"帝国"关系密切的"皇帝"等一系列用语相关的事项。在此拟简单说明、确认两者的语源与定义。

首先要谈谈"帝国"一词。日语"帝国"所指涉的意义，最早可追溯到拉丁语的 imperium。之所以这么说，当然是因为本有"命令、统治、支配"之意的 imperium 一词，发展成一个指称帝政罗马之下的跨域型支配及其形态的语汇（不过，它完全是"命令权""统治权"或"支配权"等权限或权能之意，而非"帝国"或"帝域"等平面式范围、疆域，或坚固的国家式群体），从这里又进一步生出了属于古法语的 empire，而被使用于现在的法语及英语中。此外，有施展 imperium 此一权能者之意的 imperator（原义为命令者，阴性为 imperatrix）又以同样方式延伸到罗曼语或凯尔特语等语言中，例如成为古法语的 emperere、现代法语的 empereur，以及英语的 emperor。

除了这些常识性知识外，这里想特别提出讨论的是"帝国"这个由两个汉字组成的词汇。先说结论，"帝国"乃是一个极难从原有汉字来推想的和制汉语。

就汉字字义而言，"帝"原本指世间唯一的支配者。另一方面，"国"的原义是西周、春秋时代等古代中华地区的城市国家。"帝"与"国"二字，就汉字逻辑而言，本来互不相干；就文字排列组合而言，也该说是一种语义矛盾或是逻辑不通的组合。实际上，"帝国"一词，在以经书为主的中华典籍或近代以前的古文献中也都看不到。

有关"帝国"一词在江户后期日本的出现，吉村忠典的大作《论"帝国"概念》（"帝国"という概念について，《史学雑誌》

一〇八编三号，1999；并收于『古代ローマ帝国の研究』，岩波书店，2003）值得多加参考。以下叙述大致根据该文，详细论证在此省略。简单来说"帝国"一词最早是以"兰癖大名"（译注：指江户时代崇尚"兰学""西学"的诸侯）著称的丹波福知山藩主朽木昌纲在宽政元年（1789）的《泰西舆地图说》中使用，接着山村才助又于享和二年（1802）的《订正增译采览异言》及翌年的编译书籍《大西要录》中使用。这两位皆是和大槻玄沢有关的人物。如此，"帝国"便作为荷兰语 kejizerrijk 的译语而逐渐普及，并与英语 empire 等相对应。kejizerrjik 相当于德语的 kaiserreich。

荷兰语的 keijzer，也就是德语的 Kaiser，不消说与俄语的 Цapь 等波罗的、斯拉夫系语言中的用语相同，源自从拉丁语 caesar 而来的日耳曼语，意指超越王者即 könig 的至高存在。因为如此，该词才会译作"帝"而非"王"。问题出在荷语的 rijk，也就是德语的 Reich 上。德语的 Reich 源自所谓神圣罗马帝国（德语 Heiliges Römisches Reich，拉丁语 Sacrum Romanum Imperium。顺带一提，在其帝国版图上实际上仅限于德意志地区，自十五世纪末起又加上了"德意志民族的"一词），意指位阶高于 Staat 及 Land 等分国或领邦的统合体。

若是可行，在转译时实应套用一个包含着与"帝"字相对应之语感的译语。不过，当时并未找到一个适当的汉字。最后，只套用了"国"字，（或许）因而创造出了用至今日的词汇"帝国"。当然这并非误译。然而，精确地讲，就汉字原义来说，仍不得不说这是一个飘散着奇妙的日语气息的译语。

朽木昌纲及山村才助在世界地理、地图的研究上享有盛名。根据吉村忠典的论文，山村才助甚至在《大西要录》中提示了世界"帝国""王国"的一览表。这里所说的"帝国"，显然意指"帝之国"；而"王国"则是"王之国"。我们不得不猜想，山村才助是在充分了解了荷语 rijk 意之所指的前提下，将之译为"国"的。

另一方面，"国"这个汉字的用法，早就超越其原义，在中国大陆或日本等地用作"日本国""大元国""大清国"等语。当时的日本将荷语 rijk，意即德语的 Reich 译作"国"，应是极为自然的。虽说如此，若要更忠于 rijk 的原义，那么也可以借用例如"圀"这个中国古代著名女皇武则天所创的则天文字。由于其字义为覆盖"八方"，因此有"天下"或"涵盖各领域的政治体"之意（则天文字便是在这个用意下创造出来的）。可是，或许因为如此一来未免太过造作，或许又因为当时并未出现这样的构想，而未获采用。现在仔细想想，译作"帝域"或"帝圈"也是可行的。若依笔者个人的想法，译作"帝域"应该是最妥当的，但这也不过是一种事后诸葛亮般的想法罢了。

此外，关于朽木昌纲等人将 kejizerrijk 译作"帝国"的背景：江户时期来到日本的荷兰人士将天皇和德川将军皆唤作

keijzer 即"皇帝"（他们将天皇视作精神上的 keijzer，而将军则是世俗上的 keijzer），至于大名中权势较高者则视作相当于德语 könig 的 koning，想必是将天皇及将军视为君临其上的存在，也就是诸王之王了。总而言之，他们将江户时代的日本看作近似于直到 1806 年为止都仍然实质存在的、名为"德意志民族的神圣罗马帝国"的、欧洲人容易联想的、作为一个松散领邦联合体的德意志国家的结构。以此一知识为前提，将 keijzer 译作"帝"，应该是极为自然的。

然而，我们不得不说，"帝国"之语作为 kejizerrijk、kaiserreich、empire 等译语在幕末以后的日本扎根后，在明治时期和制译语的传播、普及浪潮中，精通、熟知中、韩等地汉字文化的学者和知识分子们，也没有对"帝国"这个译法提出异议，而是依样遵从，这一现象实在很有意思。原来，英语 empire 正如 British Empire 所意指的，即便没有皇帝也无妨，在现实中指英国海外领土的情况也不少。法语 empire 也正如吉村忠典所指出的，是一个即便皇帝不存在亦可行的概念，也有海外殖民地之意（包含英、法在内，葡萄牙、西班牙、荷兰等近世以降的西欧型海上帝国，本来就是因为拥有海外领土才成为"帝国"的）。另一方面，kejizerrijk、kaiserreich 等语，显然意指"帝"之"国"，其实仍存在着微妙的差异。可是，在日本则是 empire 皆统一译作"帝国"，又与既已成形的观念一同输出到东亚汉字使用圈里，并获得采纳，其相关词汇

imperialism 也几乎是自然而然地固定为"帝国主义"之译。

日本在明治二十二年（1889）以降，仿效德意志帝国（das Deutsche Reich，1871—1918）制定了帝国宪法，以"大日本帝国"为正式国号。也就是在相当于"皇帝"的天皇旨意下，自我宣告为"帝国"。当时，欧洲列强尽管有自称、通称之别，但在日本都被以"帝国"称之，"帝国"是一个纯具正面色彩的词汇。在此潮流下，朝鲜王朝也自称"大韩帝国"。当时，"帝国"是一个稍具气派形象的国号。

不久，imperialism 的思想扩散开来，在出现了非难之声的同时，不仅"帝国主义"，"帝国"也开始带上了负面语感。在东亚汉字圈中，imperialism＝"帝国主义"一词，与日本这个存在着天皇＝"皇帝"、显然无异于"帝国"的国家相叠合，甚至产生了因汉字所带来的印象联想而造成的奇妙混淆。据实来说，我们甚难否认，当代包括日本在内之东亚国家的民众阶层里，似乎仍然存在着"'帝国'是有'皇帝'的国家，因此日本帝国是帝国主义"等这一类单纯的误解。这或许该说是东亚汉字文化圈在通过源自日本的汉字译语来理解、接受欧美文化的时代状况下，才存在的独特文化现象吧？

话说回来，在这样的脉络下，要讨论西洋近代语的语源 imperium 和我们常用的"帝国"是否同义，不太有意义。总而言之，即便"帝国"这个和制汉语背负着与许多西洋国家语言间的微妙差异或问题点，而且作为一个词汇其来历既属不明，还含有过度倾向于"国家"的语感，但从结果来说，无非是将之视作意指同一类型的历史现象及政治形态时还算词能达意的方便用语而长期使用罢了。除此之外，别无其他。

意指"皇帝"的词汇

"皇帝"这个用语、概念，一贯被世人以各种意义使用，其滥用程度不下于"帝国"。不过，"皇帝"一词虽然也作为起源于 imperator 或 caesar 等西方词汇的译语、同义语来使用，但就用语、概念的形成而言，它是地道的汉语，无疑是一个拥有悠长历史的"原文"。就这一点来说，它与"帝国"一词完全相反。

众所周知，公元前 221 年，秦王政在结束群雄割据、各拥其"王"的战国时代，实现了后世"中国"基础之统一国家后，自称"皇帝"，以之作为取代固有"王"号的尊号，即"始皇帝"。"皇帝"称号的由来，可以解释为一个合并了三皇五帝传说的空前词汇，以自我比拟为煌煌光辉的上帝，展现本身是较地上万物皆优越的绝对者、权威者。秦虽以短命告终，但其后的汉代亦在楚汉相争后，相对于在各地存立的异姓、同姓"王"们，以高出一个位阶的"王中之王"之意而使用"皇帝"称号。结果是，正式的君主称号"皇帝"也兼备了"天子"——受宇宙主宰者之天命，作为父母治理地上之民，同时祭祀自身父祖"天"——这样一个融合了上天思想与祖先祭祀的儒家式君主观的称号。尔后，兼具这两种含义的"皇帝"，在中国地区便长期被用作最高掌权者的称号。此外，先"皇帝"称号而存在的"帝"，实际上也作为"皇帝"的简称而延续了生命，今日仍普遍存在。

环顾欧亚东西"皇帝"称号的肇始，有以下几个共通点令人印象深刻。首先，欧洲的"皇帝"称号，可回溯到开启帝政罗马端绪的恺撒之名，以及其后继者第一代奥古斯都，和正构成奥古斯都称号一部分的 imperator caesar；另一边的中华"皇帝"则始自世人公认为帝政中国创始者的始皇帝的自称。其次，这个词汇被理解成具有超出既有王国、君主的超越性权威及支配权之语。再次，罗马帝国和秦汉帝国（此外，近年频繁使用的"秦汉帝国"词汇及概念，以自秦至汉继承下来的制度连续性为主，虽有相当根据，但秦与汉之间也确实存在差异、断裂，故在使用上须更加谨慎。作为"帝国"的秦与汉，甚至是西汉与东汉，在本章皆拟做分别处理）既然是几乎同一时期存在的"古代帝国"，那么两者之间虽有程度差异，但其君主称号或"帝国"观念也都一直为后世继承，在各自的"文化世界"里成为政治、文化、理念、精神上的某种根据及背景，或是形成规范或框架，被想象为传统意识或价值体系的重要起点、渊源等。

长期以来，在讨论"皇帝"之际，时常将这两个位于欧亚东西两侧的形态，置于问题的中心来做叙述。也就是说，姑且不论偶然或必然，将在东西两侧"首先发端于'古代帝国'的始祖或是同样地位的特定个人及名姓、称号这个形式基本上受到后世继承、成为超越时代的'帝国'君主称号"的这种表面上有明显类似性的形态，置于与"皇帝"相关的问题讨论的主轴上，或者是再加上拜占庭帝国的"皇帝"称号巴赛勒斯（basileus，原义为"王"的古希腊语）及俄罗斯帝国的事例来加以考察。

顺带谈一个题外话。坊间经常能够看到以古代罗马帝国及"秦汉帝国"这两个帝国为对象的、带有历史比较旨趣的企划及讨论、出版物。这两者间或许有某种共通之处，但将欧洲及中华两者单纯作二元论式对称格局的文明论讨论及以此为目标的志向，自十八、十九世纪占据了欧洲（特别是西欧）某些人的脑袋以来，现在还持续作为欧美型知识分子们的一种思考方式，这种状况看似无甚改变。不过，若是到了必须跨越时代与地域，由人类史的观点来思考之际，这种思考方式究竟是否还具有意义呢？

在此要特别讨论的两组用语和概念，是其他世界史上每每被译作"皇帝"的显著实例，以及虽不译作"皇帝"但在实质上性质反而类似的掌权者。前者是中央欧亚主要在突厥、蒙古系等群体间可见的所谓"可汗"（qaɣan、qa'an、hāqān）等语，或与伊朗语圈中的"沙"（shāh）相关的一系列用语；至于后者，较显著的则是伊斯兰世界中的特别用语、概念"哈里发"

（khalīfa）和"苏丹"（sultān）。然而，世人在讨论"皇帝"或"帝权"之际，往往将这些词汇、概念搁在一旁。

前面已经提到过，我们应当不会否认，关于人类史的故事，在知识、认知或眼光上，一直以来都太过偏向欧洲和中国地区的形态了。相反地，有关位于两者间的辽阔的中央欧亚和伊斯兰中东区域，不得不说，尽管她们孕育出了重新建构人类史之际不可或缺的、固有且独特的文明形态或多样的文化、价值体系，却未必得到了适当的认识与评价，并且相关的研究成果虽然数量极大，却未受到充分运用，整体而言长期以来的理解与叙事明显失衡。

这种现象不仅止于"皇帝"及"帝权"，在各种既有的"帝国"论中亦可见得。但是，若从历史上的脉络来详细讨论"帝国"，那么中央欧亚和中东岂止不容忽视，我们还必须说其中其实包涵了牵涉到事物本质的重大关键。以下，将一面留意于此，一面进行讨论。

中央欧亚的"可汗"称号，是作为最高掌权者之意，相对于一般君主的"汗"（qan）来使用的。柔然、突厥及畏兀儿等地将君主称作"可汗"，史家确认北魏也有同样称法。与之相关，名列以北魏为首的拓跋联合国家系谱中的唐朝盛世皇帝，则被中央欧亚的君长们尊称为"天可汗"（tängri qaran，即腾格里可汗）。这段有名的逸闻，正意味着在唐朝间接支配内陆亚洲成为大帝国状态的将近三十年间，唐朝皇帝是享有超越中华及草原两个世界的至高可汗地位的。

在这个唯一的绝对者位于众多"汗"之上的结构里，蒙古世界帝国的可汗称号举世闻名。初代的成吉思汗只以单纯的"汗"自称便逝去了，但在第二代窝阔台达成史上最大陆上帝国阶段时便已采用"可汗"称号，第四代蒙哥以后也一直使用。此外，包括北魏在内，蒙古帝国以及其先驱契丹帝国（辽）、女真金帝国等，在领有中国地区全境或部分的时候，由于有汉字留下的记录，又开始以汉语"皇帝"来称呼最高掌权者。目前已可确认，至少在北魏及蒙古帝国，可汗或"皇帝"等自当时起便作为对应、相等的称号、概念被使用了。

此外，在某段时期支配了横跨欧亚东西这个史上首屈一指大疆域的突厥自不消说，对抗北魏的柔然，或是在安史之乱中救唐朝之危、顺势使之成为本国之保护国的畏兀儿，由其实际状态及对于可汗称号的使用这两方面来看，称它们是"帝国"亦无妨。只不过，它们都是后世解释概念下的"帝国"，而非自称。

另一方面，阿契美尼德王朝或萨珊王朝等所谓古代伊朗帝国，对于事实上应称作"皇帝"的最高掌权者，众所周知有称作"沙"（shāh，古代伊朗语作 xsāyaoiya）或"夏罕沙"（shāhānshāh xšāyaoiya xšāyaoiyānam）的传统。所谓的"夏罕沙"，由于意指"沙赫中的沙赫"，因此在译语的会意上必是以沙赫为"王"，以有"王中之王"之意的"夏罕沙"作为相当于"皇帝"的词汇。萨珊王朝覆亡后，来到伊斯兰时代，两个词汇的使用虽一度中断，但到了什叶派的白益王朝（the Buyid dynasty）时"夏罕沙"的称号又复活了。尔后，虽然伊朗一带到了萨非王朝时沙赫之称号便不再使用的看法似成定论，但其实并非如此，例如成立较蒙古帝国为早的花剌子模沙王朝（它亦具备了可视作"帝国"的实质）也是照样使用 shāh。

此外，在蒙古时代，支配伊朗一带的旭烈兀汗国第七代君主合赞，一方面以蒙古王号自称为汗，一方面又因改宗伊斯兰教而自称"帕德沙"。伊斯兰的 Pādshāh-I Islām，即"伊斯兰的帝王"。顺带一提，帕德沙在蒙古时代及其后的波斯文文献中频繁可见，意指位于沙赫之上的掌权者，并依不同情况而有大王、帝王或皇帝之意。总而言之，在伊斯兰中东地区，自称沙赫、夏罕沙、帕德沙是重视伊朗传统的表示。这个传统在1979 年被推翻的伊朗巴列维政权中也能够看到。

相对之下，比较难以从"皇帝"观点来处理的是伊斯兰的"哈里发"及"苏丹"。所谓的哈里发，意指"代理人"，本为神即安拉的使者穆罕默德代理人之意，被称为"khalīfa rasūl Allāh"。这一称号在事实上略去了穆罕默德成为"安拉代理人"是阿拔斯王朝全盛时期即哈伦·拉希德 (Harun al-Rashid, 786—809 年在位) 时的事。也就是说，哈里发的权力，作为由神直接赐予者而被神圣化，与此同时，又加深了其"诸王之中最伟大者"，也就是处于世俗权力顶点之统治者的性质。

"哈里发"王权神授的想法，除了有先行于伊斯兰的古代伊朗帝国传统复活的因素外，另一方面又如佐藤次高所言，是以具备了伊斯兰独特性的"新政治原理"为基础的产物。而且，论及其实际的支配状态，则是居于众多 malik 即王者们之上的人物；若只由权力形态来看，那么与其将之唤为"王权"，不如称作"帝权"比较合适。只不过，我们所认知为"皇帝"者，如上所见是起源于西方语言的 imperator 或 caesar、汉语的"皇帝"、中央欧亚的可汗、古代伊朗以来的沙赫／夏罕沙等，皆为"世俗权力"的最高掌握者。

当然，像拜占庭帝国的巴赛勒斯这样以政教合一为立国原则时，还有与希腊正教一体化色彩浓厚的俄罗斯帝国沙皇（tsar）或是被称作腾格里（tängri）的这个以上天思想为顶点、与形形色色的萨满教有关联的中央欧亚可汗，以及既与上述上天思想、祖先祭祀相关，又主掌农事、社稷信仰的"皇帝"，这些角色虽有程度差异，但一般而言都带有宗教性质，应该说它们是圣俗兼备或完全是圣俗相伴。相对于此，我们必须说虽是政教合一却是以教权伴同政治性权限的哈里发的权力，是一个性质特殊的"帝权"，或就结果而言近似于"皇帝"的权力。

另一方面，"苏丹"一词原有权威、权力、政权之意，但更是指在哈里发权力在历史上逐渐消弭或缩小的过程中，在各地成为实际支配者的人物们，尤其指以武力得到权力的君主。1055 年，一般称作"塞尔柱王朝"的这个有如由突厥族形成的大国家，其实是由史上知名的托格兹（Tughril Beg）率领着众多且几近分散的权力体集群中的一个进入巴格达城所形成的，他得到了哈里发的正式承认，为首位苏丹，自此，庇护阿拔斯王朝哈里发的政治体制成立了。这在理念层面和现实层面上皆是划时代的转变。其后，在伊斯兰世界各地，各种中小型世俗政权领导者和地方掌权者，几乎一律自称苏丹。事实上，苏丹的形态多样，而且没有特定的定义，要言之，不过是泛指信奉伊斯兰之支配者的宽泛用语。

1258 年，阿拔斯王朝的哈里发虽然因蒙古在巴格达兵不血刃地进城而一度消失，但自称与末代哈里发穆斯台绥木（Al-Musta'sim）有亲属关系的人物于 1261 年在埃及出现，受到与蒙古对抗的马穆鲁克王朝军事政权的欢迎，名目上以"哈里发·苏丹制"的形式而复活。此一形式一直持续到奥斯曼王朝接收埃及（1517）且奥斯曼王朝的苏丹作为一位兼具事实上哈里发地位的人物君临伊斯兰世界内外为止。

奥斯曼王朝的确具备堪称"帝国"的实质，王朝的历任苏丹也拥有不妨称为"皇帝"的权威及权力。不过，除了这些屹立于世的"奥斯曼皇帝"外，在东到东南亚或东土耳其斯坦，北及哈萨克、俄罗斯一带等地，西达非洲各地的扩张之后的伊斯兰世界中，还遍布着各色自称苏丹的地方掌权者，其中亦有不少遥奉奥斯曼王朝的"皇帝"为伊斯兰保护者。不过，这是否称得上形成了某种"国际秩序"，则是大可讨论的议题。无论如何，奥斯曼王朝是事实上的"帝国"，就位居统治各地的地方统治者之上的、统合巨大疆域之政治体这一点而言，它也具备了可称作"帝国"的基本结构。

另外，在现实状态下的"皇帝"或是与之相近的权力者方面，我们注意到以十三世纪初以来以印度平原为中心、统辖着印度次大陆相当部分的一系列德里·苏丹各政权。其中，像图格鲁克王朝及卡尔吉王朝这样，几乎领有全部印度次大陆但长久以来却很少将之称作"帝国"的事例，实在是很奇妙。接下伊斯兰、突厥系军事权力所构成的印度次大陆统治权的最后一棒者，是第二次帖木儿王朝即莫卧儿帝国。在莫卧儿"皇帝"（shāh）这个中央权力之下，广布着印度固有的多元宗教、来自多元文化的大大小小地方王侯及掌权者。在这些富有多样性的众王国之上，本为外来者的莫卧儿宫廷政府以中央权力的身份凌驾其上；英国则在日后取而代之，主导了"印度帝国"这个短暂的形态。

顺带一提，古代印度的"王权"也称得上是一种凌驾于多样性地方权力之上的"帝权"。这一种双重结构，或许在所谓"多样性中的统一"在文化、社会、历史特征上皆甚显著的印度次大陆中，是无法避免的。不过，根据应地利明这位人文地理学者简洁又明快的论述，过去有关古代印度"王权"或"帝权"的主张，皆属一种"王是地上的神"，是居于地上与天空之间的"德瓦拉加"（devaraja）的思想，但这种中国式的王权思想解释是错误的，实际上"王权"或"帝权"完全被定位在神圣的"法"即达摩（Dharma）之下，拥有德瓦拉加世俗权力的人物不具有变更婆罗门（brāhmana）手中圣法的权限。这是在思考信奉伊斯兰的突厥系军事权力凌驾于印度固有宗教或当地权力之上时，发生了何种折冲、融合这一问题时的线索。

最后再聊一个不同的话题。清末的中国起初将美国总统即president译作"皇帝"，这大概是取其为统辖各州的政治体领袖，是一位统治广大疆域的权力者之意。此外也译作"民主"，意为"民之主"，也就是master of people，是与"君主"相对的新造词汇。至于"民主"成为democracy的译语，而president被译作"总统"，则是以后的事了。

几种名为"帝国"的形态

基于上述讨论，本节拟从几种观点来整理一些被称作"帝国"的模式，并加以类型化。

首先，有关"帝国"的形态，若以跨越时空的方式，在不介意彼此整合性或重复性的前提下，直观地将各自的基本要件罗列出来，便能得出如下结果。

各个形态皆是定义稳定、具一定容纳范围的，与其他形态也互不排斥。而且，毋宁说实际上各个"帝国"里，也有很多是同时符合多种形态的，这里的设定并不因此受到妨害。此外，各项除列举几个可作为典型的"帝国"案例外，亦附上一些个人的说明评价。

① 在拥有唯一超越性、绝对性权威的君主、领导者、王统的支配下，跨越了作为底层单位的氏族、部族、集团、共同体和社会等界限，涵盖异种族臣民的政治性整合体——

这是将一般想象的"帝国"作最简单归纳的结果。基本上，乍见之下这虽能套用在所有被称作"帝国"的整合体上，但实际上将只留下仅能以相当单纯的结构来设想的某些特定的"帝国"。除了古代埃及王国或巴比伦王国等保有古代权力或面貌的专制性权力、国家以外，实例其实不多。在一般人的印象中，所谓的中华帝国看似为此一典型，但符合的其实只有武帝以后的西汉而已。此外，帝政俄罗斯或许符合。

② 在同一君主、王权、象征下，众多地域权力、政治体合一或是联合的政治状态——

例如时常被视为最早的"帝国"的亚述国家或一系列古代伊朗帝国，以及孔雀帝国以后的古印度王朝或古代中华的西周等。此外包含所谓西辽的契丹帝国、女真金帝国、西夏等也算在内。甚至包括塞尔柱王朝、花剌子模沙王朝、帖木儿帝国等突厥·伊斯兰系统的各个国家。再延伸下去，除了以共主联合的形式而成立的西班牙之外，同为共主联合型的波兰立陶宛联邦，以及在复合君主制下横跨大西洋进行领土扩张时期的英国亦属此类。另外，哈布斯堡或许也符合此项定义。

③ 超越单一国家、王国、政治体，松散地连接地域与地域的多元复合型跨域联合体——

如斯基泰、匈奴和拓跋国家、嚈哒、突厥等游牧民国家系统及其扩大型的众多国家，大致可归入此类。阿兹特克或印加或许亦属此类。

④ 在某种理念、思想、价值观、宗教等共识下，跨越了人种、民族、地域，有时甚至超越文明圈框架，跨域展开的政治体，或是类政治体——

伍麦亚王朝及阿拔斯王朝前半期等伊斯兰帝国、中世罗马教皇权力系统等。

⑤ 聚合了大大小小众多位于底层的国家、王国、政权、政治体、地方权力或各色地域、社会、民族等的 Super State。此一类型的帝国具备单一中央机构，有时则是替代性地具有由众多权力体构成的统合能力——

如罗马帝国和蒙古帝国以及大型化的后期清朝（正确来讲以满洲语应当称作 Daicing gurun，即大清国）及奥斯曼帝国等。第二次帖木儿帝国即莫卧儿帝国或许亦属此类。跨越了文明圈的巨大"帝国"，多半属于此一类型。可以说近代以前的巨大"帝国"，都必须借此才得成立。

另外，这里值得讨论的是，所谓神圣罗马帝国究竟是否符合此项？就"居于种种底层政治单位之上"这一点而言虽然妥当，不过尽管它自称"帝国"，但若从相应的统合能力或是中央机构来看，却是极为缺乏的。这种情况该如何看待？该说它是自称的、形式上的"帝国"或是弛缓状态稳定化的"帝国"呢？还是应该视为即便现实的统合能力微薄，但能隐隐地意识到其作为"帝国"的架构及观念，随之而有的独特精神性也成为内在基础的"心灵帝国"或"意识上的帝国"呢？甚至，近年来针对例如帝国银行等拥有相当于"帝国"规模的组织或系统，从肯定角度来评价其作为"帝国"的见解也很引人瞩目。无论如何，依在下的能力，尚无法做出确切判定。

有关于此，笔者个人非常期待德意志史或欧洲史专家，或是包括国家制度史、国家论，甚至是其他从事"帝国"主题的研究者在内的进一步讨论和探究。如何看待神圣罗马帝国，将是所有"帝国"论的一个重点。这不仅是为了理解近代欧洲，对探讨一直影响至今的德意志及欧洲形象，亦是一个必要的课题。

⑥ 中央权力与其他国家、政治体、区域权力、民族集团、社会势力之间，存在某种支配—被支配，或是统制—从属、中心—周边等关系的状态——

这是可以套用在许多"帝国"上的一般性状态。不过，在观察实例后，我们将会发现，单纯以上对下的统属关系，或是由中心开始支配能力逐渐减弱的同心圆结构案例，实在是少之又少。在众多"帝国"里头，即便是垂直关系，一般亦属多层状态。我们可以留意到，这个状态里头哪些算是支配一方，哪些是被支配一方，其实是极难截然划分的。另一方面，在水平关系上也有地域区块的联结型或支配力在中心以外有所分散的多核心结构等情况。它们呈现了一种在权力、支配样态上程度不一的斑斓样貌。加以，就一般情况而言，被视作周边和边境之处才会有"帝国"力量的集中投入，反而使这些地区的"帝国"性显著化。单调的统属论和周边论，完全只是一种理念上的说明手段，与现实的差距依"帝国"的差异而不同。

⑦ 克服了中小型地域、国家、社会的局限，在跨空间下推动和主导时而松散、时而紧密的交流、交易、流通、往来等关系或提携的政治、经济、文化机构。作为其核心的政治体本身，即便规模较小或属据点支配型亦无妨——

近代葡萄牙或荷兰等"海上帝国"即为其典型。回溯过去，古代希腊雅典鼎盛时期的海上支配或是势力遍及东南亚多岛海域的三佛齐等，皆属此类。南印度的各政权或许也能算在内。甚至是散布在地中海、黑海上，各自拥有交易据点、彼此相争的威尼斯及热那亚两者，或许也是一种"海上帝国"。若是如此，与这两者竞争，终于在十四、十五世纪一度于地中海称霸的阿拉贡（正确来讲应为阿拉贡·加泰罗尼亚联合王国。该国与卡斯提尔共主联合，而成为西班牙即西班牙帝国），当然亦属此类。另外，也有意见认为古代中国的殷商为"帝国"。若是如此，殷商也应属于这个类型。

⑧ 除了本国以外，主要于海外拥有殖民地，属领、自治领等附属地，远隔领土，飞地，整体结构松散又相连的跨域型国家体系。以本国为中心而形成的人的环流结构，遍及行政、军事、经济、文化等各层面而为重要支柱——

在本国时为"民族国家"，却又在全球拥有海外领土的近代大英帝国及法兰西帝国等为其典型。以远洋帆船横渡外洋建构许多海外殖民地的西班牙帝国为其先驱。

⑨ 对于近邻或周边、远隔国家或地区，施展强制性、一厢情愿性、威迫性支配力的霸权国家——

一般来说，这是在整个历史中"帝国"的形成及扩张时期皆可见者。这指的是作为一种"生物"的"帝国"在某段时期的状态，我们其实几乎看不到以这一时的形态而固定下来的"帝国"，而应当将之视为"帝国"循环中的一个环节。我们很难将之视作与某"帝国"权力相始终的特征。不过，过去的苏联或现在、今后、将来的美国，或许算是一种例外的事例。

⑩ 具备强大军事和经济等权力，进而在这些权力的保证下，主导国际性关系、制度、机构的形式，并建构世界范围的国际秩序的超大国家，或者是依此建构而形成的秩序本身——

古代罗马帝国、后半期的蒙古帝国、近现代的大英帝国，甚至是近年来的美国，或许是最典型的事例。

以上，本节针对具备"帝国"的可能性及适切性者，着眼于其外观，特别针对其形态或样貌，进行了粗略的区别及整理。在各"帝国"条目下，关于为何如此分类以及其实际状态等，虽然已做了最小限度的叙述及提示根据的必要性，但由于详细说明将耗费庞大篇幅，恕容笔者留待他日再论。至于从①到⑩的共通点，就是它们都是由多种人群、地域或生活圈所组成的混合体。有关此点，山室信一所说的"异法域结合"概念，或许是一简单扼要的形容。

另外，一提到"帝国"，我们往往容易联想到专制国家、权力等印象，但是，除了①的模式外，实际上这种情况并不多见。例如，在以蒙古帝国为顶点、以游牧民出身者为政权核心的一系列"帝国"中，专制国家、专制君主、专制权力的色彩、要素都与一般的理解不同，而不显得那么强。以马克斯·韦伯为代表的专制国家论，其实是一种依据西欧中心思想、偏离历史现实而"变形"（déformer）的观念产物，不是吗？

依"帝国"的规模所做的分类

接下来这一节拟着眼于总称为"帝国"之政治体的大小、规模。虽说都是"帝国",但其中大、中、小的规模差异是非常鲜明的。支配领域、势力范围、影响范围和幅员的大小,也会对"帝国"的内涵与性格有明显影响。

有些时候,即使"帝国"在成为"帝国"后,或者不如说正因为是"帝国",才成为一种自动装置,出乎本身预期地持续扩大、膨胀。在大规模化后,"帝国"的机构及组织有时会反复重组,最终其内涵及外貌终将成为与起初的"帝国"看似相同、其实不然的另一种实体。包含这种情况在内,真正巨大化的"帝国"将随着时代向陆海空扩张,成长为文明圈规模、欧亚规模、全球规模,总而言之,它将笼罩那个时代的"世界",而带有人类文明普世性的浓厚色彩。

有关于此,本节亦将比照上一节,整理数个类型如下。

a. 世界帝国（World Empire）

以由于具备了可逆风航行的三角帆帆船的问世,使远洋航海变得可行的十五世纪后半叶为界,前后的状况大不相同。过去,人类史展开的主要舞台是陆地相接的欧亚、非洲和其周边岛屿,南北美洲大陆及周边为次,而大洋洲的比重极为微小。

总而言之,世界史可以分为欧亚非世界史时代和地球世界史时代这两个阶段。既如前述，若要以与之对应的形式来思考"世界帝国"，那么称得上"世界帝国"者，在十五世纪前后分别是蒙古帝国和大英帝国。然后，现在或许可以再加上美国。对于这两者或是三者，应无异论。

b. "文化世界""文明圈"级别的大帝国（Great Empire）

与前述的"世界帝国"相关，历史上有几个与之似相吻合的大型帝国。重点尤其在于：如何看待古代以显著的"文化世界"为单位的大帝国，以及蒙古时代后受人瞩目、以"文明圈"为单位的跨域型帝国。前者有以古代伊朗为中心的阿契美尼德帝国、亚历山大帝国、罗马帝国、秦帝国、两汉帝国，以及隋唐帝国等；后者则是创始者帖木儿时期的帖木儿帝国、奥斯曼帝国、中期以后的大清帝国，然后是俄罗斯帝国及苏维埃联邦等。上述各政治体一直以来时常被称作"世界帝国"。

这部分视"世界"一词负有多大意义和内涵而定。比方说，一个可能的解释是，若将某一历史时代下的人群居住范围称为"世界"，那么"世界"便与人类的步伐同时扩大其地平面坐标，而且是由多个"世界"的并存状态转型到一个统合的"世界"的状态。反过来说，我们不妨这么设想：纵使不同时代的规模各自不同，但皆存在着符合其时代状况的"世界帝国"。过去时常见到"世界帝国"一词被频繁使用，便是依据这个观点。可是，若是精确地比照此一定义，那么原先被称作"帝国"者，将有相当数量会成为"世界帝国"。

接下来的例子或许看似唐突，然而为了清楚说明姑且举之。中国古代的殷，被认为是跨出了其直接统治的现今河南省周边的狭小范围而形成的一个几乎遍及华北全境的松散文化圈。这个成果主要是通过考古及文物研究得来的，其结果启发了我们该如何划定相当于其范围的政治影响圈和经济交流圈。有关"殷帝国"的这个想法虽是依据于此，但若将这一个看似以殷为中心的范围，视作一个日后中国文明世界的基础，也就是一个自我完成达相当程度的"世界"，那么就逻辑上而言，它确可被称为"殷世界帝国"。现在之所以不存在着这样一个称法，是由于若要将它称作"世界帝国"则规模又太过狭小。

回头来看，就算是前述以阿契美尼德帝国为主的大型帝国，也仅止于一个"文化世界"或"文明圈"。亚历山大帝国、伍麦亚王朝时代的伊斯兰帝国、唐帝国（在其初期的极短暂时间内），或是横跨东西方草原地带的突厥，虽然多少超越了一个"文化世界"或"文明圈"，然而也尚未覆盖多个"文化世界"或"文明圈"；而且，如后所述，我们不能忽视一个史实：就包含罗马帝国在内的各帝国而言，在它们存立的同一时期，亦存在着足相与之抗衡或匹敌的其他帝国。在这个地平面上，绝对不存在一个可以击溃所有其他对手而独自屹立的巨大帝国。

由上述可知，当我们回顾人类史的巨流时，便不得不思考：这样一个以"文化世界""文明圈"为单位的大帝国，虽然每每带有准于"世界帝国"的世界性，但应该与前项 a 所举的两三个名副其实的"世界帝国"做清楚区分，才比较符合历史事实。另外，"文化世界型帝国""文明圈帝国"等称呼是十分适用的。

c. 中小规模的帝国（Lesser Empire）

此一分类下有为数众多的各色帝国。例如：名唤拜占庭帝国的罗马帝国；或事实上为德意志国家的神圣罗马帝国；在地中海地区或欧洲虽属大型国家，但在人类史层次上则不得不说只是中小规模的"帝国"。特别是中华帝国里头，包含北魏、北宋、南宋在内等，处于分裂时期、非统一时期的主要国家，也大致属于此类。中央欧亚的贵霜、柔然、统一的畏兀儿、契丹即辽、金、西夏、花剌子模沙王朝等，中东除了伍麦亚王朝或全盛时期的阿拔斯王朝以外的大型国家、东南亚的三佛齐、以印度北部为中心的孔雀帝国后的历代印度政权，皆不妨列入此类。

d. 帝国与王国之间

历史上，存在过不少很难论定是"帝国"还是王国的政治体。例如，在七世纪的松赞干布之后维持了一段时期的强盛，对周边地区进行扩张的吐蕃，究竟该认定为"帝国"呢？还是王国呢？对此，专家学者的见解有分歧。此外，被认为是 681

年成立的第一保加利亚国，然后是成立于 1187 年，在十三世纪迎来盛世的第二保加利亚国，也时而被称作"帝国"。

一般来说，从王国发迹的政权，其规模可能发展成"帝国"；相反地，名实相符可称"帝国"者，也有在衰微或分裂后，实际缩小为王国之虞。前者应能不时地在大多数"帝国"中见得；另一方面，作为后者的典型，中国王朝史上动辄被认为有近三百年大王朝悠久历史的唐朝即是。前面谈过，继承了拓跋国家的架构，取代了隋而掌握权力的唐，在政权成立后三十年左右的时间里发展为间接掌握内陆亚洲政治势力的跨域"大帝国"状态，但转眼间就退回到"文化世界"单位的帝国状态去了。而且，在八世纪的所谓"安史之乱"后，它在规模上又很快地沦为仅剩名目上权威、现实中充其量只统治关中及洛阳一带的王国的程度，勉勉强强地延续了王朝史后半段的生命。阿拔斯王朝也可以说经历了类似的过程。

在此应该特别注意的，是欧洲内部引人关注的联合王国，以及共主联合形式的跨域权力。伊比利亚半岛的阿拉贡·加泰罗尼亚联合王国，同时领有萨丁尼亚及西西里亚等地，形成了一个被称作地中海帝国的势力圈。这个阿拉贡联合王国和卡斯提亚联合而诞生了西班牙王国，并拥有海外领土，结果形塑了在欧洲仍维持"联合王国"，但若以全球来看则呈飞石状、形态极为松散的姑可称作"海上帝国"的两张面孔。这个模式基本上也能套用于荷兰或英国。另一方面，也有一种看法指出：

波兰·立陶宛联合王国虽未向海外发展，但仍可视为"帝国"，或是准于此的国家性政治体。总而言之，若将这些复合君主制的一系列国家视作欧洲的"近代帝国"，通盘性掌握欧洲在世界史上从中世纪后期到近现代时期对于大规模发展所做的富有企图心的尝试，则将有许多令人肯认之处。

此外，百年战争时期的安茹王朝，除了本有的领土英国外，也有一种以其在法兰西王国中拥有广大亚奎丹领地等特征而将之唤作"安茹帝国"的看法。然而，若是如此，则"帝国"与王国之间的差异，便只能听凭历史研究者的感性了。虽在一般王国及国家之上，但要称为"帝国"则差强人意，规模介于两者中间的政治体，在人类史上为数并不少。只是连接了两个以上的地区、王国、国家，拥有了本国以外的属领、殖民地等，是否就能被称为"帝国"？这乃是"帝国"这个用语、概念所具有之暧昧性、恣意性以及融通性的一个聚集点。

e. 区域型与横贯型

"帝国"的规模及范围，与该权力、国家、体系是属于区域型还是横贯型的关系很大。虽说这也是极为简略的归类，但近代前的"帝国"几乎都可被归为区域型。例如，罗马帝国与地中海及其周边的这个地域关系密切，已毋庸赘述。同样地，以秦始皇帝国为主的中华帝国，和中华地区以及北方内陆地区在空间上的密切度及相关性，亦极明显。

回头来看，连不仅是疆域的多元性，就帝国体系的普遍性及根源性而言性质更加明显的阿契美尼德帝国，也部分由于对斯基泰及希腊两场战役的失败，最终无法取得跨越中东、东地中海地区的横贯型巨大疆域。不过，在欧亚的陆地世界里，一系列游牧国家，确是通过广布在中、高纬度的草原地带而呈现出近于横贯型的展开的。虽说如此，正如以六世纪后半期的突厥为一典型的、与中纬度以南以农业为主要营生方式的各地区间的关联，便仅止于间接性。并且，纵使目前它是被证实的史上东西方世界的最早接合，然而却在转瞬间便落幕了。

人类史上横贯型的跨域大"帝国"的真正出现，可说是始自蒙古帝国。它得以出现的可能原因是：其一，蒙古帝国乃陆地国家中以最具活动能力的游牧民集团为核心的军事国家而发迹的，也就是说它以水平连贯内陆草原的形态有效地发挥了骑兵的战力，得以较容易地完成大规模的军事扩张。同时，不容忽视的是，早在蒙古帝国以前的三个世纪左右，便有多元复合型的国家、社会在亚洲东西方跨越游牧、畜牧、农耕等营生方式和地域的界限而持续出现，其时累积的经验、体系和模式，被综合运用在蒙古的扩张与支配上。甚至，若是观察蒙古出现前的时代状况，则可发现有突厥系各族由东向西大西进、或反之由西向东则有所谓十字军向东地中海地区的东侵或条顿骑士团往波罗的海前进的动向等以欧亚为范围跨越旧有区域框架而大举移动的活络化。这个因素也产生了影响，使蒙古能够迅速地实现人类史上最大的陆地版图。而且，蒙古的发展并不仅止于此，甚至还举国往海上发展，在已经开始活性化的印度洋航路所造就的东西交通或南海、东海一带的海域交易基础上，推动了更富有机性的组织化。结果，便明显地自十三世纪末到十四世纪初形成了一个堪称打通陆海之欧亚非交流圈的大局面。

陆与海的组织化、连贯区域及文明圈之视野和交流的形成，不只在人类史上，甚至在"帝国"史上也具特别意义。近代西欧各国通过海洋获得海外领土而大举开展的人类史阶段里，其实存在着若不考虑蒙古时代以来的脉络便无法充分理解之处。另一方面，观察蒙古以后的陆地帝国，诸如由俄罗斯帝国到苏联这个巨大疆域的形成及其统治、由帖木儿帝国到莫卧儿帝国的动向及其形态以及奥斯曼帝国包含了海洋面向的发展，或许仍该称它们是经历了蒙古时代才得以形成的横贯型帝国。

连贯"帝国"的要点

尽管上述国家的形态和规模不定，但我们或许仍能指出归属于几个集团或阶段的"帝国"政治体。那么，它们之间是否具有某些共通点呢？换言之，我们要将怎样的国家看作"帝国"呢？

若是一定要寻求它们的时代共通点，或许"帝国"所指的无非就是在各自的时代状况下，超越了作为基础单位的各个共同体、部族、社会、地域、权力、政权、国家而居于其上的统合性权力，以及以本身为核心而形成的关系、势力圈及秩序。若是如此，大至整合多数国家、权力、地域的巨大帝国，小至非洲撒哈拉游牧民部族或区域间联合体即尼日帝国等，皆不妨称为"帝国"。总而言之，"帝国"属于一种具有双重结构或多重结构，以及重层且多元性之低阶单位的跨域结合。并且，无论实质为何，它们皆具备某种中央机能。

附带一提，有关"帝国"中央机能或中央机构的问题，可以再延伸出不少相关主题，例如各自形态或强弱、区域性及时代性，甚至人类史的普世性等。比方说，由所谓的皇权问题谈起，则"帝国"或"帝权"的象征也好，作为政治力、经济力、文化力汇集地的帝都、首都也好，当然也是焦点。再者，中央与地方，或是中央与边缘的相关性等，也是重要的讨论焦点。甚至，如"帝国"内外的人的交流体系等联结中央与地方、本国与属地、帝域与外邦间的人的问题亦将浮出水面。在这一问题上，官僚、军人们的角色（另外，过去的研究动辄异常地凸显、重视官僚制问题，但那应该不是充分而正常的取径方式），特别是"精英"阶层的形塑及其作用，成为一个关键。

此外，"帝国"与军事也是不可或缺的主题。就面向内外的武力、警力方面的军事层面分析而言，这一方面是古典又永远崭新的命题，实际上也是历史学研究中最不足的领域。

对于"帝国"的形成、扩大、维持，派兵是重要的。具体而言，就是是否有能力做长距离且持续性的大规模兵力派遣及投入。若是无法办到，那么这个"帝国"或该说是一个"帝国性"不足的帝国。此外，就算有能力，我们也可以由派兵的规模、强弱、实态来衡量这个"帝国"的状况或阶段。尤其是在远征的情况下，硬件方面的整备、维持，具体来讲就是士兵群、兵器、战马、舰队、交通路线、储备、兵站、补给等在实际上如何，都是要检讨的课题。此外，软件方面的准备，或说信息、知识、科学技术、天文、测量等智囊集团或多语言的信息处理、翻译、交涉人员等问题，亦不容忽视。

另一方面，在维持国防、警察，然后是帝国内权力的情况下，除了单纯的一般性武力，常备军或多人种部队的有无或程度、在首都或要地的分驻状况，亦将成为重点。再者，若是以部族联合体为基础的"帝国"，那么除了各个部族军队的固有驻地和地盘外，在新领域中的展开和配置，或是自各部族军队中抽派出来的"帝国"禁卫军的实际情况等，也有重要意义。此外，在本国与属地，特别是海外领土构成"帝国"根基的情况下，帝国军队与属地当地武力及当地任用部队的关系，特别是其具体运用，便成为"帝国"经营、维持之要。甚至，异邦人部队的组成乃至于重用与否等情况，作为保持"帝国"权力、支撑向"帝国"中枢尽忠的手段，在历史上其实也是超越时空普遍可见的。

不仅是上述的军事方面，牵涉到"帝国"行政、税务、财政、法务、司法等的各项事务，无论是制度、机构、运用，都会自然地显现出该"帝国"的特征及性格。尤其是"帝国"内部各人种的定位或灵活运用、作为"帝国"臣民者的阶层化问题等，若以"帝国"为中心的跨时代性分析视角来看，是内含各种可能性的。这些皆是历史学研究不可缺少，又与政治学、法制史学、经济学、经营学、社会学、人类学等社会科学诸多领域相互作用的综合性主题，必须从人类史的角度出发，寻求更巨细靡遗的研究途径，在此举出的只是这个课题的一部分而已。

时序性的展开与不同地域的样貌

如同前面已经提及的，"帝国"的步伐也存在着"发展过程"。一般认为，最早的"帝国"是公元前八世纪的亚述。不过，这个时期亚述的情况是近乎广泛统合现在中东各地区的某种"世界帝国"，若是要谈更单纯的"帝国"，则不能否认在公元前十四世纪左右已达顶峰的西台，以及早于大发展时期的公元前十一世纪左右起的亚述。同样地，若前面提到的殷也可被认定是"帝国"的话，那么西周也无妨称作"帝国"。这样一来，上古的中华地区也能说是在与西台相近的时期开始到公元前八世纪为止，便持续存在着"帝国"状态了。总而言之，或许可以说中东和中华地区都率先历经了数百年的"帝国"时期。

"帝国"史上的第一个时期，应该是公元前六世纪中叶阿契美尼德帝国的诞生。在亚述大帝国瓦解后，它除了推翻成立于伊朗高原、亦近乎一"帝国"的米底亚外，又形成了一个遍及阿姆河、埃及以及安纳托利亚的大版图。尤其是大流士一世以帝国体系的综合整备及经济政策为主轴的帝国经营，几乎囊括了统治多种族、多地域、多文化及多语言之大疆域国家的所有要点，成为日后人类史中国家、"帝国"的基本形态，对后世所产生的影响难以估计。

"帝国"史可以说因阿契美尼德帝国而一举进入了不同的阶段。世间虽然高唱亚历山大帝国的文明史意义，但从"帝国"体系来看，它基本上还是承袭阿契美尼德帝国的。有关征服斯基泰的企图，以及在舰队之运用上所表现出来的面向北方或海上的视野，也始于大流士一世。我们不如说阿契美尼德帝国终究无法实现的对希腊的统治，最后由曾为马其顿国王的亚历山大实现了。从"帝国"史的观点来看，不能忽视阿契美尼德帝国的体系和方式，就其结果来看，是通过亚历山大而传承给了罗马帝国，是一种面向西方的希腊精神（Hellenism）。顺带一提，我们不得不说，欧美史家将罗马帝国视作"帝国"历史的起点，是大有问题的。另一方面，中国史领域虽然也每每强调秦所形塑之帝国体系的划时代性，但若逐一检讨，便能发现那早在阿契美尼德帝国时便已实施。被视作古代帝国典型的罗马和秦汉，带有大流士在东西两侧之继承人的明显特点。

"帝国"史的第二个时期，应该是一方面伊斯兰出现于中东，通过吸收伊朗帝国的传统而急速形成跨域的"伊斯兰帝国"，另一方面东方又有一系列拓跋国家发展、隋唐帝国成立的六世纪末到七世纪初。拥戴哈里发的伊斯兰自不消说，结合了游牧帝国的匈奴、以农耕社会为基本的汉帝国这两者的隋唐，都是以前不曾存在的"帝国"形式。我们不能忽视"伊斯兰帝国"及隋唐帝国传于后世的历史和体系的记忆。

第三个时期，就是前面已经谈过的，蒙古世界帝国的出现。接着第四个时期，应该是随着西欧向海洋发展而形成的以"西班牙帝国"为首的海上帝国，以及同一时期在欧洲有哈布斯堡帝国，在东方有在蒙古体系影响下成立的俄罗斯帝国、奥斯曼帝国、莫卧儿帝国、明清帝国并存的十六世纪。这些帝国及架构并存的形态，整体而言延续到了第一次世界大战。

另一方面，在欧洲又以英、法为中心，在人类史上首次出现了通过工业化及军事化向征服其他地区的军事大国发展的局面。并且，经过十八世纪末到十九世纪初的法国大革命及拿破仑帝国的浮沉，开启了欧洲列强角逐及割据世界的道路。甚至在1860—1870年间，美国、日本、德国、奥地利、法国、意大利等地发生了一连串国家重组和结构变动，在新形态"帝国"相继出现的同时，我们也隐约看到了现在世界上各主要国家共有的基本格局。接着，到了第一次世界大战，发生了新旧各帝国的大幅更迭，美国及苏联浮出水面。

因此，第五个时期或许无非就是所谓"漫长的十九世纪"

的整体了。至于第六个时期，假如以苏联的崩解来指出此前此后的时代存在极大差异，那就约莫相当于某段时期人们所说的"短暂的二十世纪"了。不过，在世人体验了2001年9月11日及其后变化的这个当代的时间点上，恐怕将直至二十世纪末为止的时期视作第六个时期也无妨。若是这个说法成立，那么现在便要进入第七个时期了。

以上，本节以主要的世界史主题为中心，粗略地追溯了"帝国"的展开时序。此外，与这些以时代为别的趋势不同，我们亦可在事实上确认以地区为别的、独特的"帝国"面貌或模式。这些背负了浓烈区域色彩的"帝国"，在近代以前才更显突出。起初，因区域性因素突出而诞生了各式各样的"帝国"，这些帝国在各自区域内模式化的时代持续一段时期后，有了跨域型"帝国"出现而时代性随之转强，最终发展为近现代的"帝国"，这堪称是"帝国"史的大致发展途径。

那么，以区域为别的"帝国"模式又有哪些呢？就常识来讲可以想到的有：①地中海区域型，②欧洲区域型（这或许又可分为西欧型和东欧型），③中东区域型（这又可分为中东东侧型和中东西侧型），④撒哈拉及其以南的区域型，⑤印度次大陆型（这应该也可分为北半边的内陆型和南半边的德干型、沿海型），⑥东南亚区域型（仍可大致分为半岛地带的大陆型和岛屿地带的海洋型两个类型），⑦中华区域型，⑧南北美洲型等。当然，也可分类为大陆型、内陆型、沿海型、海洋型、陆海型等。

其中，①②⑦更为人熟知，③⑤⑥也已有相当的讨论。不过，在此想提出来讨论的，是应当称作中央欧亚型的"帝国"模式。

过去，世人皆把亚洲内陆、中亚、北亚等区域各自处理，而且动辄便因"文明的偏见"而将之视为边远、野蛮之地，所以，除了极少数的相关领域研究者外，几乎未能充分了解其意义，更未能予以应有的定位。然而，彼处却存在着人类史上被遗忘的国家图像及"帝国"模式。再者，在包含了华北、亚洲内陆、伊朗、中东东部、西北欧亚、印度北部在内的跨域超大空间里，其实孕育了共通性极高的国家、社会、文化及观念。这个空间对中华、中东、印度次大陆、俄罗斯等各区域国家发展的影响也很深远、重大，有助于对"帝国"模式的分析，且提供了不可或缺的视角。接着，本节拟举出中央欧亚型国家可见的共通特点如下：

1. 以游牧军事力为中心。骑兵、骑射、集团性、机动力为其关键词。

2. 拥有十人队（十户）、百人队（百户）、千人队（千户）、万人队（万户）等十进制体系的军事、行政及社会组织。

3. 本质上是聚合了部队单位军事力的联合体、联合王权。

4. 在作为游牧部族联合体之核心的君主周边，有由将成为各部族下一代首领的少年阶层组成的近卫军，他们和多元人种组成的策士阶层一同构成中央权力。此一中央宫廷、中央政府里存在着独特的游牧性质的官制。

5. 以上述阶层作为国家主干，而后又在扩大及发展过程中吸纳各地既存政治势力、王室及国家的加入。这些新成员依序作为"帝国"的一部分，其既有形态大致上可获接纳，然后被收拢在松散的架构中。

6. 这些新成员依加入的顺序被定位，整体而言形成了一种同心圆状的展开及统属关系。

7. 这些不同地区、地带的领导者们，与"帝国"君主缔结游牧国家式的君臣关系，接受"帝国"宫廷的阶序和待遇，成为"帝国"统治阶层的一员，其继承人更在"帝国"中央政治、宫廷中成长，成为担当"帝国"下一代重任的"国际人"。

8. 经历了以上过程，"帝国"整体成为多元人种、地域、语言、文化的混合体，是一个多重、多元的复合式国家、社会。

9. 种族主义观念淡薄，反之，能力主义、血统主义、门阀主义、裙带主义混合的社会常识、人事运作盛行。

10. "帝国"整体适用的划一的、一元式法制显得薄弱，各地区单位的固有习惯、法规多受尊重、保存。在宗教方面也看不到强制政策下的单一信仰。

11. 宗教性势力和团体被看作是政治、社会性势力，和缓的自治受到承认，同时在政权所指派的代表者领导下进行教团化。

12. 我们可以注意到，国家权力视军事事务为最重要的事务，而就体制来讲则是商业性极高，形成一种由多元人种组成，经济、财务部门较行政部门优先的中央政府机关，在国家主导下策划、实施经济政策。国家权力很关心交通运输事务，也是一项特征。

13. 整体而言，国家容易跨域化，权力分立而有许多核心，较易展开多元化。

这样一种中央欧亚型国家，突厥语称作伊儿（il）或艾儿（el），蒙古语称为兀鲁思（ulus，中文多意译为"汗国"）。这些词汇指的都是部众、人群、国民等人类集团，对土地和领域的意识极为薄弱。以人类集团为国的这种观念，和定居、农耕型的国家，或源自近代西欧的近现代国家的理念有很大不同。

回顾历史，斯基泰是世界史上第一个事例，有匈奴、鲜卑、柔然、高车、贵霜、嚈哒、阿瓦尔、可萨、突厥、畏兀儿、契丹等浩浩荡荡的历史传统。此外，除了这些纯粹的游牧国家外，如米底亚、阿契美尼德、帕提亚、萨珊等在伊朗高原上兴衰的国家，或是代国、北魏、东魏、西魏、北齐、北周、隋、唐等一系列拓跋国家的长流，甚至是保加利亚及马扎尔等，也关系密切地属于这一体系。七世纪以来的伊斯兰各王朝虽本与游牧民军事集团无关，但十一世纪起突厥·蒙古系的冲击，给原本理当没有相当于"国家""帝国"用语及概念的伊斯兰世界，带来了中央欧亚型的"国家"。并且，中央欧亚型国家的模式，也由于蒙古世界帝国的出现，而作为欧亚各地共通的要素被引入，和蒙古体系一起在各地与当地原有的面貌融合，到了后世成为血肉而被继承下来。

我们总是在无意识下以十九世纪西欧的眼光为前提，以受当时各"文明圈"影响而刻板化的印象来回溯并套用在往昔的历史上。然而，此一"文明圈"的架构其实并不那么固定，而是以蒙古时代以后形成的明清帝国、帖木儿帝国、莫卧儿帝国、萨非帝国、鄂图曼帝国、俄罗斯帝国等几个大型"帝国"的疆域为基础的。由这些帝国各自固有而无变动的"文明圈"、地域框架的错觉产生出来的，是处于将世界各地"文明化"的使命感异常昂扬的时期的人们所编造出来的故事。

在"帝国"史展开的区域模式中，就结果而言，中央欧亚型所扮演的角色实具有与近世、近代西欧型国家并称的历史性意义。

"地上唯一的帝国"确实存在吗？

有几个古老的神话，是与"帝国"相关的。其中一个，就是如今看来仍然存在的"地上唯一的世界帝国"这个修辞。然而，这或许该说是欧美人或近现代人的神话。总之，不过是一种源自对近代以前之无知的浪漫情怀。

罗马帝国正存在于这个印象底蕴中。虚构的动机，便是来自为了赞颂罗马帝国的强大、伟大，并证明其世界性、普世性的心情和意念。此外，又有中华帝国的印象加以助长。具体而言，就是"历代中华帝国皇帝被理解为受天命治理地上世界的天子，是主宰这个'天下'的唯一绝对者"的典型认知和诠释被援用了。然而，中国文献中所谓的"天下"是相对性的，顶多只意味着当时政权有效治理的范围而已。我们应该知道，中国式的世界在古典时代也不过是地上的九分之一或不超过八分之一而已。

若据世界史的事实而论，则"地上唯一的世界帝国"的局面，几乎是不存在的。可以说，蒙古帝国充其量也只等同于现在的美国。主张罗马帝国是"地上唯一的世界帝国"，实在有些勉强。在帝政罗马的东方，有帕提亚帝国，以及接下来的萨珊帝国，而且就算是全盛时期的罗马帝国，与帕提亚交战也时常尝到败绩；东部边境亦曾陷入危机，罗马皇帝也沦为萨珊的俘虏。罗马帝国之所以主张自己是"地上唯一的"，不过是"帝国"时常可见的一种称号上的虚张声势罢了。要说在理念上具有这种观念，说穿了也不过只是出自后世所创造的解释。

在中华帝国，具备了够格称作"地上唯一的世界帝国"的客观情势者，也只有秦始皇和唐太宗、高宗时期这一小段而已。就事实而言，汉与匈奴是呈两大帝国并立的局面的。蒙古帝国在本质上既非中华帝国，统治疆域也远超乎其上。

综观历史上的"帝国",可知它们大抵上是以两个或三个为一组的关系而成立的。我们不如说这一点才更重要。姑举几个有代表性的事例如下。

斯基泰←→阿契美尼德帝国

罗马帝国←→帕提亚帝国、萨珊帝国

汉←→匈奴

拜占庭帝国←→萨珊帝国←→嚈哒

突厥←→隋、唐

契丹帝国←→北宋

哈布斯堡←→奥斯曼帝国←→萨非王朝←→莫卧儿帝国

清←→准噶尔

俄罗斯帝国←→清

西班牙海上帝国←→葡萄牙

荷兰←→英国

英国←→法国

美国←→苏联

此外,所谓众多国家中的"帝国"局面,原本就不限于欧洲。例如前面所提的契丹和北宋也是一样,若是单看两者,那么两大帝国的和平共存看似持续了一世纪以上,但如果扩大视野再照看一次,则将会发现一个有西夏、吐蕃、畏兀儿、大理、高丽及日本等存在的多极世界。阿拔斯王朝后的伊斯兰中东也几乎如此。也就是说,所谓的"帝国"恰恰与唯一且巨大之权力屹立不动这个印象相反，在现实中不如说是某种对抗关系使其"帝国"化，并以此为支撑的。"地上唯一的世界帝国"这种观念，完全只是一种内在的理念，若更贴近现实来说，十九世纪后半叶到二十世纪初的欧洲，不正是反向投射到过去罗马帝国而有的印象产物吗？

作为与这样一种世界性或虚拟世界性相关联的事物，有关"帝国"中较为突出的类型事例或是以之为中心而形成的"国际秩序"，过去以来有诸如罗马的和平（Pax Romana）、伊斯兰的和平（Pax Islamica）、蒙古的和平（Pax Mongolica）、奥斯曼的和平（Pax Ottomanica）、西班牙的和平（Pax Hispanica）、大不列颠的和平（Pax Britannica），甚至是美国的和平（Pax Americana）等词汇被陆续创造出来，其创造者及使用者似乎皆以肯定的意义来使用它们。可是，若谈到作为这一系列改编版本源头的"罗马的和平"本身究竟如何，那么如塔西佗在《阿古利可拉传》（Agricolae）中借不列颠岛某位首长之口所言的"他们带来荒废，却妄称和平"便是这个词汇的真意。总而言之，他是在对罗马借强迫性武力和蛮性而行的统治投以讽刺及批判。

把罗马帝国出自武力和功名心、满是血腥的统治，描写成美丽、文明及理性的象征，始于十九世纪中期的欧洲。有研究指出这是因为虽然国情不同但皆带有"帝国"性格的法、德、英等国，对往昔的罗马投射了作为优越帝国统治者的自画像的结果。若是如此，那么塔西佗所写下的"罗马的和平"之语，当然就成为一个超越时代的、对于近代西欧帝国的讽刺。更何况，各个历史时代的大致状况是否真能被简约成前面所提的"某某的和平"等象征性的印象词汇呢？

如果说"美国的和平"的真意说穿了就是为战争背书的自我中心、感觉良好的片面和平，那么我们该说这个词汇的使用真是巧妙。不过，当我们看到聚焦于近年来乃至于现今的美国的种种"帝国"论，无论好坏都浓烈地带有十九世纪到二十世纪在欧美形成的"帝国"的影子时，便不禁想到其与冷静、客观的"帝国"图像间存在的距离。

基于上述内容，本节拟以图表来呈现"帝国"史的开展。图中所举的"帝国"实例，只是较具代表性者。这幅图表被画成了有如世界史概览图一般，这只能说是笔者能力不足使然。

（图见第236—237页）

三、近代前帝国和近现代帝国的差异

各"帝国"是否存在差异？

贯穿"帝国"史整体的一个重点，是近代前"帝国"和近现代"帝国"究竟有何不同？

有关这个问题，恐怕会有来自各方立场的多种见解吧？细部差异姑且不论，较大的相异点或许是如下三点：

1. 近代前"帝国"基本上是君主制，大体上以血统主义为基础，但也时常在历史上看到，诸如依推举制或由有力人士及家系来进行的更替制，或接力式的政权转让、政体维持，甚至是只限于创业者一代、近似"个人公司"者。我们必须注意，"帝国"不仅限于"王朝"。另一方面，在近现代"帝国"里，整体而言是以议会、代议制、民主制等"国民"意志为依归的，纵使那时常是假想或表面原则。即便所谓民族国家大多是观念的产物，仍不能否定"帝国"是以此为基础而形成的。包含过去的日本在内，世上曾经出现过几个山室信一所说的"国民帝国"，潜在而言现在与今后也仍然可能出现。同样地，"民主帝国"也绝非矛盾。

2. 近代前"帝国"以陆上拓展为主，看不到跨越海洋的帝国疆域。另一方面，近现代"帝国"，除俄罗斯帝国和具有浓厚继承国家性质的苏联等以外，海外性质大致上是比较明显的，或者说较多的情况是因拥有"海外领土"方成为"帝国"的。此一倾向发端于十六世纪以降的近世西欧。

3. 近代前的"帝国"皆是在"民族"形成以前成立的，若要以民族主义式的想法来理解，应当皆属十九世纪欧洲所创造出来的误解及错觉。种族主义的观念也很薄弱。单凭作为统治阶层和政权主体的集团、部族、区域势力，便指为近代式的"民族"或人种，只能说是一种扩大解释。

	I	II	III
	原初型"帝国"	文化世界单位的"帝国"	神圣型跨域权力的 原始"民族帝国"
	前16-15C. 前8-7C.		7C.

南北美洲及大洋洲等

欧洲
罗马教皇政权
法兰克王国（帝国）　西法兰克
西罗马帝国　拜占庭帝国　东法兰克
保加利亚帝国

地中海地区
北非　西亚
西台　古埃及
亚述　巴比伦
亚述帝国　米底
雅典　罗马共和　迦太基
阿契美尼德帝国
亚历山大大帝国
塞琉古帝国　帕提亚帝国
罗马帝国　东罗马帝国
萨珊帝国
（伍麦亚·阿拉伯·伊斯兰帝国）
阿拔斯·伊斯兰帝国
法蒂玛
萨曼

俄罗斯西伯利亚
斯基泰　萨尔马提亚
阿瓦尔帝国　可萨

中亚
贵霜　嚈哒帝国　突厥帝国
吐番　喀喇
复兴突厥　昆兀儿帝国

北亚
匈奴帝国　鲜卑　高车　柔然
契丹
沙陀

中华地区
殷　西周
秦帝国　前汉帝国　后汉帝国　三国　北魏　前秦　隋帝国　唐帝国
南朝

东南亚
三佛齐

南亚
孔雀帝国　贵霜　笈多帝国　嚈哒　伐弹那

朝鲜日本

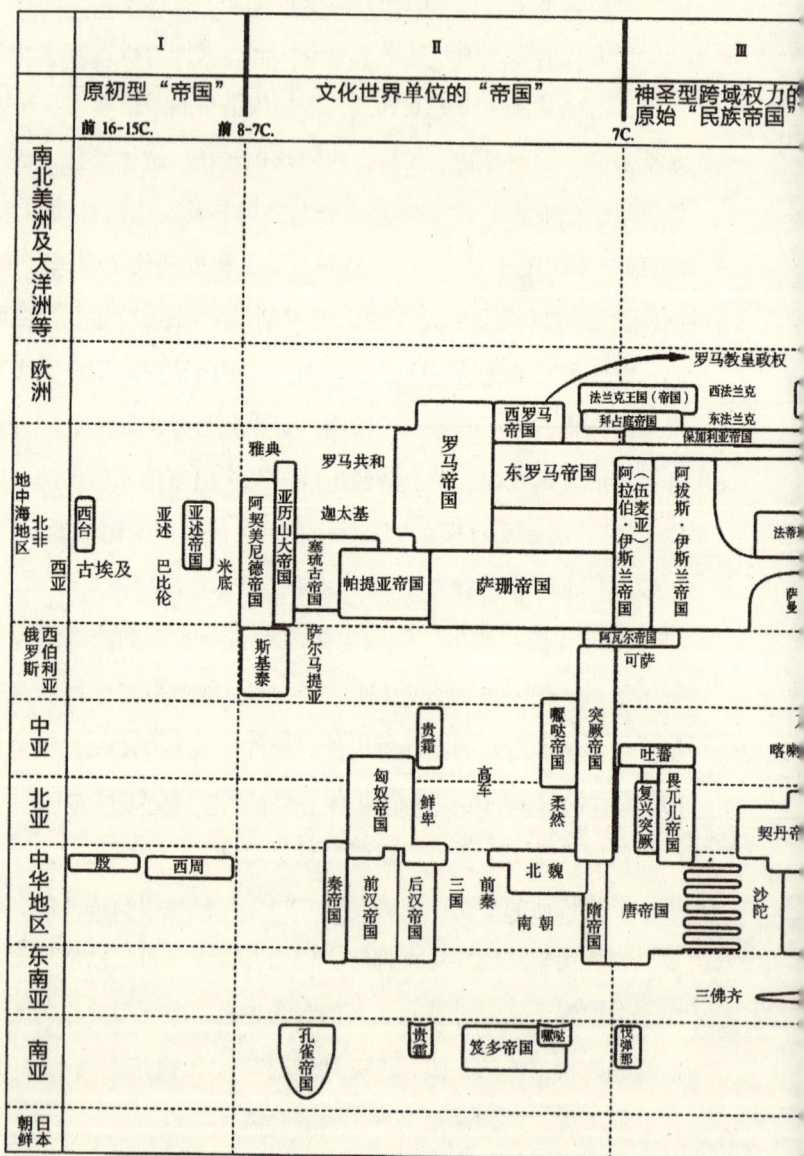

第四章　人类史上的"帝国"

"帝国"史的发展过程

| IV | V | VI | VII |

欧亚帝国　　海上帝国　　文明圈单位的"帝国"　　　　　　美苏两帝国
　　　　　　　　　　　　　　　　　"国民国家"群

13C.　　　　　16C.　　　　　19C.　1860-1870　1914-1918　1945　　1991 2001

亚美利坚合众国

阿兹提卡帝国

印加帝国

大英帝国

日斯巴尼亚帝国　荷兰　法兰西帝国

葡萄牙

圣罗马帝国　（德意志国民的）　德意志联邦　德意志帝国　纳粹德国

哈布斯堡帝国　奥地利帝国　奥匈帝国

阿拉贡联合王国　　鄂图曼帝国

马穆鲁克帝国

萨非帝国

阿富汗杜兰尼帝国

旭烈兀汗国

术赤汗国

察合台汗国

大元汗国

蒙古世界帝国

帖木儿帝国　莫斯科帝国　　俄罗斯帝国　　苏维埃联邦　俄罗斯联邦

哈萨克乌兹别克

也先帝国

准噶尔

明帝国

清帝国（大清国）　中华民国　中华人民共和国

阮朝

满者伯夷

蒙兀儿帝国　　（英国所辖）印度帝国

德里苏丹王朝

图格鲁克王朝

卡尔吉帝国

大韩帝国　日本帝国

相对于此，在近现代"帝国"中，存在着强烈的"民族"意识和种族主义。就种族主义观念的源流而言，始于以葡萄牙、西班牙为先驱跨越海洋的海外领土及海上帝国形成之际，它们将海外属地的居民视为奴隶，大开种族歧视之门。在伊比利亚半岛的本国这边，也发生了要自以前多种族、多宗教混居的状况发展到将犹太系、阿拉伯系等居民驱逐出去的"民族净化""宗教净化"等现象。蔑视海外领地之当地人的观念，是欧洲长期以来的传统，逐渐地也使得他们自命不凡，同时又以"文明优越感"或"文明化使命"作为扩大殖民地的理由。在"国民帝国"的时代，甚至是"民主帝国"的当下，这种族主义的影子还是很浓厚。

除却上述三点，近代前和近现代的"帝国"，基本上应该没有什么不同。此外，除了日本以外，近现代的"帝国"几由欧美所独占。然而，包括当代在内，今后"帝国"将如何演变，则尚无定数。

观看人类史的视线

看过上述极为粗浅的论述，再从时代及地域这两个角度来回顾一下整体脉络，我们便能发现几个以超越时间因素的形式来创造"帝国"或是容易形成"帝国"的地域。姑且撇去"帝国"或"王国"不易辨别的情况不谈，当我们举出名实相符称得上是"帝国"者时，似乎能够看得比较清楚。首先可以想到的是：①地中海地区、西亚，②印度次大陆，③中华地区，④中央欧亚等四个区域；若说①自七世纪左右开始又分为伊斯兰中东和欧洲，那么可以归类为五个容易发展为"帝国"的区域。

而且，应该注意的是，除了中央欧亚以外，这四到五个区域，与近代以所谓"文明"概称的区域几乎相吻合。然而，如前所述，这是近代西欧中心观所导致的误解与偏见。话说回来，总而言之，观看各"帝国"与"文明"的视线，在此是彼此相近的："帝国"和"文明"皆不只因跨越生态系或生活圈而扩大，而是伴随着一定程度的普世性，主张某种主义或价值观、思想。就结果而言，"帝国"论往往接近"文明"论。

总而言之，"帝国"以文明圈为别而展开的这个格局，明显是被接受的。尤其是十五、十六世纪时起以文明圈单位为区隔的"帝国"并存的现象，更成为其后"文明"论的直接基础。在这样一个长久以来皆有"成套帝国"的地区存在的同时，也另有一些与"帝国"较生疏的地区，而那些地区往往被看作是距离"文明"较远的。

接着，另一个超越"文明"的"帝国"，就是世界帝国。蒙古帝国、大英帝国、美国帝国，这三者中较接近世界文明的是何者呢？

美国在当代世界中往往被形容作"帝国"，这是很可以理解的。不过，这里其实存在着一个如果将地球这个行星整体看作是国际社会，那么里头当然包含了某种统一的秩序或价值体系的想法。有关秩序及价值本身，即便美国及其他各主要国家间多少有些差异，但基本的方向则无太大不同。只是，就实行、贯彻的意志，以及作为筹码的军事力量而言，则由美国拔得头筹，并且它的一个极大特征，便是使用武力的方式极为急躁且简单。

美国无疑是一个"霸权国家"。另一方面，谈到主要国家，除了日本与中国以外，仍然集中于欧美。一言以蔽之，欧美等主要国家主导的霸权竞逐，经一个半世纪左右的演变后，形成了现今的世界。若以更大视野来看，可指出美国是在西欧始于十五、十六世纪的海上发展长流中兴起，作为欧洲这个"文明"的扩大型或是新版本而成长，最终发展成为压倒性的霸权国家的。其间虽有许多曲折，但若以"成就美国的道路"这个略微带有结果论色彩的眼光来看，那么这个过程的走向似乎是简单易懂的。

若从"帝国"史的脉络来看，美国本身便是一近于"帝国"的权力，而且，它很早便带有显著的世界性。这表现在作为移民国家成立的初始萌芽，在南北战争后作为一个濒临两大洋的联邦国家，其视线也不得不展望世界，而在两次世界大战后，世界战略便彻底地内化在美国的体制中。"世界帝国"往往容易被用作非难或批判美国的言辞或形容，但否定也好、肯定也好，就历史及客观而言，这数十年间的趋势的确是如此。

不过，虽说它是"帝国"或"世界帝国"，但若要说它宛若一绝对神祇，强迫其他国家接受一元、齐一式的秩序或价值，那也未免太过单纯且老套了。过去罗马帝国的确是有这样的特质，但到了欧亚世界史的阶段，不如说几乎所有的"帝国"在大体上皆是松散的。这些"帝国"的统治，在现实上不过是只限于凌驾在中小型地域、社会、王国之上，做些和缓的整合而已。

直截了当地说，"帝国"变得更接近镇压、压榨、歧视、战争、流血，乃是西欧向海上发展以后的事。特别是十九世纪到二十世纪间的各个"帝国"，几乎都是欧洲的或向欧洲取法的，应该说它们是人类史上嗜血的特例。现在我们脑海中想象的"帝国"，带有这个时期的浓浓色彩。这种以此来回溯遥远的历史，还大谈各种故事的态度或行为，是否应该说是近现代的任性自大，或者几乎是缘自欧洲型文明主义的一种诈术呢？

其实，2001年9月11日以降的阿富汗战争和伊拉克战争，其流血程度和过去相比算是少的。虽说战争中的流血本来就无法避免，但两次世界大战固不待言，阿、伊两场战争流的血，和越战及巴尔干纷争也是无法相比的。此外，即便要谈美国的"世界帝国"格局，美国也丝毫不具备排除万难，解决、主导一切问题的力量及资源（包括物质与人力两方面）。事实上，有关于此，无论是非难美国也好，赞成美国也好，任谁来看都是极为清楚的。即便说美国拥有力量，但那充其量也只是相对性的，不过就是在当前的国际关系或过去历史的脉络中显得突出而已。

此外，若谈到美国以外的国家，那么例如德国虽然在旧东德领土上进行重建事业，但也在怀抱着面向东方的扩大主义或欧洲全境的意图下，对柏林建设等方面做了巨大投资，结果由于自身的失败与失调而陷入现在的结构性经济困境，但它仍潜在性地拥有成为欧陆"霸权国家"的力量与可能性、人口数量及产业能力。至于俄罗斯也是一样，虽有其国家将会更形分崩离析的担忧，但对于旧苏联圈的高加索各国、中亚各国等，它仍是一个无可质疑的威胁、压力，或是顾虑的对象。

再者，笔者并不清楚，欧盟作为一个区域性的机构，究竟能稳定到何种程度呢？然而，就算它作为一独立个体能够成就欧洲体系，也不见得时常会与美国这个"世界帝国"背道而驰。甚至，即便中华人民共和国一方面维持现有的巨大疆域，一方面又成为世界经济的主要推手，而且还回避了国家、政权的流动与瓦解这个"不良剧本"，有朝一日将成为耸立于亚洲东方的准霸权国，但仍不能据此断定其行为必将一律和美国两相矛盾。简而言之，以美国为轴，纵使多少有些离合及若干路线对立，但以几个称作"主要国家"，以及十个左右准于此类的国家为主体的，名唤"国际关系"的基本结构，目前不会有太大改变，也不可能改变。国家各自盘算利害所造成的变动和策略，和世界整体的框架与结构，是两个不同层次的问题。如此看来，若要将当代美国及环绕的体系称作"世界帝国"，确实有其道理。

人类史上是否存在过纯粹以一方权力来决定一切的秩序体系的可能性呢？过去的任一"帝国"里，是否真正存在过这般状态呢？

综观"帝国"史，在多样中的统合，或是在多重、多元世界上覆盖一层薄膜，便几乎可被称作"帝国"的状态，在今日亦无太大改变。若在"美国以单一力量来执行压倒性支配"这个实不能为的假设下，以一种意念及深信的态度来观看世界，我们将会感到某些奇妙或怪异之处吧！

对于是否该将美国视为人类史上第一个名副其实的"世界帝国"，我们无须踌躇。虽说如此，过度的抗拒和肯定也不妥当。只不过，我们应当要求美国具备的是，作为"帝国"的从容宽裕、一种雍然敦厚的"帝国"姿态。比如说，武力虽是压制及策略的手段，但将之作为实行上的政治工具，则不明智。有关于此，往昔的"帝国"各自提供了一些或好或坏的前例。"帝国"里头既有年轻的，也有成熟的，美国应该能够选择走上一条迈向"成熟帝国"的道路。

第五章

欧亚中的日本史

...

一、从大陆看"蒙古来袭"

唯一一场由敌方发动的防卫战争

简单来说，对于在日本列岛生活的人们而言，发生在镰仓时代的"蒙古来袭"（译注：日本称"蒙古袭来"）是一起日本"遭受攻击"的事件。

日本是一个岛国。在这个国家四周为海环绕、与生俱有天赐防卫能力的历史之中，关于遭到他国"攻击"的经验或是"有遭攻击之虞"的恐怖记忆，在实际上恐怕只想得到第二次世界大战最终阶段，或是佩里率"黑船"所揭开的幕末时期而已。

纯就由敌方发动的战争及国土保卫战争观点来讲，除去虽留有记录但规模极小的"刀伊来袭"（在藤原道长全盛时期的1019年，女真族搭乘五十艘船，在攻击朝鲜半岛的高丽国东海岸后，又侵袭了对马、壹岐、肥前、筑前等北九州岛沿岸区域的事件）不论，蒙古来袭不只是第一场战事，从某些观点来看，蒙古来袭或许是日本国史上唯一的一场国土保卫战役。

663年大败于唐朝、新罗联军的白村江之战，无论如何说，都是由日本发动的。战败以后，当时以中大兄皇子为首的日本政府，对于来自大陆的军事行动开始感到恐怖。他们沿着预想的对方进攻路线，在短时间内设置了几座烽火台和护城河，甚至是大规模的山城等，的确是将之视作事关国家存亡的危机，拼命地进行防卫。所幸最后"袭来"并未发生。位于生驹山中，近年来被判定是一座不折不扣"巨城"的高安城等，让我们切身感受到了笼罩在当时亚洲东方的压迫感。

接着，经过了一千三百年左右，美、苏在第二次世界大战的最终阶段进攻日本列岛，或可说是一百八十度地改变了日本这个国家的历史。不过，在变为本土防卫战之前，苏联姑且不谈，美日双方也曾有过交锋的战争过程，并不尽然是日本遭单方面进攻的。

此外，我们还可想起 1419 年李氏朝鲜国带着两千艘兵船、一万七千名士兵来到对马的事件。这起事件，在朝鲜半岛以干支纪年方式称为"己亥东征"，而日本列岛则以年号唤作"应永外寇"。然而，对方来袭的目的原为进攻倭寇根据地，而非日本国本身（李氏朝鲜国能够清楚分辨倭寇及日本，并和日本保持友好关系）。就事件的发展经过而言，毋宁说是和刀伊那场战事相近的。

再者，就是发生在幕末的 1863 年，与为了报复前一年的生麦事件而入侵鹿儿岛的英国舰队交战，致使萨摩藩严重受创的"萨英战争"；以及 1864 年英、法、美、荷四国联合舰队同样为了报复前一年长州藩对外国船只炮击事件，而炮击下关（即马关）、占领炮台的"四国舰队下关炮击事件"等，皆可说是以藩为单位的战争。姑且不论当时以开国和攘夷为中心的国内外情势如何，这些事件本身并不具有国土保卫战争的性质。

双重禁忌

总而言之，蒙古来袭是由敌方所发动的对外战争，同时，也是连续两次迎击实现了人类史上最大版图的世界帝国"蒙古"之大部队的"国土保卫战争"。

而且，蒙古来袭在两次实战后便结束了的说法，出于后世人们的结果论，而对于当时的人们来说，并非就这么结束了。其后，来袭的危险仍然存在，不安也无法完全拭去。并且，不唯心理层面，就结果而言，镰仓幕府的确不得不持续备战，以继续面对后醍醐的讨幕运动。

这在日本史上的确是值得一书的异常事态。可以想象，北条时宗主持的镰仓幕府，以及当时包括京都朝廷在内的为政者，是置身于多么非比寻常的重度压力中。这与苦于"黑船到来"的江户幕府的要人们相比，恐怕还犹有过之。

战事的发展、敌方的强大、前后两次的大规模战争、持续不绝的恐怖记忆……总而言之，这的确是日本史上一场罕见的国土保卫战争。这般印象震撼了日本列岛的人们的内心，而称之为"前所未有的国难"。姑且不论这形容是否妥当，对于大多数的一般民众来说，这确实是一种单纯、易懂的思考方式也说不定。

然而，回顾过去，这种说法其实并不古老。它最多能被回溯到明治以后，尤其是在昭和以后才变得更加明显。

此时，日本已经举国走上塑造西欧型近代国家的道路。这个方向逐渐发展成一种高涨的国家意识，甚至演化出日本史上独特、异常的极端阶段，亦即日中战争（译注：即侵华战争）和第二次世界大战时期。

蒙古来袭被赋予特殊意义并形象化，也正是在那一期间。蒙古来袭对日本全国而言是无可争论的"国难"，北条时宗也因此被视为"救国英雄"，在数百年后获得追封，声誉极高。然而，另一方面，时人却不分析、探讨事件的经过，如蒙古来袭的实际情况、镰仓幕府的应对方式、北条时宗的真实面貌等。这与把所谓的"神风"神圣化有共通之处。

不过，情况到了战后出现了大幅转变，上述内容被视为战争期间的异常事态，不仅蒙古来袭本身，甚至连战争整体或涉及军事史的研究和论述，都被看作禁忌。至今为止，"蒙古来袭"实际上仍处于一种彻底的研究分析尚未展开、主观成见和擅断却已先行的状态。

简单来说，在战前和战后双重禁忌的情况下，有关蒙古来袭，如究竟发生了什么、何时发生、结果如何等各项问题，就合于情理的史实确认而言，皆尚无定论。这实在是一个成见先行或想象过度的案例。

蒙古来袭乃今后的研究课题

现在，世人对"神风"的印象已经较为淡薄了，但"空前国难""存亡危机""救国英雄北条时宗"等说法，作为一种形容修辞，还残留在大多数人的耳中，并且似乎已经定型、扎根了。还有一种说法指出，日本之所以能够击退蒙古来袭这个"巨大外压"，是因为朝鲜半岛、中国大陆、东南亚各地民族或国民对于"蒙古恶政"的抵抗、反叛和合作之故。然而，一谈到实证和史实的探讨，则其实有许多经不起推敲的地方。有关于此，虽然有待其他机会详述，但越战时期反美运动的类推投射，似乎是这些说法的缘由之一。

镰仓幕府时的认识里，究竟存在着多少"日本""日本国家"，甚至是"国难"的意识，本来就大有疑问；并且，亚洲各民族的"合作论"也实在是太过受到近代的影响了。

无论如何，都不能否定其中存在着印象先行的问题。不管是哪一种情况，若将我们这些现代人以"国家"概念为当然前提的"一般认识"作基础，来观照其实并非如此的过去，总是有些说不通及令人担忧之处。

此外，还有一个问题，就是一直以来有关蒙古来袭的讨论和印象，都只从日本的角度来看的。这是前面列举的论述里无法忽视的共同点或特征；或者，这些论述顶多只在稍稍揣度朝鲜半岛或高丽国内的情况后便打住了。

这些论述对于"攻击方"蒙古帝国的情况，几乎未加考虑。总而言之，我们只留意到一种情绪，那就是蒙古是一个日本无法匹敌的巨大世界帝国，强大又野蛮，由于是被这个超大国家"攻击"，因而非比寻常。这的确是一种逻辑单纯的印象论。如此一来，"攻击方"蒙古的皇帝忽必烈，便理所当然地该是一位邪恶悖德的帝王了。这真是一出善恶分明的粗糙时代剧。然而，事实真是如此吗？

可想而知，若我们不能细致地兼顾"攻击方"和"防守方"两者，便无法确知事实。例如，一直以来无可质疑地被认为是善者、英雄的高丽国的反蒙古势力"三别抄"，其实也曾有过直接臣服于蒙古的动向，而并非人们一直以来所认知的那般单调无变化。当然，时人的营生和行动，绝不是后世单纯或任意地贴上标签便能下定论的，每一位历史人物的生涯都非同小可，他们为了存活都非常拼命。而且，日本史和亚洲史的区别，不过是历史研究者任意创造的产物。所谓的历史，事实上是没有界限的。

要从事这样的研究，其实必须搜罗各种材料，包括多语种文献史料，以及遗迹、遗物等。并且，日本史、东洋史等框架尚不论，还须征集海洋学、军事史、气象学等横跨文理学科界限的英知卓见，进行分析、探讨。这正是一种综合研究。

其实，所谓历史研究皆须如此，蒙古来袭当然也是。针对蒙古来袭，我们必须进行一种遍及所有层面、事物，巨细靡遗的再探讨和新研究。也就是说，从现在起一切才正要开始。

不可思议的"元寇"

"元寇"是在日本列岛生活的人们时常听闻的词汇。它指的是蒙古以 1274 年的文永之役、1281 年的弘安之役两场战争为中心，对日本发动的侵袭。至于蒙古于日本战役前后在东南亚各地发动的军事行动，有时也以这样的说法来形容。

然而，"元寇"一词，出了日本便不适用。"元寇"，可以说是日本的新造词汇，也就是和制汉语。由"元"和"寇"这两个汉字组成的词汇实属奇妙，因为"元寇"是既不自然又不可思议的词汇。

毋庸赘言，"元"是蒙古帝国第五代皇帝即成吉思汗之孙忽必烈在 1271 年定下的国号。不过，正式的国名为"大元大蒙古国"。所谓的"元"只是一种通称、略称。正如后述，为人熟知的这个通称，便是造成事实误解的重大原因。

1271 年忽必烈宣布新国号，不过是第一次"元寇"即文永之役发生仅仅三年前的事。过去蒙古帝国的自称是"大蒙古国"，蒙古语读作"Yeqe Mongyul Ulus"。若将之翻作汉语，便成"大蒙古国"。

因此，忽必烈于 1266 年递至日本并在东大寺中留有复本的知名国书，理所当然地在开头写有"大蒙古国皇帝奉书日本国王"。1271 年前便有"元寇"的说法，自然不能成立。

"大蒙古国"这个国号，原来是初代君主成吉思汗在1206年制定的。然而，六十五年后忽必烈却在固有国号上特意增加了"大元"之语。这个举动可以说是非常特殊的。

　　"大元"之语，取自中国古代圣典之一《易经》中的"大哉乾元"。所谓"乾元"，可说是天、宇宙，或其生成原理。也就是说，"大元"意指世间万物的"源头"。忽必烈是期许自己所率领的国家成为地上万物的支配中心，才加上这个名称的。

　　当时，将中华全境都纳入了版图的忽必烈举行盛大仪式，并自称国号为"大元大蒙古国"，以之作为横跨欧亚东西的世界帝国的国名。在始于1260年、长达五年的帝位继承战争后期，凭借实力成为大可汗的忽必烈，立刻推动了崭新的国家建设。远征日本等各种作战活动，不过是他与智囊策士们所勾勒的综合计划的一部分。

　　忽必烈想表达的大概是：自己所构想的新国家不以"大蒙古国"为足。这是他明确地面向世界的新国号。

　　一言以蔽之，"大元大蒙古国"这个国号，是在蒙古国家传统及架构上，增添了中国王朝色彩及统治世界意志的新形态的国号，在世界上找不到其他类似事例。也就是说，在世界上所有的国名里，它属于一种双重结构。

　　然而，一般中国史却习惯将它称作"元"或"元朝"，与其他中国王朝并列。这里存在的逻辑是，"大元"和大唐、大宋、大金、大明、大清相同，"大"是一种美称，而唐、宋、元、明、清才是王朝名称。但这只对了一半，有一半是错的。

宋代以前的中国历代王朝，是在地名（出身地或封领之名）上增加美称"大"，自金以后则是以"大〇"两字为一词，命名方式有所不同。至于"元"则与上述方式不同，世人几乎忽略了国号后半的"大蒙古国"仍然确切存在，而且那原本是国号的骨干。这么说吧，其实绝大多数的中国史家恐怕都不清楚"大元大蒙古国"才是正式国号这个事实。我们不得不说，只注意到汉文史料的治史方法，未能留意到蒙古语等文种的文献记录，实在令人非常遗憾。

并且，不只是国号，就实际层次而言，这个政权在忽必烈以后，也一直是统合欧亚之跨域型超大世界帝国的宗主国，而就结果来说，它对中国地区又带有中国王朝的面向。也就是说，该政权不只在理念上是双重结构，在现实上也是。中国史的这种称法，于名于实皆难称适当。

"元"完全是一种基于中国王朝史观的权宜称谓，属于一种设限的用法。有关此点，若不充分留意，那么事态的严重性将不仅止于国号称呼。世人往往将这个国家或政权的实际状态想作和中国王朝一样，在史料解释和史实把握上也容易在无意间产生许多误解。这是一种长期存在的现象。

"元寇"与"倭寇"

另一方面，所谓"寇"，窃贼、强盗之意，特别又含有浓浓的"毛贼"之意。在许多情况下，汉字这种特殊文字每一字皆带正反语感和价值判断。"寇"无疑是一个负面印象的文字。对于这个文字的遣用，本来就存在一种嘲弄、轻蔑的意图和情绪。

总而言之，这样一个负面印象的文字，和指称王朝的文字"元"结合而形成一词，就汉语而言甚是奇怪。"元朝毛贼"一词，其性质从汉语角度而言，原本就是极难成立的。实际上，"元寇"这个词汇，至少就我所知，在中国可见的古今汉文典籍、文书、记录里头都看不到。

回头来说，日本在当时将这场对蒙古的防卫战称作"蒙古会战"（蒙古合战）或"异国会战"（异国合战）。"蒙古来袭"这个后世常用的说法，在当时也已经能够看到。不过，"元寇"之语则一直没有出现。

"元寇"是到了江户时期才开始使用的。依笔者管见，它的第一次出现是在《大日本史》[卷六三，后宇多天皇，建治元年（1275）九月七日之条等等]，其后，尤其是到了江户后期，伴随着国学鼎盛而受到瞩目。于是，这个词汇便在幕末到明治间扎根。现在"蒙古来袭"和"元寇"两个词汇可以说是并用的。

为何"元寇"到了江户时期以后开始被使用呢？其关键就在"倭寇"一词。

当时，"倭寇"这个修辞已经存在于中国或朝鲜半岛，是一纯正汉语词汇。所谓"倭"指的是日本列岛及其周边地区，以及在那里生活的人们。不过，就文字本身的语义而言，则是形容人弯曲、畏缩、弱小之意，里头当然包含了中国思想的独特价值观、文明观和世界观。

这样一个负面形象的"倭"，和意味着窃贼、强盗和毛贼的"寇"，是很容易被联想在一起的。在此，就汉语用法而言，没有任何不自然之处。

"倭寇"是大陆方面针对被认定为日本及日本人的集团（实际上，被唤作"倭寇"者，集团成分复杂多样，也包含了大陆、半岛的人们）所创造的用语；并且，使用的时期确实很长。因此，"元寇"乃是过度意识到来自大陆的"倭寇"一词而被创造出来的和制汉语，可以说是源自日本的一种"对抗语"。

这该说是日本方面的自我意识使然，还是该说是对抗大陆国家的心理表露呢？国学和攘夷思想的鼎盛、幕末及明治维新时极度昂扬的国家意识——这样一个时代状况和"元寇"一词普及的相辅相成，恐怕不是一种偶然。

可是，坦白说来，这横竖不过就是一种文字游戏。这个词汇的"发明者"到底是谁，虽不确知，但说不定有很大成分只是为了取笑或嘲讽。不过，"元寇"或许也和所谓神国思想或国体意识联动，使得这个日本人听来不坏的修辞和语感受到欢迎，渐次普及开来。

这或许是历史上屡屡可见的一种超越时代的文明现象。附带一提，整体而言东洋史家较常使用"元寇"，反之日本史家则几乎是毫无例外地使用"蒙古来袭"。

"蒙古来袭"这个词汇在当时的史料中也找得到根据，就这个意义来讲是极富根据的日语。不过，无论如何，说不定日本史家对于"元寇"一词及其形成过程，以及其中飘散的国家主义气息，较东洋史家还来得更敏感也说不定。虽说如此，当然以大陆为基轴来看历史和以日本为中心来看历史，视角和视野确是会有不同。

笼罩欧亚的蒙古暴风

上面谈到的是日本的情况，然而，"元寇"也好，"蒙古来袭"也好，此一"蒙古暴风"侵袭的不只是日本或朝鲜半岛、东南亚各地，也波及了欧亚的东西及南北。这是遍及欧亚整体的历史现象。比方说，欧美将蒙古称作"东方暴风"，具体而言，就是来自东方、使中世纪末期的欧洲基督教世界陷入危机的"暴风"。

前往日本的"元寇"，正处于这样一个大时代的波动下，单从日本的观点来看，其实是不充分的。我们必须追寻"世界与日本"，或是"世界中的日本"的观点。

回顾历史，"蒙古来袭"也好，"元寇"也好，这两个词汇自始在前提上，便在不知不觉间意识到了亚洲东方和汉字文化圈的"东方世界"。可是，那实际上还是一种终究无法收纳进"东方世界"框架里的时代现象。将"蒙古暴风"整体摆在世界史规模的鸟瞰图中来把握，很是重要。若能如此，那么吹到日本的"蒙古暴风"便将显现其特征。

日本既非世界孤儿，亦非特殊存在。日本史上的"蒙古暴风"，是能够让我们毋庸置疑地思考到"日本既非孤儿亦不特别"的珍贵时刻。

此外，就算是"暴风"也会因时期和地域而有许多变化。我们可以说"袭来"的内涵是有所不同的。放大眼光来看，这股蒙古扩张的"暴风"，能够分为三个时期。

首先，第一个时期是成吉思汗的时代。蒙古的国家原貌，便是在此时创造出来的。这个时期的一切，皆可归纳到"草原游牧民国家"这一点上来。

原本，日后被称为蒙古高原的这块土地上，并不存在着可被称作蒙古民族的确切、巩固的统合体。这一点非常重要，却也是一直以来许多人根本误解的一点。

在成吉思汗统合以前，这座高原由鞑靼（Tatarlar）、怯烈（Kereid）、蔑儿乞（Mergid）、乃蛮（Naiman）、汪古（Ongud）、弘吉剌（Khonghirad）等大大小小的突厥、蒙古系集团割据。此一状况在九世纪中期畏兀儿游牧国家解体后，仍持续了三个半世纪。

成吉思汗颠覆了漫长的空白。出身于蒙古这支未必称得上强势的部族集团，且是旁支中之旁支的他，受惠于众人企盼统一君主出现的时机，成功完成了对高原的统合。接着，他将突厥、蒙古系的庞杂集团，重新整合成以自己为顶点的十人队、百人队、千人队等十进制体系的游牧民组织，以及左翼、中央、右翼的三大分割制，并于 1206 年将这一新游牧民国家称作"大蒙古国"。

也就是说，蒙古原是一个国家的名称，它成为民族的名称，是后来的事。

在历时五年的内政整顿后，成吉思汗所率的蒙古军，自 1211 年起耗时五年瓦解了满洲和华北的金帝国，在 1219 年起长达六年的西征中，造成中亚、中东最强的花剌子模沙王国解体。1227 年成吉思汗逝世三日后，西夏王国又降伏于蒙古脚下。

晚年的成吉思汗，日夜都在对外征伐中度过。亲自站在对外军事远征先锋部队的第一线上，是统领庞杂及分散的游牧民联盟的最佳手段。通过长达十数年的组织性军事活动，各路蒙古牧民开始感受到已同处"蒙古"这一国家下。

在成吉思汗这一代，蒙古就同时形成了统制力绝佳的游牧军事力以及雄视欧亚中央地带的草原帝国形态。这就是"蒙古暴风"，亦即"元寇"袭击世界的第一阶段。

从草原到陆与海的巨大帝国

蒙古在成吉思汗逝世后的扩张，有如自动装置的展开。具体来讲，第二时期是第二代的窝阔台到第四代的蒙哥的三十多年（1228—1259）。这个时期较引人注意的，是遍及欧亚的陆上大作战。蒙古后继者们在成吉思汗的基础上，于欧亚东西两侧同时展开了两次大规模军事活动：以拔都为主将，前往钦察草原以及俄罗斯、东欧的知名大远征；以旭烈兀为主将，向伊朗、伊拉克和叙利亚方面展开的大远征。这两场远征，皆是面向西方的作战活动：作为其结果，在欧亚西北成立了术赤汗国，中东东半边成立了旭烈兀汗国，它们都构成蒙古帝国的一部分，而且其中任何一国皆具备了"帝国"的规模。

然而，同一时期展开的东方作战，也就是以中国南方的南宋为主要对象的两次军事活动，皆无显著进展，因而被视为一项必须克服的课题。时至此时，蒙古明显怀抱了统治世界的意图，并为达此一目标而开始构思世界战略。

接着，第三时期是忽必烈治世的三十四年（1260—1294）。忽必烈在兄长蒙哥猝死后，与幼弟阿里不哥展开帝位继承战并得胜，其后将帝国重心移向东方，为帝国新造了巨大的首都即大都，推动全新形态的"大元大蒙古国"的国家建设。

1276年，蒙古在几近毫发无伤的状态下接收了南宋，其后以在当地蓄积的产业、海运能量为基础进一步向海上发展，不久又将印度洋上的通路纳入视野中。蒙古帝国就此转型成为一个遍及陆海、结构多元的"世界联邦"。将之收束为一的宗主国，就是忽必烈的大元汗国。

总而言之，蒙古分为三个阶段扩张、成长。它从一个内陆草原的游牧国家，经过史上最大的陆上帝国时期，化身成为人类史上首度遍及陆海的巨大帝国。

这个历程顺势与世界史洪流交汇。日本所遭遇的"蒙古来袭",便是在蒙古扩张的第三期,也就是推进到最终阶段,如火如荼地向海上发展时发生的。

不战的军队

话说,一提到第一章已经谈过的蒙古扩张历程,世人总不由分说地强调杀戮、破坏及掠夺的印象。当然,一旦转为战斗场面,悲剧的确是无可避免的。

但是,人们一直以来所谈论的"大虐杀"几乎都未经证实。虽说误解的根源里,多少存在着受蒙古支配者明显出于有意的叙述和曲笔、夸大形容等,但仍有很大程度是受到了后世,特别是近现代历史学家们的成见和偏见的影响。

原本,蒙古的扩张便未必总是伴随着战争。实际上,说不定爆发战争的情况还比较少。这其实是我们在思索蒙古时的一个谜题。

蒙古自成吉思汗统一高原的功业时起,整体而言就是一支不战的军队。即便是摆开阵仗互相对峙,但要下这就意味着发生过战斗的定论,则未免言之过早。在领导者间交战后,溃散的一方并入另一方,似乎是游牧民社会的常态。并且,从另一角度来看,他们借此回避了人命的折损。

就算对外征伐,蒙古也始终维持着不轻易发动战争的原则。无论是在哪一地区，蒙古皆重视情报战，尽可能地在战争前将敌方导向自灭或投降。而且，大致上也有所实现。

我们看到的实际交战的事例，大多是因为发生差池或是准备、信息不足，而不得不展开的。而且，若是真正开战，我们也能看到蒙古军其实总是尝到败绩的。或者说，纵使不沦为失败，也是先以先遣部队或前卫队稍作观望，若判断敌方较强，便迅速撤退。

要说蒙古之所以有了令人惊异的扩张，是因为他们太过强大，当然比较好理解。但是，"扩张等于战争"这个前提，却叫人质疑。

还有一点。同一时代叙述蒙古帝国内情较详的波斯文史籍里，指涉攻下或使敌方的集团、部族、人们、国家、城市、乡镇降服时的词组，是"成为伊儿（il）"。"伊儿"本为突厥语，但亦可作蒙古语用，这个词汇原指"人类集团"，甚至有由"同一集团、同族、同类"而延伸至"伙伴"之意。

所谓"成为伊儿"，就是"成为伙伴"之意。不得不说，过去将之译作"使之降伏"或是"令其服从"，是明显受近代概念影响的误译。

而且，"伊儿"一词和纯蒙古语的"兀鲁思"（ulus，译注：汉语多意译为"汗国"）完全是同义词。人类的集团，也就是"国"，这是极具游牧民特色的思维，也是蒙古扩张的关键。

不论是谁，只要成为和自己一样的"伙伴"，便无敌我之分。因为你我都是一样的"伊儿"或"兀鲁思",也就是同一个"国家"。蒙古令人惊异的急速扩张里头,可以说存在着一个弹性自如的国家观,或豁达的集团理念核心。

来袭军队为多人种混合部队

话题回到蒙古来袭日本上面。如上文所述,其时正值蒙古扩张的最终阶段,也就是往海上发展的时期。

忽必烈的新国家"大元汗国"的一个极大特征,就是从一开始便拥有强烈的向海上发展的雄心。经济上他们奖励海上贸易,以国家主导的形式组织了商船队,在军事上更推动海军建设和海外派兵。我们不得不说,这是一种游牧民政权才具备的柔软性。

同时受人注目的,是他们不唯独拥有传统的蒙古骑马军团,而是对应不同的地区或目的,新设立了由各色人种组成的兵团和军队。例如,组成以西北欧亚的钦察族、阿速族、康里族为主的忽必烈近卫军团,或令时称"斡罗思"的俄罗斯人和汉族的混合部队在首都大都郊外驻屯。此外,配置于旧南宋领的各军团方面,主要是由中国北方出身的契丹族、女真族、汉族来构成中坚阶级,中国南方当地出身者也时居军队成员大多数,纯蒙古族的只有极少数位居将官等职位者。或者,也有如云南、缅甸方面的驻屯军那般,在契丹族将官之下以女真、汉族为主力的情况。

他们的内在组成虽然纷杂不一，但都算是"蒙古军"。而且，忽必烈也尽可能地保存原有的纯蒙古军，将由多人种混合组成的新蒙古军派出进行各场远征或驻守各地。驻守在朝鲜半岛的蒙古部队、远征日本的部队、东南亚各地的派遣军里，其实存在着各色脸孔。

蒙古的海上战力是在对高丽国的征伐战事中形成的。1273年，在制伏逃至耽罗（现在的济州岛）的三别抄（高丽国的独立派军团）之际，有三百艘搭载了一万两千名蒙古、高丽联军的船只渡海，这在事实上可说是最早的蒙古海军。

以其时的舰队为母体，蒙古在翌年组织了远征日本的军队。不算水手的话，这是一支拥有两万七千兵员的蒙古高丽联军，船舰达九百艘。不过，虽说是蒙古部队，其实也是由契丹、女真、党项、汉族等族组成的新蒙古军。

就蒙古而言，正式的海外派兵以文永之役为最早。在博多一带的陆地战之后，蒙古回到博多湾内的船队，最终未再上陆而直接撤兵了。这是因为他们在陆地战中遭受了太大的折损而见识了日本的实力，同时也担心若勉强在此坚持，那么好不容易建立、珍爱的海军恐也将瓦解。

若一并眺望大陆形势，那么与其说蒙古对日本的首次派兵，目的在于日本本身，不如说那只是该年一齐展开的南宋征服战的一环。从日本及南宋一直以来的通好关系来看，若能截断南宋退路并威吓日本，也就足够了。蒙古在此时恐怕没有征服日本的意图。

文永之役时的蒙古远征军，正如对欧亚大陆扩大作战时一般，对于首次接触的土地和人们，以先遣部队观察了日本方面的反应，这可以说是一种试探底细的做法。

然而，到了弘安之役，情况和局势便全然改变了。七年之间，接收了南宋的忽必烈大元汗国，一鼓作气地向通往海上帝国的道路迈进。然而，在同一时期其实也发生了如何安顿数十万旧南宋职业军人的问题。

对于正自陆海两方面将欧亚整体化为一个巨大的通商圈的忽必烈及大元汗国而言，现在要再向日本派兵，从军事和经济上，甚至从帝国的荣耀上来讲，皆有其意义。于是，除了来自朝鲜半岛，与首度出征几乎同一规模、阵容的东路军外，又加上十万兵士、三千艘兵船和相当人数的水手，在中国南方组成了人类史上屈指可数的超大型舰队，而且这次还要渡过东海的波涛侵袭日本。

但是，史上称作江南军的这支大型部队，特别从复员不易的旧南宋兵中征召了志愿者，不携武器而是带着农具。因此，也能够看作是前往日本列岛的移民或屯田。由于"飓风"而沉入海底的恐怕都是这些人员，实在叫人怜惜。

至于第三次，忽必烈最是热衷。但是，帝国内部在此时却发生了蒙古王族的大叛乱，使得向日本派兵被迫延期。1294年忽必烈长眠，蒙古扩张这个大时代在事实上也就此落幕了。

二、镰仓日本没有外交

大河剧《北条时宗》的时代考证

去年（2001 年——编者注）NHK 大河剧的主题是"北条时宗"，这已是一则旧闻。我虽然不过是一介平日以十三、十四世纪的"蒙古时代"为钻研主题、埋首于欧亚东西多语言文献的历史学者，但由于北条时宗也涉及蒙古来袭的故事，于是早有打算要在这个总是不看电视节目的周日晚间八点档时段，打开久违的电视机。

在这之前，去年三月底的某日，NHK 电视剧节目部人员突然造访我在京都的研究室。他们说服我的办法，和传闻的学生运动的"集体组织工作"很是类似，总叫人感觉奇怪。顺带一提，所谓大学纷争世代以后的我们，就实际体验而言，和"组织工作"的关系很浅，不知该说是幸还是不幸？

话说回来，该说是吉村芳之这位节目主任拥有如纷争世代般的高明手腕，或说老派作风所致，总之我被他满溢热情的辩才及翩翩风度打动了，在反复问答后，才留意到自己已经接下电视剧时代考证这个事前万万想不到的奇特任务。灾难何时会降临到自己身上，还真是无从预知。

不过，日本中世史研究者奥富敬之老师，作为一位少有的北条时宗专家，几乎把自己完全献给这部电视剧的时代考证了。相比之下，我只要在电视剧情节进展时，对于时而出现在画面中的和蒙古相关的事物，在能力范围内多少回答工作人员的询问即可，真的是轻松多了。

说到底，虽说是时代考证，但也是挂羊头卖狗肉，我说不定最多只是附带性的角色罢了。

话说，这样的历史剧总容易被问到和史实之间的差距。特别是 NHK 大河剧更是如此。说到世人的高期待，这对 NHK 和节目工作人员来说，或许就变成关爱过度了。

应该说历史剧是介于史实与戏剧间的。纵使是电视剧，也要在史实上力求正确，这种意见当然是可以被接受的。另一方面，即便是历史，但只要不是完全笃定，也不过只是一种解释、推测和假说罢了。因此，也有一种看法是：只要将之视作以历史为题材的电视剧故事即可。

虽说我这个人本来就不太花时间看电视剧，所以感觉也说不上准，但大多数的观众恐怕都属于后者。就算未似《水户黄门》和《远山金四郎》那般偏离历史，但对于与史实间保持适当平衡的历史剧持冷静态度，只是单纯享受观剧乐趣的观众，想必也是不少的。

其实，即使是去年的这部大河剧《北条时宗》，也是以作家高桥克彦先生的原作《时宗》为底本，再由剧本家井上由美子女士苦心改写成剧本，接着又据此改编为电视剧的，可以说经过了原作、剧本、影像三个阶段，即使各阶段皆充分地考证、参阅了史料及现有历史研究，但其中也会有作家、剧作家、剧组人员的特色与想法、解释与原创、创意与巧思等（顺带一提，稻叶寿一先生所率领的美术考证令人激赏，让我学习到有关如何再现镰仓街景等新知）。

原作、剧本、影像皆是各自独立的作品，而且我们或许应该说它们整体上构成了一部综合作品。此外，自企划、立案起，统筹一切的阿部康彦先生和前述吉村先生所设立的目标和定位，更成为主要基调。他们主要的目标除描绘蒙古来袭这个"激荡时代"外，当然还要打造"动人戏剧"。

简单说来，无论从哪一阶段来看，这部大河剧皆是取材于历史的电视剧创作。而且，它最多也只能是一部取材于历史的电视剧创作，不可能有完全接近史实的进一步超越。而我也在了解此一情况的前提下，参与了制作。说实在的，在观影过程中自己也有不少狐疑之处。就场面、设定、剧情进展而论，作为一位历史研究者，我仍觉有不少需待改进之处，恐怕奥富老师也有同感。

然而，反过来说，若是太锱铢必较地拘泥于历史研究的角度，相关创作将一筹莫展。首先，有关主角北条时宗这位人物的史料，就实在非常缺乏。我们只能一点一滴地了解一些片断事迹和足迹而已，其生涯则近乎于谜。"救国英雄""迎向空前国难、苦恼下当机立断的人物"等形容虽然简单易懂，但那大多是后世（特别是明治以降）所创造出来的形象，然而事实真是如此吗？我仍无法确知。

若是对历史过于讲究，那么影像中的北条时宗就要变成一个静止的图像了，也就是一出连环画剧。当然，认为这样才"正确"的历史研究者，想必也不在少数。更何况，事物的谜团不只限于北条时宗，空白和疑问到处都存在着。

这一点，不用说奥富老师，我也感到有些苦恼。说时代考证是一种灾难，主要就是这个原因，这不是只谈世间印象与实际情况间的差距便能解决的。

史实本身的疑点

这段话愈说愈复杂，而且听来有点像是逃避责任的借口，在读者面前满是抱怨，身为作者的我诚惶诚恐，但接下来仍想再深入谈一些话题。这个话题姑且聚焦在蒙古上头。

有关蒙古来袭本身，"巨大外压""空前国难"的印象在日本已经扎根了。虽然关于日本方面的应对，以及与朝鲜半岛上的高丽的关联性等，在历史研究者间有各种讨论，但有关来袭的蒙古，从历史研究者到小说家以及一般民众，几乎都存在一种共通的恶者形象。

话说回来，日本中世史研究已积累了许多关于蒙古来袭的研究。也有一种想法认为，这是日本史上罕见的、遭敌方发动的御外战争；或说作为国土保卫战争，蒙古来袭对其后日本或日本人自我认识及历史意识的形成，产生了不可忽视的影响。诠释的角度很多，也有数部出色的著作留于今日。

不过，这里可以看到一种模式。那就是日本学界对大陆和半岛的情势、动向虽有某种程度的关注，但所有的关心和着力点都在日本方面。至于蒙古这个对手，则总被套上"强大凶暴的世界帝国""野蛮不文明的侵略者"等先入为主的观念，几乎没有做过真实意义上的详细分析。

虽然学者们并非从未尝试过掌握蒙古方面的状况，但是坦白来说，我们仍可留意到一些该称作成见的问题。很遗憾，充分理解蒙古帝国整体情况的讨论，尚不成气候。这部分是由于存在多文种史料的障碍，当然也是莫可奈何。

简单来说，讨论蒙古来袭，对于遭受攻击一方的研究很多，但关于攻击方，则只以"领土扩张的野心""贪得无厌的侵略欲"来简化处理。处理了数度的政府交涉和两次战争等历史研究课题，对于对手却全无了解，还是令人感到有些奇怪。

这样一个弊端，可在各方面见得。其中一点，就是一说到蒙古，总是认为他们很强大，而蒙古是骑马部队所以不擅长海战等，也是常见的误解。此外，由于在高丽和中国南方强制征调民众令其粗制滥造偷工减料的船只，才导致渡海船只轻易沉没的著名解释，究竟又是从哪一条史料来的？一谈起这些来真的是数不胜数了。

此外，相反地，所谓的蒙古在当时完全是一个国家名称，成为民族名称是很后来的事；被称作蒙古的统治阶层人群中，不仅有后世所称的蒙古和突厥系的人们，也有契丹、女真、党项、汉、高丽、穆斯林、伊朗、俄罗斯、西藏系等，出身和来历多样；在被派往日本远征的诸多部队中，史料上写作"蒙古军"的这支人数不多的部队，其实也是忽必烈在1260—1264年掌握政权后聚集各色人种而成的"新蒙古军"；此外，在蒙古帝国内部，远征与其说是义务不如说是权利：在两度进攻日本的作战中，包括高丽王国在内的，来自辽东一带、朝鲜半岛的几支部队，是以远征成功后可对新领土提出权益主张的眼光来注视日本列岛的——这些对蒙古帝国史的研究者来说，可以说已经是"常识"了。

关于国书——日本史家的深信不疑

历来断定忽必烈是从一开始就要令日本屈服的看法，真的没有疑问吗？一直到通称为文永之役的1274年的第一次战争为止的期间，众所周知有国书（蒙古大可汗忽必烈的书信）、政府文书数度自忽必烈处派送出来。

最早的国书是至元三年（1266）八月送出的，日本的东大寺留有复本。关于这封关键的国书，长期以来其实有许多讨论，但日本史和东洋史的研究者很明显是各自进行了完全相反的解释和评价。

看起来几乎所有日本史家，都想将其内容看作是一种"要挟""威吓"或者"胁迫"。相对地，东洋史家除了特立独行者以外，态度则非常谨慎，甚至是过于谦虚。

很抱歉，我必须说这是日本史家的问题了。例如这封国书开头的文句"上天眷命"，是当时蒙古行政文书常见的制式用句。蒙古语本有一定型字句为"长生天气力里"，"上天眷命"不过是其汉语文言翻译罢了。

若要以此来论断这代表当时蒙古对日本抱有怎样的意图，难免令人感觉不明所以。缘自上天信仰的这个修辞，也明确受到匈奴及突厥接纳，但在亚洲内陆不过是一种传统又单纯的观念罢了。打个比方，若有外国的历史学家把天照大神搬出来，批评日本的托大是岂有此理，大家又会怎么想呢？

此外，也有日本史家把"大蒙古国皇帝"的"大"视为一问题，说是过于骄狂。但这种批评也很奇怪。所谓"大蒙古国"是蒙古语国号"Yeqe Mongγul Ulus"的汉译，是在 1206 年统合了现今蒙古高原上游牧民们的成吉思汗为自己的新国家而取的名称，自彼时起便一直以此自称。1266 年当然也是如此。

接下来的"大蒙古国皇帝奉书日本国王"，若是考虑到隋、唐、宋、明、清的案例，它反而还稍嫌客气了些。末尾的"不宣"（或为"不宣白"）也是"不尽述"之意，在对等关系的私信中是时常使用的字句。此外，第一行的"上天"、第二行的"大蒙古国"、第五行的"祖宗"只抬头了一个字，也是很一般性的用法。如"日本国王""王""王国"等，在意指接受一方时，便很清楚地以换行表示敬意。就通篇文字内容来看，也很四平八稳。单从文章本身来解释，只能说这是在表达通好之意。

当真是胁迫吗？

对于国书末尾处"至用兵夫孰所好"的字句，仍有"这应属胁迫"的意见，无论如何皆想采"威吓说"的日本史家们的最后根据，便聚焦在这里。但是，若是习于汉文的人，恐怕不会那么重视，因为那充其量只是在表明"不愿战争"而已。我同大多数东洋史家一样，在这封国书里感受不到强大的压力。

话说回来，在1266年这个时间点上，离忽必烈考虑要压制日本、令之屈服的客观情势还很远。其时正好是其兄长第四代大可汗蒙哥猝死后，忽必烈在与胞弟阿里不哥自1260年起开始的长达五年的帝位继承战争中获胜，刚要稳定自己帝位的时候。他不过就是在这凡事起头的时间点上，尝试向日本送出亲笔信而已。

由忽必烈的角度来看，中国南方的南宋国依旧屹立，至于朝鲜半岛的形势，蒙古虽然支持着高丽王室，但事实上它是由武人政权来掌控的。作为向南宋展开作战的开端，准备向南宋方面在汉水中游的军事要冲襄阳出兵，是两年后即1268年的事。就结果而言，蒙古出乎意料地未遭南宋过度抵抗，便在1276年于兵不血刃的情况下开启其首都杭州城门而使之灭亡了。然而，这段过程是后世人们"事后诸葛"才得参透的。

蒙古在忽必烈掌权以前，自 1235 年以来便对与南宋作战备感棘手，到 1266 年这个时间点时，已经过去了三十年的岁月，却尚未取得引人瞩目的成果。对忽必烈来说，结局虽非如此，但他一开始无疑是料想将会展开一场长期作战的。就 1266 年的形势而言，我们应当更直接单纯地按国书的内容来考虑才是。

　　不过，或许仍有史家会拘泥在"至用兵……"的字句上。因此为求慎重，在此想举忽必烈送至其他国家但完全未受关注的国书为例来加以说明。

　　这里要谈的是忽必烈集结本身的派系，在踏上帝位继承战争第一步的庚申之年（1260）四月七日，从根据地内蒙古开平府（后来的上都）向南宋国发出的《和宋书》。这封值得注目的国书，收录于《秋润先生大全文集》这部辑录了仕于忽必烈政权的汉族官僚王恽文集的第九十六卷中。国书的开头写着"皇天眷命，大蒙古国皇帝，致书南宋皇帝"，以"不宣白。庚申年四月七日，行开平府"作结（末尾的"行"为行文，也就是发送文书之意）。

　　开头及末尾虽和 1266 年送给日本国王的国书类似，但内文修辞真是极尽露骨的威吓和胁迫。有关这个文本的详细分析和探讨拟留待其他机会，此处姑举一例，比如"苟尽事大之礼，自有岁寒之盟。若乃忧大位之难继，虑诡道之多方，坐令失图，自甘绝弃，则请修浚城池，增益戈甲，以待秣马厉兵，会当大举"等字句，真该说是典型的威胁。

这段文字翻成白话的大意是："你们若是不服从于我，介入我方帝位之争，意图断绝关系，那你们最好整修城壕补充武器防具，等着我方军马和士兵大举征讨吧！"我们可以确定这是威吓、胁迫。若要将1266年那封史上有名的（致日本的）首封国书视作威胁，那么无论是从国书本身的内容意义、大陆方面的客观形势以及通好、威吓的表达差异来看，难道不该说是后世史家们的过度反应吗？

赵良弼携来近乎最后通牒的国书

然而，日本这边却无回复，其后蒙古那方又遣来使者和文书。无论是人际关系或外交，"没有回音"亦即无视、置之不理，却并不意味着零，而是会将对方引导到负面的感情和反应上去。再者，如后所述，就忽必烈和大元汗国而言，政治环境早已急速变化了。

在数度未获回复后，至元八年（1271）九月，赵良弼这位忽必烈的女真人近臣，抱着必死的决心，手携忽必烈的亲笔信来到了大宰府。世间传有赵良弼遭禁闭时，在同年9月25日所写的书状全文。将之一读，便能了解所有详情。

一字一句地翻译赵良弼的文字，内容如下："皇帝（忽必烈）亲下指令，要求在下于晋见（日本）国王及大将军时，亲自递交。倘若交予他人，即处以斩首之刑。此乃在下不能交予守护所小贰大人之因。因此，在下必须依样先制作一国书副本……
在下所携印有玉玺之国书，将于晋见国王及大将军时直接递
交。若有人蓄意强夺，在下会立刻于此地自刎。伏乞照鉴。"

"国王"指京都的天皇，"大将军"指镰仓的将军，也就是
皇族将军，即当时还只有八岁的惟康王（初代皇族将军宗尊亲
王之子。宗尊亲王在文永三年，即 1266 年被逼离将军之位而
归隐。惟康王取而代之受到拥立，1279 年获赐亲王地位），不过，
这里指的其实是北条时宗。也就是说，赵良弼这位忽必烈身边
的老臣，是了解到日本政治的二元结构，赌上了老命来施展策
略或进行威胁，逼迫日本国直接表态的。

此外，此时的忽必烈国书正文也收录在《元史》的《日本
传》中。虽是题外话，但若将这篇文章按照藏于东大寺的首封
国书复本的形式，加上开头定型文句和末尾的"不宣"来重现，
那么便可以一字抬头和正文一行十二字的格式来漂亮地做编
排处理。这样一种国书复原工程，虽然看似微不足道，却也是
做时代考证必需的作业之一。

关于这封国书前半段所提的日本使者未去忽必烈身边的
理由，便有种种推测。值得注目的是后半段。

　　近已灭林衍，复旧王位，安集其民。特命少中大夫秘
　书监赵良弼充国信使，持书以往。如即发使与之偕来，亲
　仁善邻，国之美事。其或犹豫以至用兵，夫谁所乐为也。

王其审图之。

这仍是一篇整体而言堪称恳切恭敬的文章，然而这只是一种表象，尤其是近文末处的"其或犹豫以至用兵，夫谁所乐为也"，则含有"若是开战，则责任在你方"的语气。

我们不得不说此文和1266年的首封国书虽相似却不相同。五年的岁月根本地改变了形势。蒙古派出近臣赵良弼施加压力，可以说近乎最后通牒。

忽必烈送出这封国书是在至元七年（1270）十二月。半年前的同年六月，蒙古在中国的中央地带作为蒙古和南宋国界线上两国攻防焦点的襄阳南郊大会战中，击溃了范文虎所率领的十万水陆机动部队。对于埋葬了南宋国王牌军团的忽必烈而言，南宋作战的视野变得开阔无比。朝鲜半岛也正如在这封国书上提到的，武臣政权由于蒙古直接的军事介入而溃败，蒙古方面以王氏的高丽王室来"王政复古"，虽属间接但已达到对半岛完全的掌握。

而且，忽必烈的中央政府在将赵良弼送至日本的途中，便令蒙古方面派驻于高丽国军团中的精锐骑兵作为护卫，陪同到朝鲜半岛南边的港町、金州。并且，在下令此军团以备战态势继续驻屯，对占据珍岛的三别抄施加军事压力的同时，也令他们保护身在大宰府的赵良弼一行，摆好了一旦有事便可跨海应对的态势。赵良弼一行人其实是赤手空拳来到九州岛的。大宰府、京都、镰仓的应对，又交杂着金州蒙古军渡海而来、珍岛三别抄军关注此事发展的两种相异视线，此一交涉实在是在一种战栗惊险的情势下展开的。

至此，忽必烈政府对日本的态度，和过去完全不同了。其实，正是自此时开始，日本周边的形势便风云骤急。期望日本史家务必要了解此一局势的转变。坦白说来，我虽不认为镰仓日本已经有了外交，但日本史研究对于这般局势，不也需要一种亚洲格局的视线吗？单凭单纯的善恶二元论，是无法抓住真相的。

世界与日本，以及外交

我之所以花这么多时间拘泥于国书，是由于感觉到只从一方观点来解释、分析外交交涉过程的危险性。我们可以留意到，有关蒙古来袭的论述，一直以来似乎都只从日本立场来做断定，国书不过是其中的一个例子。理所当然地，我自然应该将双方的主张，与时刻变化的各种客观形势相对照，来进行观察。史实的正确性及历史的客观性或评价，都是未来的课题。

有趣的是，蒙古来袭中"强大世界帝国蒙古"与"远东弱小岛国日本"这种对立形势的类似性，与其后历史中的世界与日本，甚至是现在美国与日本之间的关系，真是令人感到相当吻合。在上述局面中，蒙古、世界或美国，作为一个令人联想到强大他者、巨大外压的存在，构成了"双重情节"（double plot）。日本人将日本与世界相比，想要论出一个是非曲直的做法，说不定可以回溯到蒙古来袭这件事上。若是如此，那么以美国为起点的全球化浪潮，就是现代版的蒙古来袭了。

这该看作是日本特有的自我意识过度呢？还是历史上日本人所偏好的一种思考模式呢？不过，无论如何，这种将事物恰分为大小、强弱、自他两者，使对象极端变形，套进期待的既有印象模式的二元对立的思考方式，虽然容易理解，却也很危险。这种方式无论如何都会造成情绪和情感主导一切而偏离事实与客观的结果，但这种情形，无论是过去或现在，皆无太大不同。

无论如何，一种不唯内向凝视自我，亦须留意外部的他者和对手，力求清晰、冷静地分析和掌握的态度，在任何时候任何事情上都是不可或缺的。

谈到镰仓时代，若要把现代的国家印象套用在当时，本身就很勉强。如果飞鸟时代、奈良时代等中央政权处在亚洲的时代环境好说歹说都是巩固国家主义、迈向"创建国家"时期的话，那又另当别论，但在"中世"一词确实适用的"国权"或"国家"在离单纯可以用铁板一块和一元论来论断的阶段尚远的多样政治、社会、宗教等诸多权力和团体扩大、扩张并蓄积力量的时代中，国家意识淡薄也是莫可奈何的。何况，在与生俱来便拥有国界和天然防卫，也就是在大陆世界中作为"国家"结合的首要条件的"岛国"日本列岛来说，平安时代以后的京都朝廷就精神上而言会加速遁入以锁国为外交应对手段的安逸世界，说不定也是自然而然的。

在对外"自我封闭"及国内武家抬头的情势下，镰仓幕府的确成了官方权力。不过，作为一个自认、公认的以战斗为本分的战士集合体，他们当然是以军事和警察作为幕府的首要任务。用比较现代一点的话语来说，我们能够指出他们与京都的朝廷共享了"国权"，故就体制而言或可说是各自分工的。

但就体系而言，能够对外代表"国家"者，仍是京都朝廷，若是可行则主导"外交"者也还是京都。北条时宗主持的镰仓幕府，大概不会像现在一样考虑到"外交"或"国家利益"。

固然，京都朝廷的"外交"只能重视平安时代以来的前例，以及朝议后的搪塞对策。但以今日眼光来看，与蒙古的通好、交融也是十足可行的。那或许会是一个不同的历史进程。然而，时宗却决定加以拒绝。他作了一个极为忠实的战斗者本分的选择——军事权力若是放弃战士本分，便将自乱阵脚。

被动员到北九州岛的武士们，是为了自己而战。要向他们要求"日本国"意识，是太过苛刻了。这个说法虽然有些不带感情，但京都朝廷依情势或许是可能和蒙古一体化的。朝鲜半岛就是如此。要言之，镰仓日本要谈"国家""国益""国防"或"外交"，是太过困难了。

三、大陆文化与足利学校的源流

——在足利学校的演讲（2002 年）

　　栃木县足利市将中世以来的足利学校认定为史迹，慎重维护，以传世人。该市每年 11 月 23 日皆举行孔子圣庙祭祀，并举办纪念演讲。三年前，我有幸担任平成十一年（1999）的演讲者。在此拟原文照录当时的演讲内容。此外，谈到"某某年前"之时，尚祈读者了解那是自演讲当年起算的。

　　各位早安。我来自京都。方才我首次参加了这座城市举行的足利释奠典礼，感觉非常荣幸。感谢各位！

　　那是一段十六年前的往事了。当时我还在京都大学人文科学研究所担任助理，从工作岗位请得了十个月的长假，在中国与欧洲度过各半，从事几项史料调查的工作，其间也去了曲阜。当时，让中国陷入长达十来年大动乱的"文化大革命"，已经结束了一阵子，正是各种修复工作如火如荼展开的时候。曲阜孔庙也举行了"文化大革命"后的首次释奠，我很幸运地能够亲自观礼。能够参加十六年前在中国的释奠典礼，以及今日在足利市内足利学校孔庙的释奠典礼，我感到相当荣幸。

　　释奠典礼的原点在中国，而后传到了日本。并且，不需我多说，足利学校可以说是日本中世以来学问的原点。足利学校在这足利之地受到大家守护，而且奉祀孔子的释奠也有所延续，令人印象深刻。所谓释奠，在汉语中的原意为献供奉祀。我想这起先应该不限于祭孔时使用，恐怕是在汉代种种与儒教相关的制度体系下，"释奠"这个一般名词才变成了祭祀孔子及其高徒的特别仪式。若要我比较一下方才所见的和十六年前在中国看到的，还是能感受到足利的释奠是日本风格，具备日本特有的形式，这让我有了许多思考。

有关方才所介绍的中村元老师，我想说一些话。在我们学者伙伴之间，总不擅念他本来的名字，而容易以汉音来读（译注：中村元老师的"元"原读はじめ／Hajime，汉音则读作げん／Gen）。原本我一直想着今天能与中村元老师见面而非常期待，但终究没能和他见上一面——他于今年辞世了，我感到非常遗憾。

中村元老师有许多著作，我想各位也时常阅读，而我是在学生时代因《佛教语大辞典》等辞典类书而受到老师许多指导关照。足利学校的起源，当然可以追溯到相当古早的年代。这间学校历经江户时期来到明治维新时，正确来讲据说是明治二年，以第二十三代的庠主谦堂为最后一位庠主，在日本进入近代式学校制度阶段后，庠主便不再传继。所谓庠主，就是足利学校的校长之意。到了平成年间，才有中村元老师这位在日本东洋学界的硕学再获邀担任庠主。就这一点而言，或可说是足利各位先进的眼光独到，总之，传统终究还是存续至今了。我对各位的敬意，较以前更深。今天，中村老师虽然未能临席，但我想中村老师一定是在哪里听着的吧。

我的演讲题目是"足利与曲阜"，不过，若要谈些正式的内容，则时间既不足，我能力不及之处也还很多。我的专长是东洋史学，谈到东洋史学，我想听起来很难懂，但总而言之就是亚洲的历史。顺带一提，亚洲的历史本来应该包含日本史，但是日本这个国家有时非常不可思议，日本史和世界史在学校教育中是分开的。所以学生们，或者恐怕各位也把日本史和世界史分开来看也不一定。甚至，若是抱持这样的想法，则或许还会延伸出所谓的东洋史便是在世界史中分为东洋史和西洋史，也就是三分之一的这个想法。这是学校制度的既定框架以及教学科目分配方式所造成的问题，但实际上历史是没有人种和国界区别的。绝对不是说现在来到了一个无边界的时代，国界才开始消失的。

所谓的国界本来是不存在的，那是人类所创造或是现在也正在世界某处被创造的产物。而国界在政治状况中又有种种变化，因此即使真有界限存在，也有消失不见的时候。我认为，人和文化，以及思考方式，是超越这样一个时常变化的国界或藩篱来变动的。对于像我这样一位研究历史的人来说，最难解释但也最重要的，就是眼目所不能及的某些事物跨出了人类擅自创造的国界而传于世人。那未必只有事物，有时或许是思考方式或价值观，换句话说是心灵也不一定。

将这样的认识先置于脑中，再来思考这所足利学校，我想便能跳脱日本史框架，从不同领域和方向来加以探讨。无论如何，足利学校的面貌和形态，以及今日释奠所象征的传统，皆无可取代。人是跨越世代而生的。一个人的人生，任谁皆是有始有终。我们之上必有父母，而我们的父母又有父母，倒推回来便有了现在的我们。我想足利学校及这里所汇集的种种意念、思想、传统以及心灵，便是这样在生命传承中不断承继下来的。

足利、曲阜与蒙古

最近，在大学讲课时，有时也不得不先提示关键词。比照这个方式，在此我也打算集中于几个焦点。其中一个当然是"足利与曲阜"；另外一个，我想对各位而言算不上是听得惯的词汇，但仍想举出以作为一关键词，那就是"蒙古时代"。

说到那是什么时代，在公历来讲大约是十三世纪到十四世纪。这是掌握、了解其时欧亚全境的表达和思考方式。不过，这样的形容未必能说已在日本或世界的学界普及。回到今天、特别是最近，如诸位所知，所谓的世界历史动态，是在中国开放、苏联瓦解、东欧民主化的趋势下，展开了俗称的全球化。作为全球化的结果，世界金融、文化、经济，就有如"大爆炸"（big bang）一词所象征的，彼此间的藩篱正在消失。事实上历史研究也是一样，我们可以指出整体状况在两方面有了极大变化。

所谓历史研究，说得艰涩一点，就是以某些根据来探讨过去人类活动的工作。作为其基础的史料，由于世界局势的变化而大量问世，这是第一个变化。长期以来看不到，或是虽存在但无法阅览的史料，大量地出现了。过去由于政治藩篱而看不到的中国或苏联圈是如此，而不存在政治藩篱之处，处在这十年左右急速全球化的浪潮中，整体而言，更多的史料也以信息公开等种种形式而更容易被看见。总而言之，这世界急遽发生了一个曾经——这"曾经"其实充其量不过是十年前左右的事——被视为"常识"者，在目前的历史研究现场很难再被视为常识的大变化。虽说如此，我想日本史领域原来就相对完整安定，所以还比较少见激烈的变化，但变化似乎多少也还是有的。另一方面，我所专攻的亚洲史、东洋史领域，现正迎向激变的时代。亚洲史的改变，会影响到对世界整体的思考方式的改变。

接下来的谈话有些艰深。十九世纪后半叶起到二十世纪初，是欧洲的世纪。其中，日本是亚洲最早完成欧化，或该说是近代化的。我们现在所穿的服装绝非日本自古以来的服装，而是西化的结果。上面谈到的人类史大浪潮在世间普及，到了二十世纪末变得理所当然，当然也导致了重新思考亚洲历史的动向。由于政治状况甚或是人心的变化，也造成了一个趋向，使我们凡事不只以西洋或美国为中心来思考，而是如实观察、了解事实究竟如何。若再说得简单一些，就是人们对于世界史的印象、整体视野和世界史图像的想法在急速地变化——向立足于事实的验证和再思考的方向变化。

我的专长就是这十三、十四世纪的"蒙古时代"。若是对应到日本史，这个时代对足利和其历史而言，可说是非常重要的时代。在日本史上，这是自镰仓时代中叶到末期，然后悄悄进入南北朝时代的时期。也就是说，这是以此地足利为据点的足利一族成为日本命运的主角而浮上台面，足利尊氏从镰仓来到京都，后醍醐尝试建武新政，又终归失败，作为武士栋梁的足利家取代北条氏兴起，最终在义满主导下确立足利政权的时代。

方才我谈到了日本的学校制度。制定教学科目来传授知识当然有其好处，但同时也有坏处。坏处就是科目内容会在学校教育中绝对化。数学等科目大概无所谓，最有危险性的应该是历史科目。例如，以昭和二十年为界，日本的历史教育产生了大大的改变——正确来说，应该是昭和二十四年（1949）——日本史和世界史各自被区分成不同科目，甚至世界史又再被区分为东洋史和西洋史。不过，人类的历史其实不是这样的。我们不该将历史区隔来看，各段历史时常在某处产生联系。并且，这个可以说是揭开了"足利时代"序幕亦不为过的时代，在世界历史中引起了非常大的旋涡。

这个旋涡，就是十三世纪初成吉思汗所创建的蒙古帝国。该帝国原来只是亚洲内陆草原角落里一支小小的势力，然而他们急速地扩大势力，成为世界帝国。若要说得详细一点，那会耗去各位一整天的时间，因此请恕我割爱。有关于此，我曾写了几本无趣的书，各位若有兴趣尚祈参阅。

谈到蒙古帝国，一般来说似乎都有它非常强势的印象。不过，其实我并不了解蒙古是强或不强。大体上他们不是通过作战来增加伙伴的。我认为"群体势力在蒙古这面旗帜下逐渐扩张"的解释，才是正确的。总而言之，就结论来讲，十三世纪后半，他们便名实相符地直接支配了大半个欧亚大陆，堪称"世界帝国"。不过，有关其统治，我们总在教科书等一般观感中感到一种强而有力的印象。那是过去的教授们所写的，所以莫可奈何，但东洋史在过去其实是中国史，绝大多数研究者只读汉文文献，借此来建构叙事，造成了使这样的历史图像居于中心地位的结果。很遗憾，这个影响现在仍很大。说得明白些，这是负分，因为那未必是真正的历史。最近，这个情况已有相当改善，但已经定型的印象还是很强大。然而，蒙古在后半期其实已经不靠势力来统治，而是通过经济和文化为之。资本主义的动向、萌芽虽然自古即有，但若谈到是在世界仍处于欧亚格局的阶段下的哪一时代卷起的？答案就是这个"蒙古帝国时代"。

曲阜这座城市也在蒙古时代发生了大大的改变。首先，请看资料 1 。我想各位一定会猜想这到底是什么文字。这是八思巴文字。以公历来说，是 1269 年发明的。蒙古帝国里头相当于宗主国的国家，以中国式称法称作"元"。这是中国式的称法，正式的名称应该是"大元汗国"。所谓的"汗国"，在蒙古语中意指"国家"。还有，"大元"是从汉文经书上撷取下来的，来自《易经》的词汇"大哉乾元"。"乾元"指的是天地，甚至可延伸而指天地宇宙。于是，所谓"大元"，简单来说意指"大的元"。换句话说，"大元汗国"便包含了所谓宇宙、世界的"起源"之意。世人擅自把它改称为中国式的"元"，是不正确的。就蒙古帝国而言，第五代皇帝忽必烈（1260 —1294 年在位）以亚洲东半边的世界为直接基础来建立国家，甚至在伊朗、中亚、俄罗斯也有其分国，整体而言形成了世界联邦。八思巴文字便是忽必烈建立政权九年后所创制的文字。

另一方面，中国以曲阜为首的各地孔庙，都有一座执行释奠的主殿称为"大成殿"。这个"大成"所指为何呢？

"大成"当然是汉语。在中华文明的历史中，孔子时常被尊崇为"王"。孔子是活在纪元前的人物，在逝后经相当岁月才获得王号，也就是受封为最高爵位的"王"。汉以后的中国历代王朝，以曲阜为本山，视儒学教育为治国原则。这和大家过去的印象一样。这样的思想是在汉代确立的，出仕于王朝的行政官僚们，基本上都受儒学教育。自汉以后，王朝渐渐地将孔子的子孙也奉为贵族。众所周知，中国历史上政权更迭非常

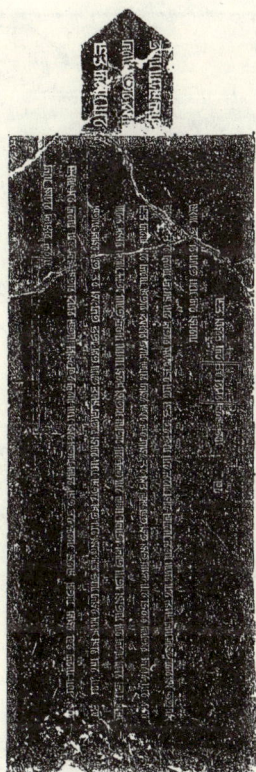

资料 1

山东省曲阜市

北京

河北省

河南省

黄
河
济南
泰山
泰安
淄博
益都
潍坊
掖县
烟台
青岛

曲阜
济宁
邹县
峄山

徐州
江苏省

频繁。说到中国，我们都有一种"尚文国度"的印象，但坦白地说，历史上的中国其实是一个叛乱、兴亡、对立、骚乱的国度。我认为这个自我矛盾非常有意思。具体来讲，中国历代王朝不断更迭，皇帝也频繁更替，但唯有孔家是不变的。如此一来，汉代以后的历代王朝，便渐渐将"尊孔"视为理所当然，向其子孙即孔家后代赐赠领地并予以优待，结果他们的地位便渐渐地变得有如"贵族"一般。

王朝起先将孔子称作"文宣王"。接着，历代孔家的一家之主，自某一时期开始被称作"衍圣公"。第一代的孔子是位阶最高的"王"，作为其子孙的历代当家人便是"公"即"公爵"。然后，孔子本身也渐渐地变得神圣伟大，从某一时期开始被称作"至圣文宣王"，也就是在"文宣王"前面又加上了"至圣"二字。在今天的释奠典礼里，足利市长庄重地以汉文读音为我们读了祝文，文中称孔子为有至高圣人之意的"至圣"，这原本是王号中的一个词汇。

尊重儒学的蒙古政权

那么，祀孔的孔庙为何、又从何时开始被称作"大成殿"呢？我们不妨认定是从蒙古时代的大德十一年，也就是1307年开始的。蒙古帝国中心的大元汗国皇帝是一位名叫海山（Qayisang）的人物，为忽必烈曾孙。在海山即位前，蒙古帝国遭逢了极大的动乱。当时他人在中亚，就从中亚率领自己的嫡系部队，返回相当于现在的北京、由蒙古所创建的世界帝都大都，以军事政变夺回了政权。海山便是这么一位经过大动乱掌握政权的世界帝国皇帝。他是在 1307 年即位的。

他即位后一举推出了多项新政策。若以一般印象论，总说蒙古对中国文化进行了许多镇压，但事实上正好相反。我们可以注意一个现象，就是他们其实远较历代中国政权还更热衷地尊重中国传统文化。其实，不限于中国文化，蒙古在伊斯兰文化上也非常重视传统。仔细想想也是正常的。若要统合世界帝国这般巨大的集合体，由于不是近代国家所以会非常费力，因此要成就一个巨大帝国，简单来说重点就在人心。若是治下人民大多不包容这样的政权或国家、社会，就将发生动乱而无法维持。

皇帝海山在即位后率先着手进行的，是将"大成"王号封给孔子。一直以来被称为"至圣文宣王"的孔子，又新获赠"大成"二字而称"大成至圣文宣王"。这是一个极具象征意义的政治行为。这个行为是通过比以往更尊重儒学的始祖孔子，来强调蒙古政权尊重儒学的立场，也更清楚地表明重视中国文化的意向，以作为维持社会秩序的基础。

我们把话题拉回到石碑上的八思巴文字。这段文字要由上而下念。而且，和汉字不同，八思巴文字和蒙古文字一样，要由左读到右。各位手上的影印本，是 1307 年落成于曲阜孔庙的石碑的拓本照片。这座石碑现今也依然矗立。其实这八思巴文字所示者原为汉字。请各位仔细看看。资料1中每一段八思巴文字旁边都附有汉字，也就是每一个汉字皆有八思巴文字的音写。

八思巴文字并不难读，各位若是有兴趣，一晚便能记住。顺带一提，我是花了一小时记住的。不是在自吹自擂，我想说的是只要不畏难，谁都能够学得起来。因为那是有如日本片假名般简单的文字。在辞典上翻查"八思巴文字"，常有"此种文字非常困难，故未普及"的说明。不过，八思巴文字虽以西藏文字为基础，但对日本人而言则是稍加努力便能轻易理解的文字。我们时常可以看到这种扯谎的辞典。我想，负责书写那个条目的人士，想必没有实际试着学过八思巴文字。对于没尝试过的人来说，看不懂的文字总是古怪又不顺眼吧。资料1的碑文，原来是阎复这位在当时属一流文人官僚的汉族文人，为皇帝海山起草的诏文，是一篇极为出色的汉文，其后又以八思巴文字来音译的。

这座立于曲阜的石碑非常壮观，而蒙古政府在各地都立了相同的碑。当时中华地区的行政体系，以"路"为最高等单位，接着是"府""州""县"甚至是"镇"，意指军队驻守的镇台。加封孔子之令，传达到了所有城市及行政单位，并有了石碑的设置，这是此前完全看不到的空前的事例。现在也还有一些石碑留在全中国各地，全部算起来恐怕还超过五十座。最偏僻的一座，位于云南省与缅甸的国界附近。也就是说，蒙古将儒教文化推广到了中国全境。附带一提，这里所说的"中国"，是一片空前、巨大而辽阔的疆域。也就是说，蒙古使原来不是"中国"的区域也成了"中国"，并在推广孔庙和庙学等设施以作为文教政策尖兵的同时，也设置了大型的加封碑。

接下来，请看资料2。这是位于中国南方，以"苏州夜曲"闻名于世的苏州城内的文庙，也就是孔庙中的文物。上面刻印的文字，内容和曲阜的碑文是相同的。这段拓本是整篇碑文的中间部分，上下还刻有其他内容。资料2左下角写有大德十一年七月某日，未书具体日期。过去中国在政府行政公文的发送阶段，一般来说是不写日期的。收受这份公文的行政机关——比方说地方行政单位的路，也就是日本现在讲的都道府县——收受后，在直接发送到接受命令的官府、团体、个人的时候，才加载收到公文的最终日期。因此，不书日期是理所当然的。言外之意就是这里所刻的内容其实是皇帝发令时的原文。日本的命令公文也大致如此。如前所述，所谓大德十一年是公历1307年，也就是当时收到了这样一封命令公文。苏州在元代被称作"平江路"，这平江路是在资料1的状态下收到文书的。命令公文恐怕是以八思巴文字音译汉字和原有汉字的双轨方式发送下来的，而苏州这边省略了八思巴文字，只以汉字来篆刻。我想各位看到资料2只有汉字便能了解，"上天眷命，皇帝圣旨"这两句四字文是诏书的前言。正文是从"盖"开始的。

如各位所见，从"上天眷命"开始算起，第八列上头有"加

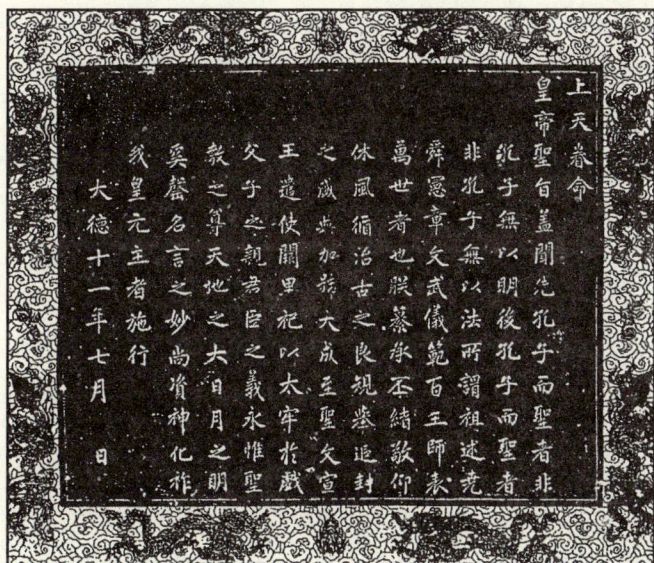

上天眷命
皇帝聖旨蓋聞先孔子而聖者非
孔子無以明後孔子而聖者
非孔子無以法所謂祖述堯
舜憲章文武儀範百王師表
萬世者也朕纂承丕緒敬仰
休風循治古之良規崇追封
之盛典加號大成至聖文宣
王遣使闕里祀以太牢於戲
父子之親君臣之義永惟聖
教之尊天地之大日月之明
奚罄名言之妙尚資神化作
我皇元主者施行
大德十一年七月　日

资料2

号大成至圣文宣王"等文字。孔子被称作"大成至圣文宣王"，其圣庙被称作"大成殿"，始于这封诏书。不唯如此。蒙古以前的中国，是个分裂的中国，此一分裂持续了一段非常长的时间。以中国本土来说，北为金，南为南宋。过去日本的中国史教育里，只把南宋看作中国，但实际上金和南宋都是中国。

另一方面，孔家在中国有如天皇家在日本一般。历代政权虽有更迭，天皇家却是不变的；而孔家也是在王朝更迭下仍然永续的家系。就所有价值观"原点"的这层意义来讲，孔家某种程度算得上是近乎天皇家的存在。因此，各个时期的政权才会保护孔家。到了中国分裂的时期，北方的金和南方的南宋都各自拥立了不同的孔家。南宋在位于金朝版图下真正的曲阜之外，又在南方衢州创造了另一个曲阜。此外，华北地区在金灭亡时发生了大动乱，有相当部分化为焦土，曲阜也是如此。到了蒙古时代中国才再度统合，由忽必烈进行调整，令南北两边的孔家协调，才由北方孔家所保有的曲阜继承本山的地位。化为焦土的曲阜，在忽必烈以后的蒙古政权治理下逐渐复兴，而海山则进一步加以推动，在从"路"到"镇"的各级行政单位，创造了和曲阜一样的文物。

孔庙、庙学、书院三合一

具体来说，首先是孔庙，其次是庙学，也就是庙里附设的学堂，第三是书院。以上三种设施合而为一，在所有行政单位皆有设置。这是非常不得了的社会事业，也是宏大的"振兴国家"的事业。而且，在创立这些事业前，蒙古先在所有的路、府、州、县设置了刻有加封孔子诏文的石碑。对于蒙古中央政府而言，照理说期盼的形式应如资料1所示的是八思巴文字才对。目前留存的石碑中，也有详细刻有八思巴文字者。不过，各碑文的列数纷杂不一，文章亦然。碑文形式之所以参差不齐，是因为蒙古中央政府虽以统一形式发出指令，但实际的施行上却有一部分听凭地方自由裁量——蒙古的统治是松散的。

回头来说，位于足利的足利学校，据说是永享十一年即1439年由上杉宪实恢复的。创建的年代，当然是在恢复之前了，关于这一点，至今为止，以小野篁为主，提出了各种说法。由于我并非日本史专家，所以不能做什么发言。唯一能说的，就是足利学校是引进中国某种形制而成立的。而且，应该是引进了当时最先进的形制。那么，这个形制究竟从何时才可能开始出现呢？

中国的确自古便有孔庙，也有少数庙学是从相当早的阶段起便存在的。不过，附设书院的形制，确实是1307年以后才有的。书院这个制度，就起源而言是始自上一个时代即宋代，但那就像私塾一般，并非官制化的形态。也就是说，官府经营的孔庙、庙学、书院成套地建立起来，还要等到蒙古以后。对此，许多专家都有误解。

我认为足利学校的教育体制、传授方式及授课内容，其实有许多特色。其教育内容当然以儒学为主，但被称作庠主的校长乃是禅僧。此外，在这里学习的人们是佛僧，即便是武士，在入学期间也必须转为佛僧身份。也就是说，禅宗和尚教授儒学，其内容是儒、佛、道三教兼通的。说到禅，日本以临济宗最有名，但中国则临济和曹洞相同，顶多只是学派之别，因此无须过度放大其区别。

禅僧既兼政治顾问，也是学问僧。佛教不用说，儒学和道教也一并学习的特色，世人总说是始于宋代，但其实不然。我不是为了哗众取宠才这么说。此一特色其实是始于统治华北的金代。有关于此，中国学研究者恐怕会觉得相当有冲击力。只是，金代整体而言是比较质朴的政权，而蒙古的大元汗国在事实上依样承接了金代的特色并将之普及，才造就了延续至今的形制。这个设施的形制是孔庙、庙学、书院三合一，然后教授内容和人事组织也整顿为独特的制度，而近于今日。

我不清楚，这段历史和足利学校的成立有多大关联？不过，我们应该认识到，足利学校不只属于日本，也属于"东亚"这个格局。坦白地说，我们不得不认为，这个体系是随着"东亚"历史中的文化、思想变化的动向而传到足利学校来的。如此一来，其建立的时间便是在从这座石碑所见的 1307 年起，到蒙古失去中国全境向北撤退的 1368 年间的某一段时间了。其实，还可进一步缩小范围。1307 年蒙古对孔子加号"大成"，并具体制订、施行各种崇尚儒学的政策。这些政策在中国全境扩大效果，实际上是在 1320 年代到 1330 年代间的事。也就是说，一定是足利尊所率的足利一族，跃上日本史舞台中心的时期。

以上是我今天谈话的主题。对了，方才的谈话是参考许多史料来谈的。当然，其中也有大家长期以来熟知的史料。不过，以碑文拓本为主的这些基础史料，则还未被普遍使用。

正如我向各位报告的，十六年前我在中国展开过各种调查。可是，只身实在做不了多少工作。那时，或该说偶然因某种缘分，我在曲阜，而且是在释奠日，遇到了来自足利的一位人士。那位人士名叫山浦启荣。我们谈了许多话。就在这时，我向他谈到，这些碑文虽然是重要的基础史料，但还未受到充分利用。后来我回到北京及内蒙古，又到了欧洲，从事伊斯兰古文献调查，于半年后归国。接着便接到了山浦先生的来信和电话，他表示要将自己的余生献给曲阜等地的碑文拓本的收集及研究工作。我跟他说：这是不可能的。这样说是有理由的。

在我所服务的京都大学里，东洋史研究室的第一任教授名叫桑原骘藏。他已经逝世了，是战后日本文化界中心人物桑原武夫的父亲。我认为桑原骘藏是日本近代的伟大人物之一。这位桑原先生，不，为了和武夫先生区别或许该称骘藏先生较好，和另外一位法国东洋学中心人物沙畹（Chavannes），在岁数上相去不远的这两位，自 1907 年到 1908 年，先后步上了探索神秘东洋的旅程。首先，沙畹自巴黎千里迢迢路经西伯利亚铁道，和夫人一起坐着马车走过冬季的中国本土。桑原先生则追在后头。两人一开始在北京相会，大体上想着同样的事情，那就是断然决意进行中国本土的石碑调查。他们是拼了命的。因为那是中国的动乱时期，沙畹是带着保镖的。另一方面，桑原教授虽然已经确定到新设立的京都帝大担任首任东洋史教授，但由于他一直都想进行中国石碑的调查，因而被允许到清国留学。他在这样的前提条件下到京都赴任，我们的研究室才正式开张。

他留有《考史游记》这本书（虽是画蛇添足，但在此想作些补充。该书除了桑原骘藏殁后整理刊行的单行本外，也收录在桑原骘藏全集中，甚至在 2001 年附上了砺波护所撰写的说明，收入"岩波文库"，以袖珍版重新刊行。岩波书店为了好读、推广而做了种种考虑，逼近袖珍版书籍极限的单册厚度和内容的充实度，以及一千一百日元这个令人惊艳的便宜价格，令我为岩波书店的雄厚实力感到赞叹。购买这本书，是一定不会吃亏的）。根据该书，这趟旅行路途似乎充满了苦难。他好像每天都在发烧和下痢。或许是这个缘故，桑原先生在六十岁退休半年后便过世了。另一方面，沙畹先生或许也太过勉强自己，也因为在第一次世界大战中参加对德抵抗运动，而在大战如火如荼之际辞世。拜这两位先人彻底搜集碑文所赐，京都和巴黎保有许多曲阜等中国各地石碑的出色拓本。可是，桑原和沙畹两位硕学过世后，便不太有运用这些石碑的研究。那是因为，几乎在同一时期，又有别的文物出现了。具体来说，就是在从中国角度看来处于边境位置的内陆干燥世界，大量出现了敦煌文献或各种多语种文献。研究者果然还是凡人，总是容易被流行的事物吸引。而所谓石碑研究，也真的是不容易。即便是明白要到当地去采集各种拓本的必要性，但嘴巴上说说很简单，实际上却是不寻常的苦劳。

然而，从彼时至今，山浦先生在数年之间，说起来顶多过了十年的岁月，便彻底地搜集了曲阜和山东省、山西省各地的主要碑石，而且是直接从原有碑石采集下来的"原拓"。当然，这是在与当地机构间的互信下进行的。现在，足利也正在兴建藏馆。若要研究释奠，原拓是不可或缺的。若要追溯传播到日本的儒学和中国儒教的历史，数量相当庞大的石碑皆可有所帮助。

由拓本研究来看足利学校源流

若能善加利用，我想不久的将来或许会出现某种结论。我们或许不得不推想，在尊氏和直义来到京都，使足利政权确立的时代里，成为足利学校源流的某些事物便已传到足利来了。若从亚洲整体格局来思考，结论便是如此。并且，那是一个变动以欧亚为范围发生而不限于亚洲的时代。我认为足利政权的成立其实也有放在该时代背景下考虑的必要。尊氏和直义兄弟为了抚慰后醍醐天皇之灵而派出贸易船，以所获利润在京都建造了天龙寺，但该贸易船完全只是当时日本和元的所谓日元贸易交流的一个环节而已。

一提起元，我们日本人总会想到"元寇"，也就是战争。由于存在着一种"对峙"的时代印象，我们才会先入为主地以为元以前的中国即宋和其后的明，对日本而言才发生了有意义的交流。不过，其实两国早在"元寇"时代便有了有效的交流。实际上，一直到明治为止的这段历史之间，日本和中国交流最密切的时期，是元代后半叶的数十年。在这样一个大交流的时代中，我们难道不该说足利政权和关系人士，将当时中国大陆最先进的形制、制度引入足利了吗？总而言之，现在这件事情的面貌或许还很粗略，但我认为在思考事物的框架上，必须做这样的方向设定。

作为结语，我要谈谈至今为止自己数度造访足利时常有的一个想法。那或许是我的胡思乱想也不一定。与山浦先生在中国相遇后，我又去过德国的海德堡。那是一座古老的大学城，也有历史悠久的城堡，同时又是歌德生活过的城市。该城市是日本人到德国观光的一个主要景点，我想在座的或许有人曾经造访过。我停留的海德堡，刚好位于德国及欧洲几乎正中央的位置，我每隔两三天就从那里奔往欧洲各地的研究机关和典藏机构。然后，就在海德堡的印象仍深深留于脑海的心境下，我获得了造访足利这座城市的缘分。

这两座城市其实很类似。我最早到海德堡是在 1986 年，当时碰巧海德堡大学举行了六百周年校庆。也就是说，这所大学是 1386 年创设的，恐怕较足利学校的成立还稍微早一些。与海德堡城相当的，是足利的鑁阿寺。这原来是足利氏的"平城"。而相当于海德堡内卡河（Neckar）的，就是渡良濑川了。两座城市的每一道风景都非常相似。而且，我认为两者皆拥有非常美好的风土与环境以及传统的市街。作为欧洲文明的特征，海德堡的街景是建筑物朝垂直方向伸展的；相反地，鑁阿寺这座"平城"所象征的足利街景，则符合日本文化的特征，或许该说是非常平稳安定比较适当。这点非常有意思。昨天我从浅草经东武铁道来到足利，路上，望着车外的景色，接连映入眼帘的尽是关东平原的平坦地带，待到总算望见山头，河川流水自彼山出现的第一处，便是足利。海德堡也是一样。她位于最后注入莱茵河的内卡河从山间开始往平原地带流出的位置。

最后，或许有人会问，为何海德堡能够作为一座观光城市，吸引世界各地的人们呢？那是因为她在地理上有许多美景，以及歌德。同时，又有同足利学校一般的海德堡大学或是海德堡城。有非常多的因素。但是，只是因为这些理由吗？我想，应该还有其他更重要的因素——这放在足利来看也是一样的——那就是热衷于活化自然与风土、传统的守护人士们的力量。此外，正如我在开头提到的，这样一个超越世代的形态以及其中蕴含的人的心灵，有如生命传承般地彼此相系，这点也同样重要。

第六章

寻找看不见的历史

...

一、探访东西的文献与风光

从中国山野到北京

1986年，我从当时服务的京都大学人文科学研究所请得长达十个月的假期，和妻子一同前往中国和欧洲。

在中国度过了长达半年的生活，有苦也有乐。

以内蒙古为中心，和相关领域的学者们针对十三、十四世纪的"蒙古时代"进行共同研究——这是我去中国大致上的理由。

内蒙古大学的诸多先进，以及来自北京、南京、西安、太原、开封、济南、兰州、乌鲁木齐等遍及中国全境的蒙元史（中国如此简称蒙古、元代的历史）领域的研究者们对我真是盛情款待，让我留下了许多难忘的回忆。

开心的回忆，有许许多多。

最重要的是我亲眼看到了各种风景。草原、荒野、山岳、河川以及大大小小的城镇。过去，我以文献为主要线索，在脑中跨越时空描绘了"历史之旅"，但现在的我则随着季节风向，痛快地感受到了那时空之旅的"现场"。

想去的地方有很多。站在那片土地上，眺望风光，思考种种问题——那喜悦真是无与伦比。

然而，也不是所有事物都令人开心。在自然风光美不胜收的中国各地，当我们身临其境地置身于山野中时，同时也伴随着许多风险。

这趟旅行是妻子首次到海外旅行。四岁儿子的日语则还是只字词组的程度而已。

半年之间，除了前面提到的共同研究外，我和妻子大致走了中国大陆一回。在这三个月左右的时间里，我偶尔会深切感受到"大地行旅"是多么的危险。

在西侧地平线的彼方，熟得透红的夕阳把天边一带染红，静静地沉没下去。我们一家三口在路旁目睹此景，有时感觉真是可怕。何谓"日暮而道远"，我们切身体会到了。

我们三人在黄土高原的正中央，陷入了一种被遗忘于世界角落的情绪，若在前往的方向上看到灯火人家，便觉安心，甚至在那灯火中感到人情温暖。

在大地上漫行，其实并不容易。虽然这听来理所当然，对我而言，却是此行最大的收获。

这趟略显有勇无谋的旅程，还有另一个目的，那就是寻找与"蒙古时代"有关的碑文，也就是元碑。

"蒙古时代"是一个上自美丽壮大的纪念碑，下至微不足道的先茔碑（先茔指的是祖先的坟墓），社会上下各个阶层都普遍建石立碑的"碑刻时代"。

在众多石碑里头，有如实地刻下蒙古大可汗的命令文书或特许状，连文末刻印都未有遗漏者。此外，还有或公或私的各种公家文书以及财产目录和捐献目录之类。当然，也有上自帝王、贵族、大臣、武将，下至低级军官和村级官员各色人等的"生平纪事"。这都是从其他文献无法得知的"真实"数据。

刻在石碑上的文字不只有汉字，还有八思巴文字、畏兀儿文字、契丹文字、女真文字、西夏文字和西藏文字以及阿拉伯文字、叙利亚文字，甚至连罗斯文字都有，各式各样。语言方面，除了当然的汉语外，还有蒙语、畏兀儿语、西藏语、梵语、波斯语、阿拉伯语、拉丁语等，屈指而不能数。

以双语呈现，蒙语和汉语以单词为单位两相完全对应的蒙汉合璧碑，也不算罕见。岂止是双语，甚至还有三种语言或六种语言的情况。

在这里，我们可以看到欧亚东西两侧名实相符地成为无边境世界的"蒙古时代"的浓浓色彩。这些多彩多姿的多种语言、多元价值的各式碑刻，是历史与语言研究上无与伦比的基本材料。

这样的石碑还有相当数量残留于各地。

例如，在儒教的发源地山东省曲阜及其周边，其实仍有为数众多的元碑留存。迥异于我们"常识"的是，蒙古热衷于保护儒教，堪为其证的堂堂巨碑，在那里一字排开地竖立着。

稍往城镇或郊区去，我们能够看到的石碑，也还算多，而大多数的碑刻，竟留存在人迹罕至的山中或溪谷里。

这并不难理解。

因为，市区或近郊的碑总会遭受破坏。我们能够想象到几个可能的破坏时期。当我造访文献上留有记录、直至第二次世界大战为止仍确实存在的石碑，遍寻不着而询问当地民众时，总得到"文革"这个答案。

我也听到过非常骇人的故事。有许多情况是，石碑被破坏时，该石碑所在的寺庙建筑也一并遭到破坏。

可是，"文革"并非一切。不少情况是，眼前所见的石垣或堤防其实是对石碑残骸的"再利用"。我也曾见过一般人家里头的"再利用"，如石磨及石板等。在缺乏石材的中国，形状平整的板状石碑，真是最好用的材料。

探寻石碑的旅程大半也是确认破坏痕迹的旅程。我时而陷入自己是在确认一条又一条的现代史活生生伤痕的情绪中。二十世纪是人类史上最大的破坏时期，这样一个平日便有的想法，总不得不在望着遭到破坏且荒废的"遗址"时，一再确认。

剩下的一半则是走进山野的旅程。因为，人迹难至之处，破坏之手也难伸来。这真是讽刺。

无论如何，当我与让人忘我的石碑相遇时，总想在那儿多留一两天。有时我简直就像登山队员一样，在好不容易到达山顶，亲眼看到令人雀跃的石碑后，却反而不得不立刻下山，常觉无比遗憾。

当我幸运地发现了几座长期以来不为人知、刻有波斯文的石碑时，总是又惊讶又兴奋。一般来讲，在"丝路"式的浪漫故事里头，往往会提及许多牵涉东西交流的记录和事例。然而，直接明示的证据可能其实并不多（此时，"蒙古时代"的史事也时常被拿来做最好的例子）。

当时的波斯语和现在的英语一样是"国际语言"，波斯文的文章，和现在的汉文和八思巴文、蒙古文的文章一样，刻在同一座石碑上，堪称东西交流的最好物证。

当然，有关这些碑刻的种种事，身为外国人的我并无直接的"发表权"。至少我是这么认为的。一想到中国学界的实际情况，我总期待中国的相关人士能展开全面调查，虽说这非常困难。这世上一定还留有不少"尚未发现"的重要碑刻，也一定还有一座石碑便能一举推翻某一历史"常识"的可能性。

若有需要，我愿意奉献人手与史料。我手边"新发现"的重要石碑将近二百座。我们这些外国的研究者愿意在中国学者专家发表、研究后再行利用。碑刻是一种文化资产，率先由本国人士进行处理，很是合理。再者，若某些石碑刻的是波斯文和阿拉伯文等非汉语文字，在下说不定也有一些可以效劳之处。若能承蒙要求，我个人将不惜绵薄之力。

（有关本段文字，拟针对2002年的情况进行一些补充。

近年，中国各地开始陆续出版了一些收录碑刻的文献和研究书籍，令人耳目一新。我在其中也看到了多少有过接触的金元时代的石碑，真叫人高兴。等待中国学者们调查、研究的这个判断并没有错。这十来年间，我常从中国相关领域的专家处听到很多诸如"你为何不就你'发现'的碑刻发表研究成果？"的声音。不过，我只要接着做就够了。我希望中日双方学者能在同一条件下竞争，而且互相合作。今后的发展令人期待。）

在各地走了一遭，我在同年十月到了久违的北京。从日本走空路来到中国时，坦白地说，雾蒙蒙的北京市街，在被中国大陆风尘所掩的我看来，就是一个光彩夺目的大都会。当时虽然还不像现在一样高楼大厦林立，但仍让人这么认为。

处理历史文献时，总让人深深感受到过去在田野间生活的农民或牧民，是如何看待遥远的都市的。说不定那个时候的自己，在无意之间也更贴近了一位负笈前往花开之都的古代人的眼光呢。

不消说，十月是"沉醉北京"的季节。

北京冬为严冬，夏为酷暑，很难说得上是适宜人居的地方。然而到了九月和十月间，则是一年当中最美好的时光。晴空高照，路树摇曳，清爽的风徐徐吹过，既不热也不冷，北京特有的湿气也不知消散到哪儿去了。

据说，在所有事物皆显美好的这个季节里，造访北京的人们强烈地感觉到沉醉，终生难忘。我们一家也不例外地成为秋日北京的俘虏了。

正在这么想的同时，又有一桩内蒙古的记忆浮现于脑海。

要言之，这个时期的北京就和"高原"一样。北京的北方就是蒙古高原。"沉醉北京"的真面目，大多是弥漫于高原的秋天气息。也就是说，这股秋的气息飘到了北京。

这个现象非常贴切地象征了现今中华人民共和国首都北京的一个面貌。

若套用"中华本土"（China Proper 或 China Mainland）的想法来看北京这座城市，则它位于东北方的角落；而若以过去的"中原"观念来看，则原本是一纯粹位于边境的城市。

如今，那座城市却成为巨大国家的首都。在这一过程中，历史背景和"中国"本身同时发生了巨大变化。

北京直接的前身是大都。"大都"是距今七百多年前，由成吉思汗的孙子忽必烈精心打造，作为巨大世界帝国"大元汗国"的帝都的。这方面的信息在十年前我也略有效力的NHK特集《大蒙古》里也有所介绍，相信还有观众记得。

虽说如此，正确来讲早在"蒙古时代"前的契丹辽帝国和女真金帝国时期，也就是十世纪到十三世纪初，北京便由准首都向首都的地位转型了。也就是说，这座城市早在蒙古时代以前，便有在以非汉族为核心的政权下走上首都化道路的"前史"。不过，彼时是南方还有北宋（其疆域达"中华本土的八成左右"），接着还有南宋——只有淮河以南——等汉族王朝并存的"南北朝"时代。

金帝国中期称这座城市为"中都"，位置在现今北京市街西南方（与大都之名相较，或许容易被误解成"中型都市"，但那当然是"中央之都"之意）。皇帝忽必烈以可以说是一种升格的方式，在其东北郊外原野从零开始设计、动工，将大都打造成正在积极建设的新的世界国家的中心，它经过明清时代成了现在的北京。

因此，无论是大都或北京，原本皆是以多元种族共生为前提的巨大国家首都。反过来说，"中华本土"边境城镇成为首都，无非是由于"中国"这个政治架构大举扩张所造成的。

要言之，就是"小中国"转型为"大中国"的结果。那是自"蒙古时代"以后发生的。其后的"大中国"，理所当然地也该具有多元种族社会的色彩。

现今中国各地其实有各色人群生活，甚至是世人认为毫无疑问属"中华本土"正中央的河南省和山东省也是。

"中国"的国家形态和日本可以用近于单色色调来描绘的情况大相径庭，就本质而言它幅员辽阔，处于多元的色彩之中。仰望北京的秋天，又让我再一次思考了这个想当然耳的问题。

与伊斯坦布尔版《史集》相遇

在北京停留后，我们于十一月经空路前往西德。我们寓居海德堡将近四个月，遍览了欧洲各地的大学、研究机关、博物馆以及图书馆。

我的目的是阅览与"蒙古时代"相涉的波斯文古抄本，并尽可能地摄影或是拍成缩微胶卷。以德国为中心的欧洲生活，真是非常舒适。与停留在中国时的严苛相比，确是不可同日而语。妻子与儿子也宛若重获新生般，面容闪闪发光。

首先，我们的旅程是从土耳其共和国的伊斯坦布尔开始的。

在旧市区向海突出之处，有一座现已成为伊斯坦布尔观光景点的托卡比皇宫博物馆，那是奥斯曼王朝的旧宫殿。宫殿角落有一座小小的图书馆静静矗立，唯有此处几乎无人造访。

我造访此处的最大目的是，将这座图书馆所收藏的蒙古帝国时代的根本性史料《史集》中最古老、质量最佳的珍稀古抄本捧读于手。那是我长年以来的梦想。

《史集》是十四世纪初俗称"伊儿汗国"的伊朗蒙古政权"旭烈兀汗国"在宰相拉施德·哀丁的主导下，作为国家事业编纂而成的。

首先，《史集》就真实意义而言，能够称得上是世界史上唯一的世界帝国即蒙古帝国的"正史"。虽说是波斯文的史书，但该书也大量使用蒙古语、突厥语、汉语、拉丁语等单词。这是一部处于世界与时代中心的蒙古，以在欧亚首屈一指、拥有古文明和历史叙述传统，又属当时国际语言的波斯文撰成的"蒙古帝国史"。

并且，《史集》同时也具有自人类始祖亚当开始的伊斯兰、伊朗史的性质（附带一提，波斯语和阿拉伯语中有"人、男性"之意的"亚当"，与西洋各语言中的"亚当"，就语源和意义来讲完全一样）。

那甚至也是一部网罗了中国、印度、突厥系的游牧国家群以及名为"法兰克"的欧洲等既已存在的"地域史"和"文明史"的欧亚世界综合史。要言之，那堪称是人类史上最早出现的、名副其实的"世界史"。

若无《史集》便无法谈蒙古帝国史。岂止如此，现在大多数人不知史料来源（当然那是无可奈何的）、可以说是被建构出来的"世界史图像"，其中其实有不少部分是若无《史集》便将失去关联和脉络而大大倾斜的。

一直以来，我们都是通过西欧、俄罗斯、伊朗研究者所发行的版本来看待《史集》的。可是，任何一种版本都只是以《史集》中的一部分为对象的，而且从现在的眼光来看，其作为校订本的水平，是绝对无法令人满足的。我还是想从根本的抄本来处理。我总是这样想。

当这部伊斯坦布尔版的《史集》出现在我眼前时，我胸中高涨的情绪，至今难忘。我曾想着要放弃过去制作的日文译本，重新制作一部值得信赖的校订本、译注书和研究书。

我花了一周的时间前往该馆，持续接触伊斯坦布尔版的《史集》，污损或有疑之处，皆以全部抄写来处理，而不只是记笔记而已。

当那里的职员对我说"休馆日也可以来喔！"的时候，真的很高兴。而在休馆日的午餐时间，那里头仅有的一位阅览科职员艾哈迈德先生竟然邀请我一同用餐，真是令人惊讶。因为在没有观光客的时候，可眺望海景的高台餐厅照理说应该是休息的，我本来打算略过午餐不停地抄写下去。

他请我吃了一顿非常丰盛的午餐。说起来虽然失礼，但众所周知，土耳其由于异常却又已成常态的通货膨胀，恐怕是没有那般奢侈的余裕，所以他恐怕为了我而花了一笔不小的钱。不只如此，午餐后他还带我去参观不见人影的博物馆内部，让我感激不尽。

他大概是觉得这位恐怕是从早到晚都不打算到托卡比皇宫博物馆看看傲世的收藏品，只是不停地抄着古抄本的诡异日本人很可怜吧？对了，其实这一周内图书馆的阅览者也只有我一人。也就是说，阅览室和艾哈迈德先生是由我独占了。

那时，我首次目睹了这次本来不打算观赏的托卡比青花瓷藏品。就知识而言，我认为自己已够了解，但庞大藏品的气势真是极其壮观。我自己也想过若是去看则一定会做如是想，然而亲眼看到时还是有一种说不上来的冲击撼动全身。

日本所称的染付、中国所称的青花，真的是"蒙古时代"东西交流下的产物：在宋代中国的白瓷传统之上，加上在伊朗已有所复兴的上彩技法，又使用伊朗产的钴颜料，以深蓝之笔，画出各种图案。正如英语所说的"Blue and White"一般，这瓷器是青与白交互闪烁的"综合艺术品"。

忽必烈王朝的"大元汗国"令官营的窑业城市景德镇制造青花，一部分于宫廷内使用，一部分作为和金、银、绢并称宝物的赏赐品，又有一部分由国际贸易港泉州、福州装船，经东南亚和印度一带出口到伊朗以西等地。青花是象征"蒙古时代"的昂贵的国际商品，其生产和景德镇的繁荣一直持续到后来的明代。

在现在的托卡比宫殿博物馆里头，就藏有超过一万三千件的青花大瓶、大盘，里头恐怕也含有大量的奥斯曼王朝在击溃埃及马穆鲁克王朝时，或是远征伊朗时所接收的物品。在中国值得一看的青花逸品并不多，反而是从印度到欧洲尚有许多留存者，其中的绝大多数集中在托卡比，而且有许多是大型且极其高级的珍品。

这些珍藏品正不声不响却又滔滔不绝地说服我们：青花这个无论是在艺术或产业上皆给中国陶瓷的历史造成大幅转向的瓷器，主要是在以伊斯兰世界为主的欧亚西方有大量需求的前提下被生产出来的。"蒙古时代"下，欧亚东西方在蒙古主导下，不只在军事、政治、外交层面上，而且在经济、物流、文化的层面上，关系也非常紧密。并且人与物不只是通过陆路，也经由通过印度洋的海路在东西两方移动。其"时代"余波一直延续到下一代，例如为以葡萄牙为先驱的欧洲势力通过海洋向东方发展提供了基础条件等。

另外，在日后 NHK 的特集《大蒙古》中，我们决定收录托卡比宫殿博物馆。我们将一般在这种类型的企划里头都不会收录于影像中的伊斯坦布尔版的《史集》以及几种波斯文古抄本，提供给历史研究专家和一般民众观览，这是我小小的欣喜与成就感。

另一方面，由于青花是世界首屈一指的"文化遗产"，作为影像也很上镜，当然是在五次的播送里皆有所收录。此外，在介绍伊斯坦布尔版《史集》的镜头中，也拍到了艾哈迈德先生细心搬运藏品，略微紧张生硬的身影。虽说这整个拍摄过程我皆有所参与，却未同行前往当地拍摄，当我第一次看到影片时，在惊讶的同时也感到有些怀念。

以博斯普鲁斯海峡为分界不合理

日暮黄昏，图书馆关闭的时间一到，妻子和儿子便在外头等我。他们就算只有两个人行动，在伊斯坦布尔也很安全。其后，在欧洲各大都市也持续着妻子观光、我则在图书馆寻找文献的模式。通过这趟长达十个月的东西旅行，妻子完全变了一个人，在海外几度辛苦的长期停留中，都能发挥比我更强大的行动力。

亲子三人一起眺望的日落时分的马尔马拉海以及博斯普鲁斯海峡真的很美。伊斯坦布尔如世人所想，是由上天打造、海与陆巧夺天工之地。

北京的秋天可说是内陆之美，而伊斯坦布尔的秋天则是海与天空的钻蓝，以及新旧市区的石造建筑群和承载那所有的石灰质大地的白色——也就是深蓝和白色协调下所构成的美景。这正是好比青花般的 Blue and White 的天地。

坦白地说，若以古都的姿态，以及文明的面容来比较的话，北京是不及伊斯坦布尔的。在勾动人心的魅力上，根本无从比较。

那原因是什么呢？

不消说，伊斯坦布尔是实现了横跨亚洲、欧洲、非洲三块大陆的奥斯曼王朝近五百年的故都。若是回溯到君士坦丁堡时代来通算的话，便是历时约一千六百年的王城之地。这座城市恐怕比陆地上任何一地作为“世界帝都”的时间都要长。历史和文明的色彩极浓（顺带一提，即使是回溯到开始巨大化的工业革命时期以前，伦敦及巴黎就都市本身的起源以及作为王都的历史而言，都顶多只有北京的程度而已。莫斯科作为城市而浮上台面正是拜“蒙古时代”所赐，不会比北京资深。而东京更是年轻，即使从江户开府来算，也不过和纽约平起平坐而已）。

此外，不只是作为历史城市的风格而已，两座城市在景观上也有根本性差异。北京是看看故宫就能了解其一般的，它呈长宽四方开展，然而垂直高度则不那么高。中国建筑本来就缺乏往垂直方向的发展性。正如"城"这个汉字意指"从土里出现"一般，我们能够说作为中国城市代表的北京，其"土城"的氛围再怎么说都很浓厚；另一方面，耸立着与天齐高的宣礼塔（minaret）或圆顶（dome）状清真寺的伊斯坦布尔，则有着浓浓的"石城"色彩。两座城市景观的背后之所以存在差异，或许是不得已的。

眺望着大海，我不经意地做如是想。

就理论上而言，博斯普鲁斯海峡和达达尼尔海峡一样是将亚洲和欧洲隔开的边界。

然而，那不过是由于北、西、南方皆海，因此在东方若不设定区隔便觉困扰的欧洲，为了确定欧洲的范围究竟到哪儿而片面擅自决定的。这和将其实平坦而没道理地用作区隔线的乌拉尔山脉视作另一欧洲"东境"的缺乏常识是有得比的。

"欧洲"一词的"起源说"之一，是在古代希腊神话中少女欧罗巴（Europa）被迫乘上宙斯化身而成的白牛，被渡海带到克里特岛（Crete）这段故事（有关"欧洲"的语源还有其他说法）。即便将理念上的直接渊源归于希罗多德的《历史》一书中相对于北方的欧洲，将其南侧的东半边命名为"亚洲"，

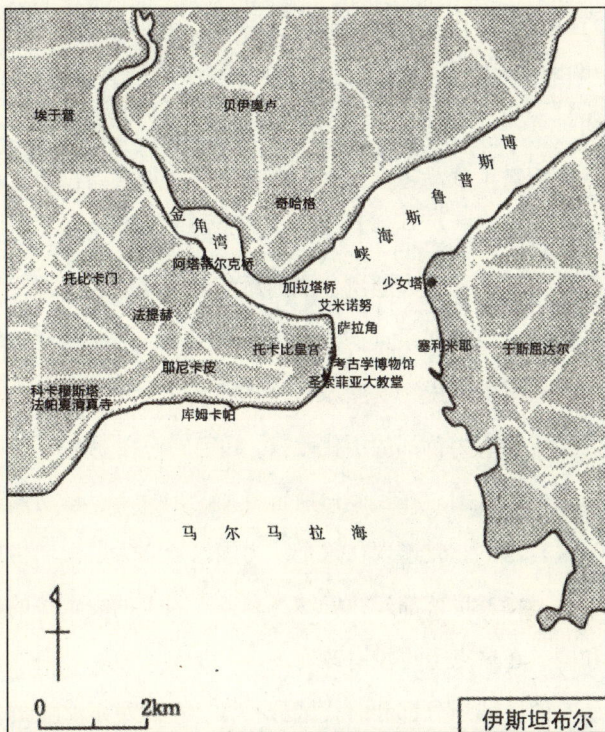

埃于蔔

贝伊奥卢

乔哈格

金角湾

海斯鲁普斯博

阿塔蒂尔克桥

海峡

托比卡门

法提赫

加拉塔桥

少女塔

艾米诺努

萨拉角

耶尼卡皮

托卡比皇宫

考古学博物馆

塞利米耶

午斯凯达尔

科卡穆斯塔
法帕夏清真寺

库姆卡帕

圣索菲亚大教堂

马 尔 马 拉 海

0   2km

伊斯坦布尔

而西半边是"利比亚"（即非洲之意），但那只在古代希腊可如此解释，至于往后的历史现实，则又呈现出多种样貌。

若以博斯普鲁斯海峡来做区隔，怎么看都不合理。这由这座城市由君士坦丁堡到伊斯坦布尔为止的历史和存在本身可以证明。

就算历经了罗马帝国、拜占庭帝国、奥斯曼帝国，这座城市位于连接黑海、爱琴海和地中海的水路要冲的事实，仍是它最大的存续基础。为大地所包围的海洋与水路，自古以来便始终不是界线，而是联系点。而且，东西南北的陆路也在这块土地上交会。简单来说，这座城市是水陆的交会口。

以这座城市为首都的历代政权，必定同时在"欧洲"和"亚洲"两边拥有版图。在控制博斯普鲁斯的前提下，横跨两边而立国是常有之事。就连现在这个认为国家重心太过偏向伊斯坦布尔不妥，特意将首都迁往安纳托利亚高原上的安卡拉的土耳其共和国，在这点上也没有改变。

所有的区域划分都和时代区分一样，是很主观恣意的。连"欧洲"这个架构本身，就词汇和概念来讲本来虽然好听，但就内容和实际形态而言，其实是相当草率且危险的概念，不是吗？

跨越博斯普鲁斯的大桥，常被说是"欧洲与亚洲间的桥梁"。然而，这不过只为了勾起异乡人旅游情怀的浪漫修辞罢了。人们不禁思考，在大桥上奔驰的客车和大型货车姑且不论，对于生活在伊斯坦布尔及其周边的人而言，这座拥有响亮称号的大桥和自古以来便有的桥桁或小船，究竟是何者才便利且有利用价值呢？

上面几段文字，是我稍嫌主观的一些看法。若以文明论或哲学论，或是风土、环境论等观点来思考"东西洋之间"这个深具内涵的题目时，其中或许隐含着成为种种话题线索的魅力，但在与根本性原典密切相关的历史研究方面，这样的话题其实极为棘手，处理其中的问题极需谨慎的态度。

即便是按字面将"东西洋之间"理解作"东洋"和"西洋"正中央的中央欧亚，或是将"东"与"西"两个"文明世界"一并来观照，若要从原典出发来看，也诚非易事。

简单来说，因为这牵涉到必须要投身多语种史料大海的决心。

引自己为例，实在是诚惶诚恐，然而例如与"蒙古时代"历史研究相关的语言，至少多达二十多种。当然，如果是天才则不在此论，但凭一个凡人是办不到的。岂止如此，就算只看东方汉语文献和西方波斯语文献这并列双璧的两大史料群，若欲达致两种语文皆能通晓的境界，则将无法寻常度日。

加以，一度获得的能力并无法保证可以长久维持，这是身而为人的悲哀。不如说，当我们集中心神在一种语言文献上时，其他的努力积累便会渐渐回归于零。虽说要重建历史，但其实我们一生所拥有的时间总有许多是投注在准备上。

即使是限定在一个时代，以一人之力要环视欧亚东西也实在是非常困难的。何况，若是要遍览整个时代，纵使是一个区块一个区块来看，也不可能在一两个世代内就整理完毕。

要列举十九世纪以来笼罩在许多人头脑里的西欧中心主义的思考方式、价值观和历史图像等是多么偏颇又不适当，诚非难事。然而，只是否定和抨击并无意义。仅仅胡乱地质疑近代西欧型的文明和体系，就算是高喊重视亚洲，也容易以短时间的"流行病"告终。

本来，我们对于一直以来的人类史脚步，只是抱着不太充分的知识和理解。特别是有关"东西洋之间"，更是明显。我希望搜集所有确实的史料，能够尽量靠近原有的样貌一些。这是一种令人望洋兴叹的作业。不过，除了持续下去之外，别无他法。

近年，人们总说学问的理想形态正在剧烈改变。但是，与各个变动领域相反，当然也存在着追求不变的真实而不断沉潜的领域。就旁观者看来，这或许只是"故态依然"也不一定。不过，若是变动的事物里头也存在价值，那么不变的事物当然亦可能包含了无穷的价值。

身为历史研究者，我们的工作虽然非常不起眼，但只要一步步累积起来，应该会慢慢接近那不变本质的。我希望这样的"志气"永远不要消失。

二、地球环境学、古典学、历史学

日本的落语（译注：即单口相声）里有所谓的"三题噺"，也就是以三段材料来构成一个主题。在本节这个看起来像是落语的标题中，我的用意不在模仿，而是真有其理由。

这个标题首先出现的是"地球环境学"和"古典学"。我曾接受过一个"无理"的要求，将这两者间的关系写成一文。然而，这出乎意料地是一个有趣的题目。现代地球社会中最紧要的"地球环境问题"，和以立基于人类精神活动，堪称知识遗产、文化传统的经典为研究对象的"古典学"，两者乍见之下似乎位于两个极端，究竟有什么关系呢？

另一方面，我本身也以世间惯称的"东洋史"为专攻领域，又特别是以以汉语和波斯语两大史料群为主的东西多语种文献为主要材料，以在欧亚中央地带展开的多样性历史现象和人类活动为研究对象的（近年将之称作"中央欧亚史"）。我总想着借此或许可以建构一个成为人类史理解中的焦点的"欧亚世界史"，但实际上并不那么简单。

总的来说，在以"历史学"为名的这个领域，日日不断的反复累积、踏实的史料搜集、解读分析和事实检证等作业，才占了真正价值和本质的绝大部分。其中我所直接牵涉的更是需要非常踏实的耐力和许多时间的领域，恐怕是最无关乎效率和投资回报率的学问。

虽说这样一种事实主义、史料主义的"历史狂"姑且可以被视作文科，但典雅而古色古香的"古典学"，和目标在追求反省近代文明、近代科学及危机意识的现代学尖端"地球环境学"间，究竟有何关系呢？

各自的情况

首先，我要从"地球环境学"谈起。这始自一段奇妙的机缘，距今还不到两年。

我已经记不清楚，那是 2000 年 1 月底还是 2 月的事了。总而言之，那是我抱着合计四十余篇本科毕业论文、硕士论文及博士论文，被前后两场研究所硕、博士班入学考试以及大学入学考试，还有校内期末考试等学年事务所追赶的学期繁忙时节。当时，名古屋大学大气水圈科学研究所（现为综合地球环境学研究所）的中尾正义老师突然来电找我。没过几天，他又特意莅临我位于京都的个人研究室。

由于我们两人素昧平生，说真的实在是诚惶诚恐。中尾老师看起来也很紧张。他的来意是为了一个我料想不到的委托。他问我：我们目前正在构想设立一个与"地球环境学"相关的研究所，是否可请您协助？

别开玩笑了，我这里已经够忙的了。如果对所谓"文学院"（译注：日本称"文学部"）因着一种不知从何而来的世间印象而认为我们悠哉游哉的话，那真是误会大了。事实正好完全相反。其实文学院一年到头的状况是，恐怕不仅在京都大学全校，甚至是在全日本的公立私立大学中也没有这么忙的。世间的印象真的是没什么根据的……总之，我作了如上的回应。

尽管如此，最后我还是答应下来了。理由之一是我被中尾老师真的想将"文理"融合起来的雄辩与热情所打动。这有很大的说服力。另一点是我一直以来便认为历史研究本来就是光看文献史学和考古学还不充分，还必须动员理科的种种途径，极尽世间知识来进行的一种当然的"综合学术"。这也可套用在"地球环境学"上面。两者应该是相辅相成的。如此，我的忙碌着实地又增加了三成。

另一方面，谈到"古典学"，自 1998 年起在文部科学省五年的研究经费支持下进行了"古典学的再建构"这个特定领域的研究，此一计划有涉及古典及"古典学"多达一百数十位的研究者参加，进行了各式各样的讨论。至于我，大概是因为处理出现于十三、十四世纪蒙古时代的人类史上第一部世界史，即波斯文史书《史集》等世界上经典的几部大史书，还有研究方法是"古典学"式的这两点，而被分配了相当分量的工作。附带一提，这一个在纯文科来讲实属罕见的大型计划，在《学术月报》2000 年 11 月号（Vol.53, No.11　总号 672 号）编有名为《古典学研究——现代的古典学角色》（古典学研究——现代における古典学の役割）的特集，共刊载了包括拙文在内的十五名专家人士的文章以及座谈会报道。

其实，作为这个研究计划的活动之一，2001 年 9 月初我们在东京的一桥纪念讲堂邀请国内外贵宾，花三天时间举办了题为《在古典之中发现新价值》（古典における新しい価値の発見）的国际研讨会。我们邀请成立于同年 4 月的地球环境学研究所所长日高敏隆先生在最后一天作专题演讲。非常感激平日事务繁忙的日高老师拨冗赐讲。

这场题为"动物行动学与古典"（动物行动学と古典）的英语演讲的内容大意是：动物和人类都拥有各种幻想（illusion），他／它们借此观察世界，并建构自己的世界，古典世界也是其中之一，通过认识古典，我们可以了解人类具有何种幻想。也就是说古典不是过去的产物，而应该是启示未来的线索。他的论旨相当明快，质朴且直率的口吻也叫人佩服。台下的反应也各式各样，其中当然也有异论。要不是我当天担任主持人，其实也有几点想要请教。

古典作品告诉我们的事

日高先生的说法直接冲击了古典的一个面向。虽说如此，若要以幻想为切入点，那么过去人类的活动将不问过去与现在皆可收拢于其中，而不限于古典，进而作为我本业的历史学，就会变成针对"幻想"的过去争相虚构的、无限的"解释学"。当然，本来科学整体也正如日高先生所述，正是幻想的不断再建构。不过，另一方面，自然也存在着超越了幻想的、难以撼动的纯然事实，而处理此一问题的学术研究，无论是文科也好，理科也好，也当然是存在的。

让我们暂且将上面这段令人感觉愉悦的讨论搁下，若是要追求古典中的现代功能性的话，那么恐怕就会极为单纯地变成只是了解人类的行为和生理、行动或思考模式，及归纳人类文明的多样性和共通点时无可取代的前例、端绪或线索。当然，若是要更细致地直接探究"古典为何"便将掉入不易讨论的死胡同里。不过，若是仔细地观察事物全体，而不是去突显差异或不一致的话，那么不妨总称为古典的事物也确实存在，在思考人类社会或是地球社会形态的走向时，它会带给我在其他地方无法获得的指标和观点。

虽说如此，若以善恶之别来看古典美好与否，那么我们当然不可能尽看善的一面。比方说，有关直接牵涉到"地球环境学"的自然或自然观，各个地区、文明圈的古典作品所传达者，实在是纷陈不一。

以下便在承认自己见识短浅的前提下来谈一段话。譬如说，众所周知，堪称是日本文明古典之作的《源氏物语》里，有假托于空蝉（译注：蝉壳）、夕颜（译注：瓠子花）、末摘花、贤木（杨桐）、花散里、澪标（译注：一种航路上的木桩标志）等四季花草、虫类和风景印象的女性们登场。这个在全世界的古典中也能够说是略显异常的成熟的表现形式，是以四季分明的日本特有的"柔和自然观"为背景的。然而，在人类文明中也是屈指可数的古老伊朗的古典世界中，看到的却是大地和太阳的严酷苛薄，而不是柔和的自然思维。虽说如此，在日本古典和文学中，植物不论，对于动物或自然的描绘则出乎意料地少。这一点或许是我的误解，但以法国文学为主，西欧古典著作对于动植物的述及就更少了，不是吗？现代，特别是我们日本，在无意识中所期待的自然印象，到处都会遭遇挫折。

在古典作品里，一般来说关心最集中于人类本身。这大概是要说明人为了"生存""觅食""发情"是如何地拼命。附带一提，如前所述，在目前我正打算自众抄本中制作校订本和译注的《史集》里，是将欧亚各地的人群以现代所说的"生态"作为区别的，而非"民族"或"国家"。十三、十四世纪，蒙古帝国作为人类史上首次超越文明圈的架构带来的作为松散整体的统合物的视野便是如此，这应该使得近代西欧型理解方式的特殊性更加鲜明。另外，中华文明的古典作品《诗经》等文献里，可见黄河流域竹木繁茂，还有大象和犀牛，气候也比现在还要温暖许多。其实这方面的叙述，皆可自古典中轻易拾得。

文理融合的绿洲计划

作为这段文字的一个小结，最后想再谈一些与综合地球环境学研究所（简称地球研）相关的活动的内容。

如前所述，成立于 2001 年 4 月的地球研有五项研究计划，其中有一项名为"绿洲地区对水资源变动负荷的适应力评估及其历史变迁"（水資源変動負荷に対するオアシス地域の適応力評価とその歴史的変遷）的计划。这项简称"绿洲计划"的研究计划，是以欧亚中央干燥地带的绿洲地带为对象，对应与地球规模的变动相联动的水资源变化，并以探索人类生活场域或形态大幅度变化的历史过程，针对人类与自然体系的相互作用做历史性验证为目的的。要言之，这个计划可以说自始便以文理融合为前提。

最终说来，各项研究计划的概况是每次三项、为期五年的研究计划以相隔一到两年的时间间距的模式来运作，而中尾先生主持的"绿洲计划"是将起初的对象地区设定在横跨中国甘肃省、内蒙古自治区的"祁连山—额济纳地区"。提出这个构想的其实是我。

关于这个计划的设定，能够自夸之处很多。首先，这个地区是自汉武帝时代在与匈奴的战争中举国家之力开垦以来，人类史上罕见的、持续长达两千年"巨大开发"的土地。与此相关的史料、文物和遗迹一应俱全，特别是汉代的居延汉简，西夏、蒙古时代的黑水城文书等，存在着遍视亚洲全境仍能凸显其保存完整之价值的历史文献，具备了适合与理科数据汇整或彼此精确检证、进行解析作业的质量水平。

另一方面，分隔甘肃省和青海省的祁连山（根据司马迁的

《史记》，在匈奴语中乃"天山"之意）因海拔高度甚高而有冰河流下，自彼处往北麓流去的黑河（过去也被称作弱水或黑水）在途中滋润了张掖（汉代地名，今名同。甘肃的甘州即指此处。顺带一提，肃州为西郊的酒泉）等绿洲农耕地区，更进入到沙漠地带，最终以额济纳的湖水（汉代的居延泽，在西夏及蒙古时代称额济纳。顺带一提，所谓额济纳在西夏语中为"黑水"之意。现在的额济纳旗即由来于此）盘绕。它自上游到下游具备了冰河、山岳森林、山腹山麓畜牧、绿洲城市、绿洲农耕半沙漠农牧、干燥游牧等环境。就学术领域的分野来说，这一地区有上自冰雪中心的采集分析，中经绿洲灌溉干燥农耕的用水分析或游牧生态观察，下至现在完全干涸的许多河道或正在枯竭的额济纳湖水地区地下水分析或湖底堆积物的解析，等等，便于以与各理科领域互相牵涉的形式来进行题目的设定。

再者，这个地区过去是所谓"丝路之地"，乃亚洲内陆交通东西与南北大道的交会之处，现在则作为中国西北地区干燥恶化最剧的地方，受到国内外注目。简单说，便是一直以来飞至日本的黄沙的根据地。无论是历史上的话题性或现实上的紧迫性，它皆绰绰有余。而且，在当地进行调查的高度安全性也不容忽视。

总而言之，把这个地方视作文理融合的"实验场"，真的是最适合的。我一直在心底想着，如果我的责任只到这个计划的设定和文科参与人员相关的组织化为止就好了。总而言之，在各种专门领域人士的参加下，这个研究计划着实地启动了。团队在冰雪中的辛劳，不容小觑。此外，在祁连山这座"天山"到额济纳这条盘绕的"黑水"之间（另外，这个计划的昵称"天山黑水"，是这个计划的主要成员之一、以游牧调查享有盛名的小长谷由纪女士命名的），从事地毯式调查的各领域人员应该获得了种种体验。我大大地期待有缘成为研究伙伴的这些男女老少（说"老"是失礼了）在今后有所发展。

回头来说，就算嘴巴上说文理融合，但这样的方式应当也有种种类型。说不定，导入、设定、方向订定，出乎意料地是属于文科的工作。当然，今后还有令人望洋兴叹、耗费大量时间的史料筛选、解读、检证和整合等作业，在等着这个"祁连山—额济纳计划"中包括"文科中的文科"的我在内的几位"文献通""历史通"去解决。这一系列作业恐怕花五年也不够。我们能够说，这样一种研究途径在真正的学术层次中，是还未得到尝试的。就这一点而言，我们文科和在当地组织团队系统地进行调查的理科专家间的差距，当然是很大的。

面对世间对文科这种纯基础学科存在着的"不食人间烟火"这一类令人发噱的误解，我们只能摇头。有关那些绝大多数尚未被触碰的各式多语种基本文献，纵使是只以从世界各地收集来照片和胶卷的方式操作，作业亦不轻松。所需的资金、工作和能力，都不是开玩笑的。况且，还要在此基础上更进一步地做读解和分析。文献通不消说，就算是理科专家也会被要求有相应的应对能力。嗯，包括这方面的调节和相互理解在内，或许也可算是一种"实验"。

无论如何，这是共同作业，只要彼此能够保持信赖关系，想必"有志者事竟成"。这一点希望研究者们能够有充分的心理准备。

话是这么说，但总觉得所谓的文理融合还是予人一种文字游戏的感觉。本来人类的行为就没有所谓"文"或"理"之别。文科和理科只是学问世界，再进一步说只是学校教育所创造出来的幻想。有许多理科友人和知己，创作能力和文学敏锐度都远在我之上。

文科也好，理科也好，身体力行就对了。就算是组织团队从事工作，我也想顾好个人的工作。任何国家都存在假学术研究为名的封建遗制。反正只要直率、谦虚地兼顾作为个人的自我分际和超越个体的广度即可。大家想必都明白自己的职责所在。正因为如此，才更需要彼此尊重。

三、历史与古典的邀约

所谓的"文学院"

作为几年前大学研究部即硕博士班重点化的结果，我所属的单位大学部和研究部排序对调，变成了研究部和大学部，先有"文学院研究部"，才有"文学院大学部"，大学部看起来就像是附属的一样（译注：日本大学学制中研究部与大学部间的分际较明确，相当于我国研究生阶段硕博士班的编制称为"大学院研究科"，大学部则是"大学学部"）。不过，这是令人很难理解的。只是，就连大学中人都这么想的话，我想世间的各位也理所当然地会这么想了。虽说如此，反正只要说"我是文学院的"，大家就懂了。这个时候，对方常会浮现出不知是羡慕还是怜悯的表情。不知道是不是真有"相由心生"这回事，但面对他们"无言的雄辩"，我也提不起劲反驳说"那是误解"，只以暧昧的笑脸来敷衍带过。

就损益来讲，文学院是一个只靠着学生所支付的学费便能运作的单位，物美价廉，就国立大学而言是很罕有的教育研究组织，但在社会上较不实用的印象总是很难消除。对社会有无贡献，究竟该怎么来证明呢？虽然我的脑海里闪过"若以学院为别来详加检验，结果会是如何"的念头，但即便是有严重赤字也能自信地说出"有所贡献"的态度，在产业技术立国的日本来讲应该还是重要的。

另一方面，虽然离"赚大钱"还差得远，但日日优雅地享受学问乐趣、悠哉过活的错觉和幻想也无法自"文学院"切割开来。然而，就这种情况而言，其实幻想也不坏。虽说"现在也是"有些奇怪，但的确到现在为止，我的同僚中也有名副其实能将文人墨客气息感染到自身周围二三米，而不是"孤芳自赏"的优异人士。听说这样的人在以前更多。而且，因为京都特殊的人文环境，我想也因此有人会说"啊，我们所住的世界根本不同"，从而对"东夷"的言行目瞪口呆的吧？不过，最近这座大学也开始吹起了整顿风，变得完全和寻常学校一般忙碌，或许也因为如此，能够对等交往的人士也增多了。

为何要叫"文学院"？有诸多说法。"文学"这个汉语词汇本来是"学问"之意。这个词意在中国历史悠久，在日本则是到了江户时代末期才确实有的。顺带一提，现在国立大学入学考试的五项基本科目里头，（日本）国语、外国语和地理历史等三科有很多时候是由文学院和领域相近的教员们负责的。将"文学"一词与 literature 等译语对应，或许是有些不恰当的。另一方面，以 1877 年东京帝国大学的创设为肇始，战前的帝国大学有"文""法""工""理""农""医"等学院，以一个字来表达学院名称是基本的原则。也有人重视这一点而认为"文学院"乃"文"学院。这样的知识和见解是从两年前还是同事的大前辈砺波护老师口中听来的。确是如此，如果是"文"学院的话，就现实来讲是更贴切的。如此一来，它从事、致力于文科所有的基础学术工作就是自然而然的了。若是这样，那么总而言之"文科""理科"或是"文理融合"所说的"文"和"理"，便可以由"文学院"和"理学院"来作为代表了。的确，两者皆以基础学为基本。谈着谈着，我们的话题似乎变得非常常识性了。

男人的"滥买"与"浪漫"

我虽在"文学院"这样的地方服务，但从出生以来恐怕便与（狭义的）文学或哲学关系浅薄。明明如此，即便是看不懂的书，我也想着只是买来摆着也好，便不管文科理科而使劲地买，自己这种胡乱买书的癖好真是无可救药。欧亚史更因为是要追梦用的，研究室早被奇特的书籍和史料塞得快要无处容身了。我仗着自己的研究室位于一座大正初期的纪念建筑物里，挑高较大，书架便叠了两层、三层直到天花板。要是一旦发生地震，就是事关生死。即便如此，或许应该说是由于那是专门研究领域，或者干脆说，是营生工具，所以莫可奈何，甚至搞得自己家里也塞了成堆的、与专门领域相关的杂乱书本，日日压迫着家计和生活空间。偶尔会有国内外的友人或知己在我狭窄的客房里过夜，如果那里的书塌下来了，真不知该如何是好。

以东洋史等为专门领域的人们，生来大概都是无可救药的购书狂患者。他们总是自豪有多少书架，其中放有多少珍藏书籍，还在酒席上吹嘘自己欠了书店多少钱，等等，真的是异常人类的世界。有这样的前辈或同事实在方便，只要想到哪本书某某人大概会有，便可去电商借。只要忍住性子不自吹自擂，大概都借得到。由于借来的书总是保存得非常良好，因此我总在心里擅自把对方想成是"收集者"而自己是"阅读者"，所以借用对书来讲反而是一种功德。

然而，我们这样的世代也已经步向尾声了。过去，据说有一位同事曾经因为买书太过放纵而终于遭到太太抗议，而脱口说出："滥买是男人的浪漫。"[译注：原书在此处原是作"本買い"（購書）与"本懷"（夙願）这两个日语发音皆为"ホンカイ"的双关文字游戏，中文版在此作贴近中文习惯又不悖离原文义的音近意译。]其实，这句不可轻信的"名言警句"，除了把它当作鬼扯、吹嘘或酒席谈笑外，也得在听者一方抱持自己也想这么说一次看看的共通愿望的前提下，才能成立。不过，这样的"名言警句"在现代社会早就讲不通了。

数字时代的长处与短处

的确，最近我不得不被迫实际感受到了人们对文字、铅字、书本的远离。我平日除了因工作而与研究室的人直接相处外，也会和从二十岁左右的大学部学生到研究所学生、旁听生、博士后，甚至是校内外或国外三十来岁的"青年学者"们等为数众多的年轻人接触，他们的年龄差距可达二十岁左右。所谓的"大学"实际上就有"年轻人的天地"的基本性质，这一点在今天也无太大改变。平日，学生们其实是通过专题讨论、授课或研究会、学会中的报告、发表，以及学期末、年度末的考试和大学毕业论文、硕士论文和博士论文等等和人生相关的特别场合，阅读各式各样的文章的。当然，我对自己写的东西一点自信也没有。无论如何，我是以"只要大家读得懂便可"为原则，不太会说大话。然而，即便我的标准不高，但或许该说是时势变迁或风气变化，很多事情真的是迅速地在起变化。对此我常感叹而无法舒坦。虽说文章也因人及时代而有种种面貌，但最近所感觉到的现象是：自主思考的趋少和肤浅。这点叫人相当介意。

我的结论或许下得太快，但我想现在的人静下心来读书的时间真的是变少了。思考和熟虑，这或许不需通过读书便能做到，但总不如读书。不只是我们这些大学教师，世人一般也常将责难的矛头指向以手机为象征的青少年文化。第一次学到描述在短信上耗费时间和金钱的"手机穷忙"（译注：日语原为"携带贫乏"）一词，已经是两年前左右的事了。

虽说如此，能够通晓网络、电子邮件，甚至是计算机合成等现代技术，这本身是极好的一件事。例如，长期以来说到大学毕业论文、硕士论文或博士论文，总有文字所构成的文章或图表、算式、数据一览等既定模式，其用意皆在展示自己思考的结果，以求他人理解，所以表现形式有时换作图像或影像也无妨。然而，不只是理科才可以这样，文科，而且以历史学来讲，清楚重现某一历史状况或一个场面的历史学——虽然其专有的称法在日本尚未确立——即被称作"再现历史学"或"复原历史学""实验历史学"的新的"学问领域"由此诞生也不一定。如果要追求这一点，那么活用计算机合成技术当然可说是应该的。

我个人也在十年前播放的 NHK 特集《大蒙古》中，有过让工作人员利用我所整理的有关蒙古时代大都和主要宫殿群的数据，以计算机合成技术来复原重现原貌的经验。当时，我脑里也闪过一个"若能凭借计算机合成技术，投入、使用所有信息来复原、重现从大都直到现今北京为止的发展过程的话就好了"的念头。与十年前相比，现在的计算机合成技术在费用与处理手法上都前进了一大步。主要应用于电视、电影、建筑和服装设计的计算机合成技术，应该可以在学术研究领域进一步活用的。

到目前为止，我们的研究不用说都是一种从内容思考和论证过程，直至细部的文章和语句为止，都考验着"文"的能力的"学术论文的世界"，但我认为至少在发表成果的手段和方式上，不妨再更加多样化一些。只要质量上有很好的保证，那么以光盘作为"论文"的代用品应该也是可行的。若是发展到了这个境界，或许数字世代的能力和潜力将会发展出和过去大有不同的"知识可能性"而绽放花朵也未可知。

话题谈得偏了。总之，我丝毫没有否定现在的日本年轻人的念头。优雅又可爱的女性、绅士又腼腆的男性——年轻世代里头有很多很吸引人的新人类。他们和包括我在内的上个世代，那些走路像猴子一样的日本人的身影相比，真的是大大不同了。虽说年长者倚老卖老看年轻人不顺眼是千古不易的铁则，但在夸张一点来讲"民族""人种"皆呈现着激变的现代日本，这些话听起来的确就像是旧人类的嫉妒一般。

正因如此，远离文字、铅字和书本才叫人感到遗憾可惜。因为那些意味着沉着的思考力、判断力，甚至是思想的韧度。只是被给予是不够的，还要自己起而创造才行。要创造出思考方式的多样性，以及生而为人的深度。若想锻炼大量吸收心或智慧的基础力量，或说是留下心灵的刻纹，读书是最好的方式。读书的确不是一个按了键盘便能轻易地有回应的世界。不过，在文字和文字符串连的彼方，马上就会传来回响。那是内化在身体里头的心灵之声。接着，那将成为心灵与头脑的土壤，成为创造下一个阶段的自己的源泉。

读书本来就不受世代或年龄局限。就算是同一部书籍，读法和感受方式也因年龄和心境而异。可是，无论如何，人在作为生物个体成长、成熟过程中的阅读，其意义完全不同：孕育在渺小人类个体中的智慧，可以创造出人类文化的无尽蓬勃，却又存在着逐渐消失的可能性。书中一方面有悲喜等感情与情绪，爱人与憎人、憧憬与羡慕、尊敬与嫉妒、烦恼与顿悟的心理，另一方面则有超越人这种生物，追索万物共享的原点的尝试。诸如此类，读书领引着我们品味与思考，在创造自我，走上自我人生的时期的阅读，其意义理当完全不同。

"自主思考""自主发现问题""自主发想，尝试突破"，为了要消除现在年轻人让人感到不放心的这个状况，需要的正是阅读习惯，以及阅读所带来的心灵厚实度、柔软度，甚至是综合能力，不是吗？

各种导读手册

说到阅读，书籍也是五花八门的。自古以来，入门或导读类的手册便依领域而有大大小小的不同。比较简单易读的，例如岩波书店的《图书》（図書）为纪念"岩波文库"创办七十年而邀请各界名人撰写短文的《我的三册书》（私の三册，1996）或为纪念"岩波新书"创刊六十年而临时增刊的《我推荐的一本书》（私の薦めるこの一册，1997），等等，都很有意思。通过拜读上列书籍，我可以了解谁推荐了什么书，做了什么评语等，感到津津有味。此外，在我所属的学院里，西洋文献文化学系的教师们完全从为大学部学生着想出发，特别是以新生为中心而发放的阅读导览小册子《西洋文学一百册》（西洋文学この百册，2002 年 4 月，非卖品），说是超乎想象虽有些失礼，但它尽管只有四十页，对每部作品的介绍却多达一百四十一字的分量，实在是非常充实。我不是在吹捧自己的同仁。比较遗憾的是，这是非卖品。

总而言之，不限于这三本，从附带署名的推荐文可以看到人对于书籍的不同想法或态度，读来有独特的趣味和痛快的紧张感。《西洋文学一百册》以古今名作作为内容虽是当然的，但两种临时增刊版的《图书》，对于所谓古典或历史著作的推荐也比想象的多，令人惊讶。尤其是岩波新书的出版方针本来是广泛处理各类学科的，却令人意外地对古典或历史显有用心。推荐文中出现的令人喜爱或值得向人推荐的书，有许多属于古典或历史类，这能让我们充分了解究竟何谓"一生的阅读"。

接下来要自卖自夸地提到我也有所参与的书。2002 年 4 月平凡社东洋文库编辑部出版了一本《东洋文库导读》（東洋文庫ガイドブック），其内容正如标题所示。一直以来都将重点放在日本和亚洲古典名著上的平凡社东洋文库，这次推出了超过七百卷的纪念计划。包括我在内有十二位作者，在预先被赋予了如"故事的乐趣""诗苑逍遥""东洋的百科全书""阅读江户""亲近邻国""了解中国传统文化""印度的世界""中东伊斯兰世界""亚洲的近代""多元文化的交会"等分类部门后，内容和标题任由个人决定。顺带一提，我文章的题目是《面向亚洲史的视线：大航海时代以前的世界史》（ユーラシア史へのまなざし：大航海時代以前の世界史）。

这些作者大多与我同一世代，恐怕也是包括东洋文库在内的战后出版潮的读者及受益者的那群人。然而，万万想不到起初完全只是纪念品及宣传品，应该不会卖钱的这本"诡异书籍"放在书店里后，竟又马上再版，这某种程度的"畅销"现象吓到我了。当然，一开头的津岛佑子女士的文章等，真的令人惊艳，叫人不得不暗暗佩服：一位以"文"而立的作家，文章就该写得如此清丽。其余学者们的文章也有许多写得极好的。

不过，即便如此，负责的编辑也为这一类的导读竟卖得如此好而感吃惊。然而，由处理的内容还是能够被归类到古典或历史这两类来看，可知追求古典或历史，说不定称得上是阅读里的某种态度，或是人类精神文化的共同项目。

始于松平千秋的译著《希罗多德》

回顾过去，正如我也谈到的，自己不是一个很会推荐古籍经典的人。只是，有关古典的重要性以及阅读古典的重要性等，我自认还是懂的。若该古典是与历史有关的，那么我或许可以谈点什么。以下，要不耻地来追溯一下自己的阅读记忆。

那是很偶然的。昭和四十二年（1967），进了高中的我，应该是在暑假刚刚结束时，来到一间在乡下来说算是大型的书店。书店角落里摆放着一个文学或历史书籍的专柜，我也不是为了买什么或读什么，只是一直望着。然后，很偶然地，看到那里摆着一本筑摩书房世界古典文学全集中新刊的《希罗多德》(ヘロドトス)，那是松平千秋的翻译作品。我被它吸引了。那本书的价格是一千日元，我口袋里刚好有这笔小钱。

一直以来，我都是从家里的书架上随便取书，漫无目的地一本一本读下去。就不是学者的家庭背景来讲，我们家的确有许多奇特的书，不过，却完全没有给小孩看的书。所以，就结果来讲我应该是翻了许多包括特难读的书籍在内的和年龄不相称的书吧？其中有《唐诗选》或《十八史略》等中国作品，也有西洋文学、西洋哲学、历史或经济等。现在想想，也有我这间研究室前主人羽田亨的《西域文明史概论》和《西域文化史》等，但老实说对于内容的印象已经模糊了。

说到这些奇奇怪怪的阅读究竟有什么用，我真的不是很懂。大概就是很怪异地记了不少和年龄不相称的片断知识和汉字。对于那时的记忆，比较清楚的是热衷于棒球而数度骨折，或因太过着迷于建筑设计的图面制作刻意地忘记习题而吃了老师的教训等愉快的每一天。简单来说，一直以来都处于一种"这里有书就姑且拿来读读"这种程度的"被动"阅读中。

松平千秋译的《希罗多德》是我自愿购买，事实上，几乎是第一本自己出钱购买的书籍，这产生了相当强烈的影响。自那天的阅读起，我便为之入迷而读得津津有味。上下两段的编排，就阅读来讲分量很是充实，我花了三天一口气读完了。当然，这期间没有到高中去上学。不止这样，读完之后我还发烧，结果前后请了一星期的假。我记得母亲相当担心。

在那一年内，我自掏腰包买了东洋文库的第一卷《楼兰》等书籍，那大概也是成为高中生后开始领到一些可以买书的零用钱的关系。再上去的高价书便央求母亲买。对我来说，自己能有相当意识的阅读经验，换句话说是开始懂事的阅读经验，便是从这本《希罗多德》起步的。松平千秋便成为我非常崇拜的人。其后，一直到近年为止东洋文库中松平千秋译的《伊利

亚特》（イリアス）、《奥德赛》（オデュッセイア），只要一出版，我就马上买来看。顺带一提，《希罗多德》日后也编入"岩波文库"，改版为《历史》上中下三集。

进入京都大学文学院后，我才知道松平千秋是这里的教授。我想着要用原文来读读《希罗多德》，还碰了一点希腊文。不过，我的兴趣渐渐转变，最后选了现在的道路。岁月如梭，后来我于前些年由日本经济新闻社出版了《游牧民的世界史》（遊牧民から見た世界史，1997）一书，其中也引用了松平千秋所译的《希罗多德》。过了一些时日，我竟然获得松平千秋老师的邀约。这真叫人吃惊。在京都"葵祭"的那一天，我请其高徒中务哲郎作陪，一同拜访了老师位于比叡山山腰的宅邸。那天，我终于面见了一直以来崇拜的老师，而老师的风范正如我所想象。老师和夫人招待的日本清酒，是最美好的滋味。

回头来看，从高中到大学的时期，应该是最适合阅读的年纪。其实，广泛的阅读也是不错的。因为，这个时期才有"迷上了便可专注一阵"的时间与充裕。若是不喜欢，那么再读另一本便可。可以很快地转变心向，这也是年轻时期的特权。

最近，在与我有所交流的校内外人士中，所谓理科的专家总倡导古典教育的重要性。某位相当杰出的数学家曾说"汉文只要念过去就好"，我不以为然。当然，他有一半是开玩笑的，但有一半应该是认真的。

即使是古典，范围也很广。虽然有我国的国语国文学者说日本没有古典，一般所认识的日本古典和世界古典完全不同。如果是日语的话，自然以读"原文"为好。另一方面，世界的古典一般而言很难用"原文"来读。若不读"原文"，便读不到原意和兴味的这种想法，基本上应该是正确的。不过，如果是非常出色的翻译，那么文意和精神仍能大致传达。若是更好的译文，那么读起来说不定就像是在阅读日文书籍一样。

日本是一个拥有丰富翻译文化的国度。恶劣的译本当然也有，但质量极佳的古典译本却是不少，在最近来讲更是如此。近年历史类方面也有许多不错的译本。当然，若自己是有能力阅读各种原文的多言语使用者（polyglot），那就没有问题了，但这总是不太容易的。日本是能够以本国文字大致阅览世界主要古典和史书，甚至是相当程度的总览阅读的稀有国度。这该说是某种知识财产吧。总之，这将能成就名为知识力和文化力的"国力"基础。

在人们高喊出版不景气的近年，拜努力向世间送出好书的书店和出版社所赐，我们的心灵也进入了一种可以充分拥有日本文化和世界文化的双重境界的状态。在这个身处日本也能很容易地前往世界各地的全球化时代，最大的好处就是今后将有更好的条件让我们将人类文化的普世性和多样性内化于人性之内。我如此期待下一代的年轻人们。

...

单行本后记

今年，也就是 2002 年，在剩下的日子里会发生什么事呢？我们平时过活总会多多少少打算、设想未来的日子。人类中或许有一些人是拥有预知能力的。不过，从事历史研究这样一个从某种意义上来说是"后见之明"学问的人们，无论好坏，皆是将"常识"作为共同基本观念的一群凡人。虽然也不是说没有人会谈些带有预知氛围的话题，但大抵上都说不中、讲不准。虽说如此，有关过去曾经发生的事，对于所依据的文献、遗物、遗迹等研究材料，以及由此推论出来的确定或不确定的多样性"史实"，却是懂得叫人吃惊，即便那仅限于我们的专攻领域这个切得又小又窄的守备范围中。此外，却也有一群正因为离史料、脏兮兮的考证作业和史实分析等机微之处皆远，才能放胆在论断的世界中飞翔的历史评论家。说像又不像的这两群人，由世人来看恐怕是大同小异。

将来和未来，在汉字里头的意义相当不同。将来意味着即将到来，而未来却或许永远也不会来。所以，谈论未来的人才能够变得大胆，所谈的内容更是气势凌人。自由、舒畅、畅通无阻的谈话，总使人愉快。相反地，在历史研究的现场从事工作的人们，大多执拗、胆小又倔强。这样的一群人，其倾向会随着投入程度的加深而加剧，他们的顽固会随着岁月累积，我想这或许也是一种职业病，然而自己却也莫名地释怀并自我悦纳，而悠哉地安居于史料的深山里。

本书便是我在这样幸福的日常生活中，放言无忌地写下文章，又在或多或少的反省下改写润饰后的结果。这本书虽然无法告诉读者 2002 年剩下的时日里会发生什么事，但"搞历史的"也算是工匠的一种，只能够从平日处理惯的过去历史中发言而已。岂止未来，我们恐怕连两三年后的"将来"去向都看不出来。不过，完全就个人的"直觉"而言，也许该说是就"常识"来说，我认为现在的美国和被它拖着走的世界，有些危险。说不定我们该为这股动向加设安全装置了。若是对于美国的这份担忧能够变成瞬时信息被全球化社会中的世界共同认知就好了。我这样一个既不上网也不收发电子邮件，还活在石器时代里的人如此认为。

这本小书能够问世，自始至终皆拜日本经济新闻社出版局编辑部樱井保幸先生的友情所赐。过去曾经听说，好书成就于一位杰出的编辑，这次我如实体验到了。谨在此表达我由衷的谢意。

2002 年 7 月末日
杉山正明

单行本后记

章 节 出 处

序 章 新撰

第一章

第一、二节：《世界史上的游牧文明》(世界史上の遊牧文明，《季刊民族学》八五，一九九八年七月)。

第二节部分内容：《普什图游牧民的部族联合体＝阿富汗国家的历史》(パシュトゥン遊牧民の部族連合体＝アフガン国家の歴史，《毎日エコノミスト》，二〇〇一年十一月六日號)。

第三节：《蒙古开启世界史》(モンゴルが世界史をひらく，パクス・イスラミカの世紀，《新書イスラームの世界史》，2，講談社，一九九三年十月)。

第四节：《何谓东亚史？》(東アジアとはなにか)，《あうろーら》二，一九九六年二月)。

第五节：《马可・波罗这号人物存在吗？》(マルコ＝ポーロという人物は存在したのか，《世界史のしおり》八，帝国書院，二〇〇〇年四月)。

《马可・波罗所见忽必烈宫廷》(マルコ・ポーロが見たクビライの宮廷，《北条時宗の時代》，NHK 出版，二〇〇〇年十二月)。

第二章

第一节：《总论：蒙古主导的世界史时代——元代中国的视线》(総説：

モンゴルによる世界史の時代──元代中国のまなざし，《世界美術大全集・東洋編七・元》，小学馆，一九九九年十月）。

第二节：《与青花的相遇──东西融合的精华》（青花との出会い──東西融合の精華，《明の陶磁・故宮博物院》七，NHK出版，一九九八年三月）。

第三节：《苍狼一族的历史观》（蒼き狼たちの歴史観，《歴史と文学》，《週刊朝日百科・世界の文学》十，一九九九年九月）。

第三章

《成吉思汗形象的形成──超越时光的权威与神圣化路程》（チンギス・カンのイメージの形成──時をこえた権威と神聖化への道程，生活世界とフォークロア，天皇と王権を考える九，岩波書店，二〇〇三年二月）。

第四章

《帝国史的脉络──面向历史中的模型化》（帝国史の脈絡──歴史のなかのモデル化にむけて，山本有造編《帝国の研究──原理・類型・関係》，名古屋大学出版会，二〇〇三年二月）。

第五章

第一节：《侵袭世界的元寇》（世界を襲った元寇，《北条時宗》，NHK出版，二〇〇一年一月）；《蒙古帝国、征服亚洲的攻势》（モンゴル帝国、アジア征服の猛威），《歴史と旅》二八-二，二〇〇一年二月。

第二节：《蒙古史颠覆元寇和时宗形象》（モンゴル史が覆す元寇、そして時宗像），《中央公論》，二〇〇一年四月號）。

第三节：《足利与曲阜》《足利と曲阜，笔记》《足利学校释奠纪念讲演笔记》，足利市教育委员会，二〇〇〇年三月。

第六章

第一节：《探访东西文献与风光——北京、伊斯坦布尔及历史》（东西の文献と風光をたずねて——北京、イスタンブル、そして歴史，《あうろーら》四，一九九六年八月）。

第二节：《地球环境学、古典学、历史学》（地球環境学・古典学・歴史学，《学术月报》五四——一，二〇〇一年十一月）。

第三节：新撰

上列各篇，在汇整成书时皆做了相当删修。